Préface

La tâche qui consiste à écrire une biographie ressemble fort à une autopsie. La personne qui en reçoit la responsabilité pourrait, si elle considère cette mission comme un simple travail de routine, se contenter d'aligner quelques faits, d'interviewer les personnes concernées par le récit, lire ce que d'autres ont écrit à ce sujet et de tirer ses propres conclusions, d'une manière plus ou moins impersonnelles. Dès lors, pourrait-on se borner à utiliser les mêmes méthodes de travail pour retracer la vie de Kathryn Kuhlman que Dieu Lui- même avait ointe ? Impossible. Car cette mission ne pouvait être remplie que par une personne qui l'avait connue, qui connaissait son Dieu et dirait toute la vérité, comme le firent les auteurs de la Bible qui parlèrent sans cacher les zones d'ombre, de l'adultère de David, du sentiment d'insécurité d'Élie et du mauvais caractère de Paul. Toutefois, même en ayant un grand souci de vérité, le biographe doit être capable de mettre en exergue les moments heureux d'une vie, en laissant les moins glorieux en second plan.

Écrire l'histoire de cette grande évangéliste, signifie toucher à l'oint de l'Éternel et on ne saurait être à la hauteur d'une telle tâche si on est incapable de ressentir de grandes émotions, allant parfois jusqu'aux larmes. Dire toute la vérité certes, mais avec amour !

Mon étroite collaboration avec Kathryn Kuhlman, dont témoigne la rédaction de sept des neuf livres qu'elle a composés, m'avait déjà permis de brosser un tableau sympathique, attrayant de sa vie. Toutefois, après que j'aie discuté avec des journalistes critiques à son endroit - et ils étaient légions - ma position personnelle se transforma et je me mis à adopter la même attitude arbitraire et sévère à l'égard de Kathryn Kuhlman. Ce fut au point que, lorsque je relatais sa vie et son ministère, je me surpris à souligner les imperfections de sa personnalité, les ombres de son passé ou encore le mystère qui planait autour de sa mort, au lieu d'énumérer tous les bienfaits dont elle avait été l'auteur.

J'entrepris, en quelque sorte, ma propre autopsie de Kathryn et m'identifiai à ce pathologiste qui, à l'analyse du corps, diagnostique «l'arrêt cardiaque » ou « le cancer du sein », sous le regard désespéré du mari qui grince les dents d'angoisse et hurle : « Ne l'appelez pas « cas « un tel » : cancer du sein », car c'est de ma femme qu'il s'agit et elle n'a que quarante ans ».

L'amour fait toute la différence !

L'avant-veille du jour où devais commencer l'isolement volontaire que je m'imposais pour mettre la dernière main à mon livre, je fis un rêve. Dans ce rêve, j'étais en compagnie de Kathryn. Nous étions amoureux et nos sentiments, qui n'avaient aucun caractère sexuel, se traduisaient par une intense relation de cœur à cœur. Elle était telle que je m'en souvenais peu avant sa mort, fragile et vieillissante, et son aspect n'avait rien pour plaire. Cependant, alors que nous marchions à travers champs pour ensuite parcourir une avenue ombragée par les arbres dont celle-ci était ornée, nous nous enlaçâmes avec ardeur. Non seulement je l'aimais, mais j'en étais fou amoureux.

Il y avait quatre mois qu'elle était décédée lorsque je fis ce rêve, et il m'effraya, car il me parut évident qu'il était d'origine surnaturelle.

La nuit suivante, je fis un autre rêve. Cette fois, j'étais vêtu d'un uniforme de shérif adjoint. Kathryn était à mes côtés et j'avais, en quelque sorte, pour mission de la protéger. Soudainement, d'autres shérifs adjoints en uniforme surgirent. Or, au lieu de me venir en aide, certains se mirent à ridiculiser Kathryn, marchant en plastronnant autour d'elle, pendant que d'autres imitaient sa voix et ses manières. Ils se moquaient visiblement d'elle. Pendant ce temps, silencieuse, elle se tenait assise sur un petit tabouret, au bord d'une route poussiéreuse, la tête baissée. Elle supportait toutes les accusations et les railleries sans bouger et ne cherchait nullement à se défendre.

Animé d'une grande colère et frustré par la scène dont j'étais témoin, je me précipitai à son secours.

Je partageai ces rêves avec mon épouse et deux amis proches. Tous furent convaincus que les deux rêves étaient des songes donnés par Dieu dans le seul but de m'enrichir d'un élément absolument nécessaire pour écrire et interpréter la vie de Kathryn Kuhlman : *l'amour*.

Au cours des dernières années qui précédèrent sa mort, Miss Kuhlman et moi avions souvent évoqué le devenir de son ministère lorsqu'elle quitterait cette terre, et bien sûr cela nous avait très souvent amené à parler de sa biographie et de la personne qui aurait la charge de la rédiger.

A ce propos, aucune contestation n'était possible, car Kathryn avait depuis fort longtemps arrêté son choix sur Jamie Buckingham. Il avait acquis sa totale confiance et, par ailleurs, représentait l'excellence qu'elle s'était toujours efforcée d'atteindre. Au fil des années, il s'avéra qu'elle désirait que toute la vérité soit dite, avec ses bons et ses mauvais côtés. Elle savait, au fond de son cœur, que Dieu ne l'avait pas choisie parce qu'elle était une femme puissante, ou encore dotée d'une bonté et d'une intelligence hors du commun, mais parce qu'Il choisit toujours les choses folles de ce monde pour confondre les sages.

Par le canal de Kathryn Kuhlman, Dieu a prodigué des miracles sans commune mesure, et Il a anéanti en un instant l'orgueil de l'homme, annihilant ainsi toutes ses «constructions théologiques ». Plus on examine sa vie et son ministère, plus il semble difficile de comprendre et d'expliquer pourquoi et comment tout cela fut rendu possible. Or, ce cheminement faisait partie du dessein ultime de Dieu, afin que nous sachions nous humilier et nous immerger plus profondément dans l'adoration d'un Dieu que l'on ne peut ni contrôler, ni manipuler, un Dieu souverain, un Dieu d'amour.

Dan Malachuk

La Grande Destinée de Kathryn Kuhlman est un récit exact et imprégné de l'amour que vous inspirait la vie de Kathryn Kuhlman, telle que nous l'avons connue. Il nous parle d'une femme qui avait permis à l'Esprit de Dieu de diriger ses voies. Il nous relate l'histoire d'une femme ridiculisée par certains, adulée par d'autres, et qui aura sans nul doute, une place toute particulière dans le firmament des étoiles qui ont brillé pour Dieu. Je vous recommande ce livre pour la gloire de Dieu.

Les éditeurs

1

Les mystères d'une femme exceptionnelle

Sa vie et sa mort furent entourées de mystères. Elle apparaissait sur les écrans de télévision et sur les lointaines estrades, tel un personnage fantastique. Ses prédications dégageaient un puissant dynamisme, et cependant, c'est avec tendresse, et les larmes aux yeux, qu'elle proclamait la guérison à une multitude de malades. Tout le monde, du mannequin de la cinquième avenue d'Hollywood au robuste ouvrier d'usine, se ruait vers Pittsburgh pour assister à ses réunions où s'opéraient tant de miracles. Sur une planète ravagée par la maladie et l'obscurité spirituelle, elle représentait cette force, l'espoir sans lequel l'humanité est perdue. Beaucoup repartaient guéris. D'autres voyaient en elle la gloire de Dieu et remettaient leur vie au Christ dont elle s'était faite la servante, et qu'elle n'avait de cesse de proclamer. Lorsqu'on écoutait ses discours et que l'on observait son style de vie, elle personnifiait la santé, l'amour et la prospérité du Dieu qu'elle servait avec tant de déférence. Elle semblait presque immortelle aux yeux de beaucoup. C'est ainsi que Maggie Hartner, la secrétaire personnelle de Kathryn et son alter ego, me dit un jour : « Miss Kuhlman ne mourra jamais. Elle restera parmi nous jusqu'au retour de Jésus ».

Cependant, elle quitta cette vie le 20 février 1976, dans l'hôpital d'une ville qui lui était étrangère, entourée de personnes qu'elle connaissait depuis peu et d'un homme qu'elle avait un jour sévèrement jugé et qui, à présent, allait prêcher pour ses funérailles. Cette femme que la revue américaine Time avait un jour surnommée « La Sainte de Lourdes », venait de décéder à l'âge de soixante huit ans.

Le jour de son décès, plus de cinquante invitations à prêcher en provenance du monde entier, attendaient sur son bureau de Pittsburgh, la suppliant de mener une réunion accompagnée de miracles dans leur congrégation. Un officier de l'armée américaine, en poste en Thaïlande, l'invitait en Asie. Une invitation venait d'Australie, cinq d'Europe et une douzaine, des plus grandes villes des États-Unis. La lettre la plus émouvante provenait de la Première Dame du Wyoming, Mme Ed Herschler, victime de la sclérose en plaque, qui invitait Kathryn chez elle.

Bien que la mort de Kathryn Kuhlman explique suffisamment que toutes ces invitations aient été laissées sans réponse, ces attentes déçues ne firent qu'accroître le mystère qui enveloppait sa vie entière et en tisser encore la trame.

Depuis quelques temps, les choses n'allaient pas très bien. Pendant quatre longs mois, Kathryn avait été pratiquement prisonnière de deux hôpitaux, l'un situé à Los Angeles et l'autre à Tulsa.

D.B. « Tink » Wilkerson, un marchand d'automobiles de Tulsa, régent à l'université d'Oral Roberts, s'était mystérieusement introduit dans sa vie huit mois auparavant. Illustres inconnus jusque-là, Tink et son épouse Sue avaient cédé leur entreprise, quitté leur maison et leur famille pour voyager constamment aux côtés de Kathryn. Dans l'état de grande faiblesse où elle se trouvait alors, celle-ci n'avait plus confiance en personne. Les Wilkerson furent parmi les rares exceptions. Ils s'occupèrent donc de satisfaire tous ses besoins et... prirent également soin de ses finances.

Le lendemain de son décès, Wilkerson, son épouse et le garde du corps personnel d'Oral Robert transportèrent la dépouille de Kathryn de Tulsa à Los Angeles.

Le dimanche matin à 10 heures précises, les Wilkerson et le garde du corps, un dénommé Johnson, arrivèrent au cimetière de Forest Lawn, transportant avec eux, les vêtements de Kathryn, ainsi que sa trousse de maquillage. Ils donnèrent l'ordre rigoureux de ne laisser « personne, absolument personne » voir le corps de la défunte.

Le personnel du funérarium de Forest Lawn installa le corps au deuxième étage, dans une pièce dont l'accès était unique et les fenêtres verrouillées et barricadées. M. Johnson se tenait à la porte, dans le corridor et surveillait l'entrée. Personne, pas même Maggie Hartner ou les amis proches de Kathryn, ne furent autorisés à voir son corps, à l'exception des Wilkerson !

Après l'enterrement, il s'avéra que deux mois avant sa mort, Kathryn avait fait changer son testament. Et exception faite de 267 000 dollars partagés entre ses vingt employés et trois membres de sa famille, Kathryn légua son héritage, ainsi que sa propriété privée aux Wilkerson. On pu lire, à la une des journaux de tous les états américains, dans la rubrique des chroniques : « Kathryn Kuhlman, l'évangéliste, qui sollicita de ses fidèles, une contribution de plusieurs millions de dollars, n'a légué aucun de ses biens, ni à sa fondation, ni à son église. »

Ses fidèles, blessés, furent remplis de colère. Toutefois, le changement de son testament n'était que la pointe de l'iceberg. Chacun des jours qui suivirent sa mort mit en lumière de nouveaux faits, toujours plus déroutants.

J'appelai Gene Martin, qui avait été très longtemps l'associé de Kathryn et qui avait organisé pour elle de nombreuses tournées d'évangélisation. Il assistait à une convention des Assemblées de Dieu à San Diego, mais accepta de me rencontrer si toutefois, je consentais à prendre l'avion pour la Californie. Nous devions nous rencontrer dans le salon de l'hôtel El Cortez, le 22 avril à 14 heures 30. Après avoir parcouru ces kilomètres qui séparent la Floride de la Californie, et après avoir loué une voiture pour me rendre de Los Angeles à San Diego, je ne trouvai qu'un mot sur le bureau de l'hôtel. Martin avait mystérieusement changé d'avis et refusait à présent, de me parler.

Je repris l'avion, cette fois pour Tulsa où l'intrigue ne fit que s'épaissir, lorsque Oral Roberts, qui avait parlé avec tant de sympathie de Kathryn Kuhlman lors de ses obsèques (organisées en collaboration avec Tink Wilkerson) refusa de me rencontrer. Quelques temps auparavant, des paroles échappées par inadvertance de l'hôpital de Hillcrest à Tulsa, avaient laissé entendre que les déclarations faites par Tink peu de temps avant le décès de Kathryn, annonçant une nette amélioration de son état de santé, s'avéraient être entièrement fausses. Les infirmières avaient expliqué, qu'après l'intervention chirurgicale du mois de décembre, Kathryn comptait parmi les « cas critiques » de l'hôpital, et qu'elle était cliniquement morte trois fois, et avait été trois fois ramenée à la vie. Mais lorsque je suis allé sur place, cette fois-ci, je me rendis compte qu'une pression « extérieure à l'hôpital » était exercée sur le personnel médical : les infirmières n'étaient plus autorisées à parler. La conspiration du silence ne faisait qu'accroître le mystère. L'intrigue s'épaissit encore, lorsque plusieurs habitants de Tulsa me racontèrent le rêve que chacun d'eux avait fait la nuit qui précéda le décès de Kathryn, d'après lesquels l'évangéliste n'aurait pas encore dû mourir. Je quittai Tulsa en m'interrogeant sur la raison qui poussait toutes ces personnes à se taire et sur le commanditaire de ce silence forcé.

Lorsque je fus de retour à Pittsburgh, David Verzilli, le pasteur qui fut un des associés de Kathryn pendant vingt deux ans à Youngstown, refusa également de me parler.

Enfin, je pris contact avec Dino Kartsonakis, l'ancien pianiste de Kathryn. L'année précédente, il avait attaqué Kathryn publiquement et ces propos avaient fait la une des journaux. A l'époque, il m'avait dit combien il était désireux d'ébranler vigoureusement sa réputation. Eh bien, à présent, lui aussi avait « choisi » de se taire.

Parmi toutes les personnes impliquées dans ce complot, à l'exception des personnes employées par elle qui lui étaient restées loyales, la seule qui accepta de parler fut Tink Wilkerson, homme d'apparence amicale, mais rusé. Je passai trois heures en sa compagnie dans ce qui avait été la jolie propriété de Kathryn, située dans le quartier de Fox Chapel à Pittsburgh. La propriété était encerclée par des gardes de la sécurité armés. Tink était accompagné de deux gardes du corps. Les déménageurs dépouillaient entièrement la maison, emportant les tableaux pour les mettre en lieu sûr. Tink m'assura qu'il allait me dire toute la vérité et je désirais vraiment le croire. Toutefois, certaines de ses déclarations me parurent très difficiles à admettre. Par exemple, lorsqu'il affirma qu'il ne conserverait que 40 000 dollars sur la part que le testament lui attribuait. Ou encore, lorsqu'il me dit avoir été « aussi surpris que tout le monde », en apprenant que Kathryn avait fait rédigé un nouveau testament et l'en avait nommé principal héritier.

Pourtant, c'était l'avocat de Tink qui avait rédigé le testament, sur ses propres instructions, puis qui avait pris l'avion de Tulsa pour Los Angeles, afin de le faire signer par Kathryn qui gisait dans un état très critique de maladie.

Qu'essayait-on donc de cacher ? Quels pouvoirs étranges ces personnes exerçaient-elles sur Kathryn, pour avoir réussi à s'introduire avec tant d'autorité dans la dernière période de sa vie ? Pourquoi tant de personnes cachaient-elles, voire camouflaient-elles la vérité ? Etait-on spectateurs d'un complot machiavélique, comme beaucoup le soupçonnèrent ? Ou bien Dieu avait-Il retiré Kathryn de la terre, comme d'autres le suggérèrent, comme Il l'avait fait pour Moïse, car son ministère arrivait à sa fin ? Ou encore, ce que Kathryn redoutait le plus était-il arrivé ? Le Saint-Esprit s'était-Il retiré d'elle, la laissant sans force pour continuer à vivre ? Quelle était la vérité qui entourait sa mort ?

Les réponses semblaient davantage converger vers Kathryn elle-même que vers son entourage. Et pour les obtenir, je savais qu'il me faudrait retourner à la case départ, au début de son histoire, aux racines de son héritage, et commencer par le commencement.

2

Il est hors de question que je retourne à la maison !

Dans les régions centrales du Missouri, là où les fermes déroulent leurs vastes terres, l'hiver fouette souvent les prairies de cette neige éclatante du nord, qui s'enfonce avec un bruit strident et transforme le sol en véritable patinoire. Elle est recouverte d'une glace dont le froid incisif insensibilise le corps et rappelle les orties engourdissantes. On dit qu'alors seules, les clôtures de fils barbelés sont visibles de Concordia jusqu'au Pôle Nord, si du moins, ils ne se sont pas renversés sous la pression de l'hiver.

Les étés sont également pénibles, car il n'existe aucun endroit au monde qui n'affiche, au mois d'août, une température aussi élevée que le Missouri... sinon le Kansas en juillet. Mais, entre ces deux saisons, lorsque la terre, à nouveau verdoyante, donne son fruit et lorsqu'en automne, les plants de maïs se dressent d'une belle hauteur et se parent d'épis dorés, le Missouri peut devenir le plus bel endroit de la terre.

C'est là que naquit Kathryn, à huit kilomètres au sud de Concordia, dans une ferme de 160 ares, le 9 mai 1907. Son âge fut, jusqu'au jour de sa mort, un des secrets les mieux gardés au monde.

« Cela ne regarde que moi ». Voici la réponse que Kathryn adressa au Docteur Carl Zabia à l'hôpital St John de Los Angeles, lorsqu'il lui demanda son âge. « Indiquez : plus de cinquante ans ».

« Je suis désolé, Miss Kuhlman », répondit le médecin juif en souriant. « Mais je dois connaître votre âge exact pour vous prescrire la dose précise de ce médicament ».

« Personne », murmura-t-elle en lui jetant un bref regard, « Personne ne connaît mon âge. Toutefois, cher docteur, si vous me donnez un bout de papier, je vais vous l'écrire . » Et elle ajouta avec un rire malicieux : « Mais n'en soufflez mot à âme qui vive. »

Effectivement, très peu de personnes connaissaient son âge. Maggie Hartner était l'une d'elles. Mais lorsque j'entrepris de m'informer auprès d'elle, j'obtins la même réponse : « Pourquoi devrais-je dévoiler son âge ? Moi non plus, je ne donnerai pas mon âge, et d'ailleurs, quelle femme le ferait ? » Incapable de vaincre cette forme de vanité féminine, je décidai d'attendre le moment où je tiendrais en main le passeport de Kathryn. Peut-être pourrais-je tout simplement me renseigner à Concordia.

Kathryn éprouvait beaucoup de plaisir à poser des devinettes. Un jour, en 1966, elle avait déclaré à un journaliste canadien, Allen Spraggett, qu'elle avait 84 ans et elle fut ensuite horrifiée d'apprendre qu'il l'avait crue sur parole et répertoriée dans le livre de l'Inexplicable. A sa mort, les gros titres de la première page du *Los Angeles Time* indiquaient « Kathryn Kuhlman, décédée à l'âge de 66 ans ». L'information était presque correcte, à deux ans près ce dont elle a très certainement dû rire au ciel. Et particulièrement lorsqu'on découvrit que le Los Angeles Time tenait ses informations du personnel de l'hôpital. Bien que mourante, elle avait encore réussi à tromper les médecins sur son âge réel ! Aussi, sa vanité féminine et son sens de l'humour lui permirent d'emporter avec satisfaction, le secret de son âge jusque dans sa tombe.

Bien sûr, les annales de Concordia fournirent-elles la date précise de sa naissance et, par là même, permirent d'éclaircir un autre mystère : celui de son énigmatique lieu de naissance. Kathryn maintint en effet, tout au long de sa vie, qu'elle avait vu le jour au numéro 1018 de la maison spacieuse de deux étages, située à la St Louis Street de la ville de Concordia, une petite bourgade de 1.200 habitants, adjacente au chemin de fer reliant St Louis à Kansas City. Or, elle naquit dans une ferme à 8 kilomètres de Concordia. Personne ne semble connaître la véritable raison qui la poussa à affirmer être née en ville et non à la campagne.

Lors d'un entretien enregistré sur cassette par mes soins, elle me relata les faits suivants : « Lorsque Papa épousa Maman, il lui promit que si elle acceptait de le suivre à la campagne et d'y rester jusqu'à ce que la ferme soit entièrement payée, il ferait ensuite bâtir la plus vaste maison de tout Concordia. Aussi, après le dîner, lorsque la vaisselle fut terminée, Maman fit un croquis de la grande maison que Papa lui avait promis de construire, dès que les traites de la ferme seraient entièrement honorées. Le grand jour arriva enfin et Papa fit construire la maison que Maman avait toujours souhaitée. C'est dans cette demeure spacieuse que j'ai vu le jour. Et vous voulez que je vous dise ? Depuis ma naissance, j'ai toujours vu les choses en grand. Je ne souffrais d'aucun complexe d'infériorité pour la simple raison que je me sentais aimée. Je savais que j'étais un enfant désiré, et avoir cette certitude procure une grande satisfaction intérieure. J'en ai toujours été consciente. J'ai toujours su que mon père tenait à moi comme à la prunelle de ses yeux ».

Affection que personne ne mettait en doute mais qui n'empêchait pas que dans la région, tous démentait qu'elle fût née dans la grade maison de Concordia.

Joseph A. Kuhlman, un fermier à la chevelure bouclée et d'une haute stature, était de souche allemande, comme la plupart des habitants de Concordia, une petite communauté fermière de confession luthérienne située à 96 kilomètres de Kansas City. Il avait vingt-cinq ans lorsqu'il épousa Emma Walkenhorst, alors âgée seulement de dix-sept ans. Ils s'installèrent immédiatement à Johnson County, dans la ferme des Kuhlman, un vaste étendue domaine situé à environ huit kilomètres au sud de Concordia. Myrtle, la sœur aînée de Kathryn, naquit dans cette maison, ainsi que son frère, Earl. Myrtle avait quinze ans et Earl dix ans lorsque Emma Kuhlman mit au monde son troisième enfant.

La « Tante Gusty » (Augusta Pauline Kuhlman Burrow), sœur aînée de Joe Kuhlman, leur rendit visite ce jour-là. C'était un jeudi et sa montre indiquait cinq heures. Elle conduisait une jument qu'elle attacha à la barrière proche de l'imposante demeure de deux étages, au cœur des 40 ares de la propriété. Elle se fraya un chemin jusqu'à la chambre où Emma allaitait son nouveau-né, une petite fille. Gutsy, qui avait elle-même quatre enfants, était une femme discrète et jamais, elle ne s'était immiscée dans les affaires de son frère Joe. Toutefois, si ce qu'elle avait entendu dire par sa fille de 11 ans, Fanita, était exact, il lui semblait, cette fois, devoir intervenir.

« Emma, j'ai entendu dire que tu as décidé d'appeler le bébé Kathryn ».

« C'est exact. Peu avant la mort de ta mère, Joe et moi en avions discuté avec elle. Nous lui avions annoncé que l'enfant porterait son nom, si c'était une fille, bien que nous en ayons modifié l'orthographe ». (Katherine Marie Borgstedt était née dans la province de Westphalie, en Allemagne, en 1827. Elle avait épousé Johannes Heinrich Kuhlman en 1851 et le jeune couple avait émigré, deux années plus tard, vers les États-Unis, où ils s'installèrent dans la petite bourgade de Concordia, dans le Missouri. Elle mourut à l'âge de quatre-vingts ans, trois mois avant que sa belle-fille ne donne le jour à une fille qui porterait son nom).

« C'est un joli nom allemand », répondit Gutsy de sa voix douce, « mais, sache qu'aucune de ses filles, ne porte le nom de Katherine ».

« Eh bien ! Il est temps qu'une de ses petites filles le porte ».« Ne comprends-tu donc pas ? », poursuivit Gusty, « Porter ce nom dans le Missouri n'est pas très indiqué, car toutes les mules de cet état s'appellent Kate ! Et ce qui est plus dramatique, la mule qui a bousculé Jason, le fils de notre sœur Mary Madgalena, et a causé sa mort s'appelait Kate. Un nom pareil va entraîner la disgrâce sur toute la famille Kuhlman ».

Emma rétorqua, indignée : « Dans tous les cas, cela ne jettera pas la disgrâce sur la famille Walkenhorst. Par ailleurs, ma petite fille ne s'appelle pas Kate, mais Kathryn Johanna en l'honneur de sa mère. Et elle n'apportera pas la disgrâce dans la famille, cela, je te le promets ».

Au cours des années qui suivirent, Emma craignit très souvent de ne pas respecter sa promesse. Mais rien n'avait fait changer d'avis cette femme allemande obstinée. Et, s'adressant à Myrtle qui s'était réfugiée au fond de la pièce, Emma conclut : « Je pense que l'ensemble est agréable à l'ouïe, Kathryn Kuhlman, n'est-ce pas Myrtle ? ». Myrtle acquiesça vivement et le débat fut clos.

Gusty n'ajouta pas un mot. Elle montra quelques marques de politesse à l'égard du nouveau-né, niché dans le creux de la poitrine d'Emma, et repartit jusqu'à son attelage. « Cela sera déjà suffisamment difficile de grandir avec des cheveux roux », dit-elle à son cheval en le détachant, « Mais grandir en étant affublé du nom de Kate, c'est plus que n'importe quel enfant ne pourrait supporter ».

Deux années plus tard, Joe Kuhlman, s'étant entièrement acquitté du paiement de la ferme, tint la promesse qu'il avait faite à son épouse, et rendit visite à William H. Petering, le postier de la ville, et, les poches remplies d'argent, conclut l'achat d'une large parcelle dans la St Louis Street de Concordia. L'acquisition fut enregistrée au prix de 650 dollars à la Division Administrative du Comté de Lafayette, le 23 Février 1909. Les travaux de construction furent entrepris l'année suivante, mais il fallut encore attendre l'année 1911 avant de voir la famille Kuhlman, Joe, Emma et leurs trois enfants Myrtle, Earl (surnommé Kooley) et Kathryn, âgée de quatre ans et demi, aménager dans leur nouvelle demeure.

La raison pour laquelle Kathryn prétendait toujours être née dans cette spacieuse maison blanche de deux étages, resta un mystère pour les nombreuses personnes qui l'ont bien connue. Toutefois, elle ne s'écarta jamais du mythe que la maison incarnait. En 1972, peu après avoir obtenu le titre de docteur honoris causa en sciences humaines, à l'université d'Oral Roberts à Tulsa, dans l'Oklahoma, un admirateur dévoué, du nom de Rudi Plaut, organisa une campagne à Concordia, visant à ériger une plaque commémorative au bord de la route nationale, en l'honneur de Kathryn Kuhlman. Cette plaque commémorative devait porter cette inscription :

« Lieu de naissance de Kathryn Kuhlman, membre de l'Église Baptiste, ministre du culte ordonné de l'Alliance Evangélique et célèbre pour sa foi dans le Saint Esprit. »

Ce projet ne plût pas à la ville, car si Kathryn était honorée presque partout ailleurs, elle ne l'était pas dans sa propre ville. Critiques et réticences venaient sans doute principalement de ce que la nouvelle s'était répandue qu'elle était excessivement riche. Il semblerait que les standardistes locales écoutaient très souvent les conversations téléphoniques entre Kathryn et sa mère. Ainsi, lorsque la première annonçait avec enthousiasme le montant des offrandes ou le nombre des assistants aux réunions, la nouvelle devenait rapidement publique. Et comme, de fait de leur situation sociale, la plupart des habitants ne disposait que de revenus modestes ou même faibles, voir un de leur concitoyens se hisser largement au-dessus de la moyenne, financièrement parlant, surtout dans le domaine religieux, leur inspirait défiance et réticences. De leur côté, des membres de l'église baptiste reprochaient à Kathryn (qui avait toujours gardé sa carte de membre) de ne pas avoir participé financièrement à leur programme de construction. D'autres facteurs venaient s'ajouter à la liste pour que cette petite communauté ne tienne pas en très haute estime la citoyenne la plus célèbre de toute la ville : elle sympathisait avec les pentecôtistes, pratiquait la guérison divine et avait, un jour, refusé une interview à un ancien camarade de classe, lors de son passage à Kansas City ; Tous ces événements suscitèrent la jalousie et l'amertume dans les cœurs de nombreux concitoyens. Aussi, lorsque le petit groupe, entraîné par Rudi Plaut, proposa de poser cette plaque commémorative qui mentionnerait Concordia comme lieu de naissance de Kathryn (alors que tous les anciens de la ville savaient pertinemment que celle-ci était née dans la ferme située à Johnson County), cette prétention leur parut dépasser toutes les bornes.

Le 31 juillet 1972, Kathryn écrivit à Harry R. Voight, historien de la ville et professeur à l'université de St Paul de Concordia : « Par la présente lettre, je vous donne mon autorisation écrite d'ériger une plaque au bord de la route nationale, rappelant par là mon lieu de naissance : Concordia ».

Alors, un groupe de concitoyens, saisis d'une vive colère, organisa une réunion publique durant laquelle le débat, animé, fut accompagné de quelques cris. Pourtant, Concordia avait oublié que le nom de leur bourgade signifiait jadis *harmonie* ! Gary Beizzenherz, éditeur du journal local, *Le Concordia* décida de tenter de mettre fin au conflit en obtenant de Kathryn qu'elle lui communique la date et le lieu exacts de sa naissance. Bien entendu, Kathryn ignora la première requête et, à propos du lieu de sa naissance, elle répondit :

« Soyez assuré de ce que je me sens profondément honorée de savoir que les habitants de « ma ville natale » désirent m'honorer en érigeant une plaque commémorative sur laquelle sera indiqué mon lieu de naissance !

« J'ai toujours été fière d'être née à Concordia, la ville où l'on rencontre les « meilleures personnes du monde » et qui continue à être le sel de la terre ... »

A Concordia, lorsque la lettre fut rendue publique avec le maintien de sa contrevérité, le sel de la terre perdit toute sa saveur ! Les « meilleures personnes du monde » entrèrent dans une colère noire et refusèrent qu'une plaque commémorative soit érigée au bord de la route. Et, s'il y avait un endroit où cette plaque devait être érigée, c'était bien au 23, rue de l'Etat, à Johnson County. Concordia avait bien des raisons d'être fière de sa ville, mais cette « servante de Dieu » ne faisait certainement pas partie de ses trophées. Malgré les efforts acharnés des habitants de Concordia pour exclure Kathryn des annales de la ville, lorsque celle-ci devint célèbre, elle n'exprima que de la bienveillance et de la considération à l'égard de cette ville qui l'avait vu grandir.

Revenons à l'époque où la famille vint s'y installer. Joe Kuhlman se lança dans l'entreprise d'attelage et de livraison de marchandises. Il devint l'homme le plus aisé de toute la communauté, et bien que jugé rétrograde dans son église baptiste et célèbre pour son hostilité à l'égard des prédicateurs, il fut élu maire de la ville qui comptait alors quatre-vingt-dix pour cent de luthériens.

Kathryn n'avait que six ans lorsque sa sœur aînée, Myrtle, épousa un jeune étudiant évangéliste, Everett B. Parrott, et déménagea à Chicago, trois ans avant qu'Emma ne mette au monde, Geneva, le dernier des enfants de la famille Kuhlman. Jusque là, Kathryn et son frère avaient réussi à mener leur père par le bout du nez : Papa exauçait tous leurs souhaits, et laissait à Maman le soin de faire régner la discipline. Il en résulta un indéniable déséquilibre qui devait affecter la personnalité de Kathryn pour le restant de sa vie.

Lorsque Kooley (que la famille Kuhlman surnommait « Boy ») eut une crise d'appendicite à l'âge de seize ans, alors que la famille était réunie chez le Grand-Père Walkenhorst pour le dîner de Noël, Joe fut paralysé d'angoisse. La mère d'Emma était en effet décédée très jeune d'une appendicite, maladie fatale au début des années 1900. Joe transforma une chambre à coucher de la maison en chambre d'hôpital, fit venir un médecin et deux infirmières de Kansas City, et dépensa une petite fortune pour redonner la santé à Boy. Un jour, avec l'aide des deux infirmières, il souleva Boy du lit et le transporta à la fenêtre dans le seul but de lui faire voir le nouveau jouet qu'il lui avait rapporté. C'était une voiture de course de Dusenberg, flambant neuve, le genre de voiture utilisé lors des rallyes d'Indianapolis ! Lorsque Kooley se rétablit, son père lui acheta aussi un avion de haute voltige qu'il apprit à piloter, démontrant ses talent d'aviateur au dessus de la région du Midwest. Lorsqu'il n'était pas dans les airs, il se rendait aux foires de la région, au volant de sa voiture de course. Mme Kuhlman n'approuvait guère ce rythme de vie, mais le cœur de « Papa » regorgeait de douceur et de tendresse. Tout ce que demandait Kooley, il le recevait. Selon ceux qui le connaissaient, Kooley était devenu un « étalon fougueux ». Il appartenait à une bande de malfaiteurs, surnommée « la bande des pneus de minuit », qui volaient des pneus pour les revendre. Plus tard, il épousa Agnès Wharton, que les habitants de Concordia considéraient comme une femme merveilleuse et qui l'aida à surmonter ses mauvaises habitudes d'enfant gâté. Par la suite, il fut embauché par la Heinie Walkenhorst Company (aucun lien de parenté avec sa mère) en qualité de mécanicien automobile.

De son côté, Kathryn idolâtrait son père. Celui-ci restait immobile pendant qu'elle jouait avec les boucles de ses cheveux et coiffait sa moustache. Il la faisait très souvent asseoir sur ses genoux, et même lorsqu'elle fut devenue une adolescente aux longues jambes, il la laissait poser la tête sur son épaule. « Pas une seule fois et cela jusqu'à sa mort, Papa ne m'a punie », me confia-t-elle. « Il ne leva jamais la main sur moi, pas une seule fois. Ce fut Maman qui se chargea de m'inculquer une certaine discipline. La cave était son lieu de prédilection, car les voisins ne m'entendaient pas hurler de là. Et lorsque Papa arrivait, je courais me réfugier dans ses bras et je m'asseyais sur ses genoux. Là, il ôtait toute la peine de mon cœur ».

« Aussi loin que remontent mes souvenirs, je ne me rappelle pas avoir vu, au cours de mon enfance, ma mère me témoigner une quelconque marque d'affection. Pas une seule fois. Ma mère était une parfaite incarnation de la discipline. Jamais, je ne l'entendis dire qu'elle était fière de moi ou que j'avais bien travaillé. Jamais. Tout l'amour et toute l'affection dont j'avais besoin m'étaient donnés par Papa ».

Lorsque Kathryn fut devenue célèbre, il lui arrivait très souvent de téléphoner à sa mère en pleine nuit, à Concordia, et de lui parler pendant de longues heures. Selon les standardistes, Kathryn tentait sans cesse de convaincre sa mère qu'elle avait enfin réussi sa vie. « Elle ne cessait de prendre de grands rires au téléphone, et bien sûr, nous qui l'écoutions, ne pouvions nous empêcher de rire de plus belle. Ensuite, elle racontait à sa mère, avec excitation, tout ce qu'elle avait reçu. « Maman, j'ai le plus grand arbre de Noël de toute la ville. Il est si grand, et il est orné de plus de 5000 lampes ». Elle parlait du montant des offrandes reçues lors de ses réunions de miracles, comme s'il fallait convaincre sa mère qu'elle représentait à présent le succès incarné».

Même si la rigueur maternelle fut excessive, il semble que de nombreuses preuves expliquent, sinon justifient, les fessées administrées à Kathryn, au cours de son enfance. Lors d'une visite à la ferme du Grand-Père Walkenhorst, ce dernier lui fit voir sa récolte de melons et lui expliqua que bien que l'écorce du melon soit verte, sa chair était toujours de couleur rouge. Kathryn ne prit jamais un propos donné par quelqu'un pour argent comptant, et cela jusqu'à sa mort. Sa nature curieuse exigeait qu'elle vérifiât tout par elle-même. Aussi, lorsque son grand-père regagna la maison, Kathryn, âgée de neuf ans, prit un couteau et entailla chaque melon du jardin : il y en avait plus de cent ! Et cela pour s'assurer que l'intérieur était bien rouge. Lorsqu'elle revint à la maison, sa mère attendait sur le pas de la porte qui menait à la cave.

Kathryn avait neuf ans, lorsque l'anniversaire de Mme Kuhlman se trouva tomber un lundi. Or, Emma Kuhlman consacrait toujours le premier jour de la semaine à la grande lessive. Cette observance des « rites » ménagers faisait partie de sa « théologie ». Elle lavait les vêtements le lundi et les repassait le mardi, aussi naturellement qu'elle se rendait à l'église le dimanche. Cette fois-là, Kathryn pensa que le plus beau cadeau d'anniversaire qu'elle pourrait offrir à sa « mère-fouettard », serait une fête-surprise en son honneur. Elle savait combien Mme Kuhlman aimait participer à des activités mondaines. Elle revêtait alors sa longue robe au col monté et aux manches joliment garnies de dentelles, et relevait ses longs cheveux en chignon, auxquels elle épinglait un chapeau orné d'un voile. Ainsi vêtue, elle servait le thé aux responsables de l'école du dimanche de l'église méthodiste ou aux membres du « King's Herald » , une organisation missionnaire au sein de la communauté. Personne, semblait-il, n'avait jamais vu Mme Joe Kuhlman habillée de manière informelle ou encore, portant des rouleaux sur la tête. Kathryn dira plus tard : « Je ne me souviens pas avoir vu ma mère prendre le petit déjeuner en robe de chambre. Lorsque Maman descendait pour le petit déjeuner, elle était déjà en tenue de jour. Elle se tenait toujours prête, dans l'éventualité d'un visiteur ».

Toutefois, le jour de la grande lessive, c'était une tout autre affaire ! Ce jour-là, Emma verrouillait la porte d'entrée et passait la journée entière à trimer et à suer au dessus des baquets d'eau bouillante. A l'aide d'une planche rêche, elle frottait le linge, le rinçait dans un bassin en fer, et agrippant les extrémités, tordait énergiquement chaque côté du linge avant de le suspendre à la corde fixée à l'arrière de la maison. Et comme Kathryn aimait le dire, la lessive faisait partie intégrante de la « théologie » de sa mère. Lors des chaleurs torrides d'août, Emma ne faisait aucune entorse à la règle, et lorsque les tournesols se flétrissaient au soleil, elle continuait à se courber au dessus des baquets de lessive, et briquait le linge.

La petite Kathryn avait omis de prendre cela en compte les conditions exceptionnelles de la journée de lessive, lorsqu'elle organisa, une semaine avant la date fatidique, une surprise à l'occasion de l'anniversaire de sa mère. Elle se rendit dans chaque maison de la communauté, et invita trente dames notables de la ville, à se joindre à la fête d'anniversaire organisée en l'honneur de sa mère et demanda à chacune d'elles d'apporter un gâteau. Le rendez-vous fut fixé à quatorze heures le lundi après-midi.

Le 28 août, après le déjeuner, Emma confia à Kathryn combien elle était lasse ce jour-là. « Je monte me reposer quelques instants dans ma chambre avant de terminer la lessive ». L'enfant, elle, scrutait le porche de la maison et surveillait impatiemment l'arrivée des invitées.

A quatorze heures exactement, le carillon se fit entendre. Emma, qui s'était assoupie, se leva en hâte et dévala les escaliers jusqu'à la porte d'entrée. Ses cheveux, ou du moins la partie qui s'était détachée des rouleaux, pendouillaient hirsutes le long de son visage. Sa longue robe était flétrie par les vapeurs et les éclaboussures d'eau. Son visage était sale et marbré par la transpiration. Les manches de sa robe étaient enroulées jusqu'aux coudes, laissant entrevoir ses bras rougis par les multiples immersions dans l'eau bouillante. Elle portait de vieilles bottines, béantes à la cheville, et n'avait pas mis de bas.

Elle alla ouvrir, et vit, avec horreur, deux dames à la porte. Réalisant l'état impitoyable de sa tenue vestimentaire, elle se retourna d'un bond et se précipita vers les escaliers. Mais il était trop tard. Les visiteuses l'avaient aperçue par la fenêtre. Il ne lui restait donc plus d'alternative, il fallait leur ouvrir.

« Joyeux anniversaire, Emma, » s'exclama Mme Lohœfener. Emma Kuhlman se tenait à la porte, abasourdie. Elle avait devant elle, Mme Lohœfener et Mme Heerwald, deux des femmes les plus en vue de la ville, vêtues telles deux poupées échappées d'une boîte à musique et tenant chacune à la main, un gâteau nappé d'un glaçage blanc et superbement décoré. Elle les fit entrer, et avant qu'elle n'ait eu le temps de refermer la porte, d'autres pas se firent entendre sous le porche. Il s'agissait de Mmes Tieman et Hilda Schrœder ; toutes les trois, un gâteau à la main, se tenaient devant Emma dans des habits dignes du dimanche de Pâques. A présent, les visiteuses arrivaient les unes après les autres, sans lui laisser le temps de refermer la porte. Elle se tenait à l'entrée pendant que celles-ci entraient d'une seule vague. Toutefois, entre deux salutations, Emma jetait un regard vers son espiègle de fille, qui, le visage souriant et parsemé de tâches de rousseur, regardait d'un air interrogateur à travers le feuillage d'une énorme plante placée sur un guéridon blanc, près des marches du porche. Emma marmonna entre ses dents : « Attends, ma petite, attends voir ».

Emma eut toute l'après-midi pour méditer sa punition. Cependant, c'est en s'agitant fébrilement qu'elle l'échafauda, affairée qu'elle était à mettre l'eau sur le feu pour le thé, et à servir ces dames qui semblaient, par ailleurs, goûter avec joie à ces moments de fête. Ce soir là, après que la dernière visiteuse eut pris congé, Emma agrippa « la coupable » par le bras et la traîna malgré elle, vers les escaliers qui menaient à la cave. Kathryn dira plus tard, que sa mère lui infligea de manger la plupart de ses repas debout, tellement sa colère était grande, bien qu'il y eût du gâteau en abondance pendant deux semaines entières..

Joe Kuhlman ne comprit jamais les raisons qui poussaient Emma à faire subir un traitement aussi impitoyable à ses enfants. Pour y échapper, Boy avait quitté la maison. Myrtle s'était rapidement mariée. Si Joe essayait d'empêcher la violence et les critiques acerbes de son épouse à l'égard de Kathryn ou de son comportement, Emma transférait immédiatement sa colère sur lui. En conséquence, lui aussi s'absenta de plus en plus fréquemment de la maison. Il s'aménagea une petite pièce au fond de l'étable où il passait très souvent ses nuits. Lorsqu'il était à la maison, Joe passait le plus clair de son temps avec Kathryn, cherchant auprès d'elle l'amour, que celle-ci lui donnait et qu'il ne recevait pas de la part de son épouse. En retour, Kathryn développa une adoration profonde pour son père, frisant même l'idolâtrie, à tel point que, chaque fois qu'elle parlait de lui, et cela même vingt ans après sa mort, elle avait les larmes aux yeux.

Mr Kuhlman emmenait Kathryn avec lui lorsqu'il se rendait auprès de ses clients pour le recouvrement des factures. Les commerçants s'habituèrent à la voir accompagner son père et la surnommèrent la « petite Joe ». Plus tard, elle se fit un plaisir de se rendre seule en différents endroits, tels que l'entreprise de volailles Brockman, l'épicerie Rummer, la droguerie, le libre-service, la boucherie et elle recouvrait les factures pour son père. Joe était un homme d'affaires habile, et il avait appris à Kathryn une grande partie des principes appliqués dans les affaires, enseignements auxquels cette dernière fera appel au cours des années à venir. En effet, longtemps après que la Fondation Kathryn Kuhlman eût été solidement établie, Kathryn faisait encore souvent référence aux principes commerciaux que son père lui avait inculqués. Et elle se trompait rarement en affaires.

Bien qu'ils aient passé de nombreux moments ensemble, Joe Kuhlman ne parvint jamais à comprendre sa petite fille rousse et espiègle. Il était plus aisé de lui donner de l'argent ou de lui acheter un vêtement, que de tenter une incursion dans les tréfonds de son cœur en peine. Qu'il ne soit pas parvenu à comprendre les profondeurs de l'âme de Kathryn, sa réaction lorsque sa fille fit une expérience spirituelle marquante le prouve assurément.

Au fond, Joe Kuhlman n'avait rien d'un homme religieux. Il méprisait les prédicateurs, les accusant de ne rechercher que « l'argent ». Il avait été profondément bouleversé lorsque Myrtle avait quitté la ville pour épouser un évangéliste itinérant, et avait affirmé que ce mariage ne durerait guère (il avait raison). Les seules fois où il assistait à une réunion de l'église baptiste dont il était membre, c'était à lors de la fête de Noël, ou encore lorsque Kathryn donnait un récital ou faisait une lecture publique. A part ces occasions, personne ne le voyait ni prier, ni lire la Bible, ni encore moins exprimer un quelconque sentiment religieux. Il avait cependant une plus grande compréhension des choses de la vie que ce que l'église voulait bien lui accorder. Quelquefois, ces personnes restées en marge de la communauté perçoivent les situations avec davantage de justesse, car leurs pensées ne sont pas sclérosées par la suie de la religiosité et la tradition humaine. C'est du moins ce que pensait Kathryn. Tout au long de sa vie, elle ne put s'empêcher d'éprouver une réelle tendresse pour ces personnes qui, comme son père, étaient déçues par la religion organisée, mais qui n'en avaient pas moins une réelle soif de Dieu.

Le Révérend Hummel, un évangéliste baptiste, vint animer deux semaines de campagne de réveil, dans une minuscule église méthodiste. Il y avait de l'excitation dans l'air, et « Grand-Mère Kresse », une des « zélotes » de la ville qui assistait à toutes les réunions de réveil de toutes les églises des environs, avait activement préparé cet événement. Alors que l'Église Luthérienne et l'Église Unie de Christ fronçaient les sourcils à la vue du zèle que Mme Kresse manifestait, les méthodistes quant à eux, plus ouverts au réveil, au début des années 1900, trouvaient tout à fait normal qu'un chrétien convaincu sorte dans l'allée et se mette à la recherche « d'une âme perdue », au moment de l'appel. Grand-Mère Kresse était une de ces personnes et, dès la fin de la prédication, elle sillonnait l'allée, encourageant les enfants à « s'avancer » et à rechercher le Seigneur.

Kathryn, qui venait de fêter son quatorzième anniversaire, avait assisté à toutes les réunions cette semaine-là. Il lui arrivait de s'asseoir auprès de sa mère, mais la plupart du temps, elle se joignait au groupe de filles de son âge qui pouffaient de rire durant les réunions. Au début, les jeunes filles se moquaient de notre zélote. Mais, au fil des soirées, voyant certaines de leurs amies s'avancer au moment de l'appel, elles devinrent moins hardies. Et si « Grand-Mère Kresse » les attrapait, elles aussi ?

Toutefois, ce ne fut pas Mme Kresse qui se saisit de Kathryn. Le dimanche matin, l'adolescente, debout aux côtés de sa mère, s'effondra en larmes au moment de l'appel. Ce fut quelques années plus tard, lorsqu'elle fût capable d'évaluer ce moment avec du recul, grâce à ses expériences acquises, qu'elle comprit l'ampleur de l'onction du Saint-Esprit sur elle, ce soir-là. Elle sanglota à tel point que son corps tout entier se mit à trembler. Emma observait, impuissante, sa grande fille de quatorze ans, et ne pouvait lui apporter aucun réconfort. Sa foi, en effet, ne dépassait pas le cadre de la relation sociale qu'elle entretenait avec les membres de la congrégation ; il en était de même pour ceux-ci. Sa relation avec Dieu se limitait à la confection de gâteaux, aux réunions du club des missionnaires, au thé (lorsqu'elle était bien habillée naturellement), et enfin, aux différentes réunions de l'église. Or, aucun enseignement n'y avait jamais été apporté sur l'attitude à adopter, lorsqu'une personne rencontrait le Saint-Esprit au point que tout son être en était saisi. En fait, de mémoire d'homme, personne n'avait jamais rencontré le Saint-Esprit avec une telle puissance dans la petite communauté. Emma se replongea dans le recueil de chants, gardant les yeux fixement rivés sur les paroles et les notes, incapable de comprendre l'ampleur de ce qui était en train de se passer à côté d'elle.

Kathryn laissa tomber le recueil de chants dans le petit casier devant elle et s'avança, chancelante, dans l'allée centrale. Ses amies de classe, assises deux rangées devant elle, la regardèrent sidérées et les yeux écarquillés, alors que Kathryn s'avançait presque en courant, avant de s'effondrer à la première rangée. Kathryn enfouit la tête dans ses mains et sanglota si bruyamment que toute la salle pouvait l'entendre.

Martha Johannssen, une femme infirme qui, à l'instar de Grand-Mère Kresse, était considérée comme « trop religieuse », pour la simple raison qu'elle croyait que l'enfer existait, dans son sens littéral, se glissa derrière le banc et remit un mouchoir à Kathryn.

« Ne pleure pas Kathryn. Tu as toujours été une si gentille fille ».

Même les chrétiens pratiquants semblaient incapables de comprendre la puissance de la conviction de péché du Saint-Esprit, lorsqu'Il tombe souverainement sur une jeune adolescente. Et pourtant, l'expérience de Kathryn ne semblait guère différente de celles qui sont décrites dans la Bible. Samuel, Esaïe, Paul, Marie, mère de Jésus, et des dizaines d'autres personnages bibliques avaient expérimenté cette rencontre avec Dieu, qui plonge un être humain dans une sainte tristesse. Et dans la Bible comme à Concordia, en cette année 1921, personne ne semblait comprendre ce qui lui arrivait.

Tout au long de sa vie, Kathryn prit plaisir à relater les événements qui succédèrent à cette expérience. « Ce matin-là, en rentrant à pied avec Maman, j'eus l'impression que le monde entier avait changé. Je pris conscience des fleurs qui bordaient la route du retour. Je ne les avais jamais remarquées auparavant. Quant au ciel : il était d'un bleu azur, orné de flocons de nuages qui rappelaient l'éclat vaporeux des cheveux d'anges. M. Krœnoke venait-il de rafraîchir les murs de sa maison ? Pourtant, cette maison était toujours la même !

Non, c'est Kathryn qui avait changé. C'était la même peinture, la même rue, la même ville, mais Je n'étais plus la même. J'étais différente. Une brise légère caressait mes joues et tamisait mes cheveux. » Je pense que Kathryn Kuhlman flotta ce dimanche-là, jusqu'à la maison.

Le père était dans la cuisine, lorsqu'Emma et Kathryn arrivèrent. Kathryn courut vers lui et le serra à la taille. « Papa, quelque chose est arrivé. Jésus est entré dans mon cœur ».

Joe Kuhlman baissa la tête et dévisagea profondément sa fille. Son visage ne manifesta aucune émotion. « Je suis content », dit-il. Et son commentaire s'arrêta là. Il se retourna et quitta la pièce. Kathryn dira plus tard, « Je ne saurai jamais s'il comprit ce que je venais de lui annoncer ».

Cependant, Kathryn était certaine d'une chose : sa vie entrait à présent dans une toute nouvelle dimension. La transformation ne fut pas instantané, mais cette nouvelle révélation - qu'on puisse avoir accès auprès de Dieu au travers de Jésus-Christ - allait provoquer un changement capital, mais avant qu'il ne se produise, les événements allaient continuer à se dégrader par pallier.

Le lendemain soir, à la réunion de réveil, l'évangéliste demanda aux nombreux jeunes qui avaient confessé leur foi durant la réunion précédente, de s'avancer.

« A présent, dites aux personnes présentes dans la salle, ce que vous comptez faire de votre vie. »

« Je vais me trouver un beau prédicateur et je l'épouserai », déclara Kathryn.

Avant de quitter la salle, elle se tourna vers le Révérend Hummel, qui était encore célibataire, et lui fit un clin d'œil engageant. Tout le monde se rappelait que Myrtle, sa sœur aînée, avait épousé un jeune évangéliste qui avait mené, huit ans plus tôt, une campagne de réveil dans la même église.

Toutefois, Emma était la seule à ne pas rire de cette boutade. Elle savait que Kathryn aimait le flirt. Elle savait aussi que si cette dernière jetait son dévolu sur un homme, n'importe lequel, elle gagnerait son cœur. Elle vit dans l'église le seul espoir de voir Kathryn s'assagir. Aussi, encouragea-t-elle sa fille à venir dans sa communauté à elle et à participer activement à toutes les activités.

Cependant, Kathryn préféra l'assemblée baptiste de son père à la congrégation méthodiste de sa mère. C'est qu'elle avait une volonté bien à elle !

«Je ne sais plus que faire de ma fille », confia Emma à une de ses amies proches, lorsque Kathryn eut seize ans. « Elle a raté ses maths l'année dernière et a dû les repasser. C'est le portrait de Boy. Je ne parviens à exercer aucun contrôle sur elle ».

Etant donné que M. Kuhlman ne reprochait jamais rien à Kathryn, Emma n'eut plus personne vers qui se tourner sinon Myrtle, la sœur aînée, qui leur rendait justement visite pour quelques jours, en ce début d'été. Nous étions en 1923 et la prohibition faisait rage aux États-Unis. La détention d'alcool était illégale, mais il semblait que chaque ferme dans le Comté de Lafayette cachait une petite distillerie. Les bars clandestins étaient prospères dans la région. Les jeunes gens dansaient le Charleston et arpentaient les routes boueuses, au volant de leur Roadster. Une faune bruyante occupait les sièges des véhicules et hurlaient : «Cool, cool la vie ». Ils passaient leurs soirées à boire de l'alcool au tonneau. Emma savait que si rien ne venait changer le cours de la vie de Kathryn, celle-ci n'aurait pas la force de résister aux tentations de l'époque.

Myrtle demanda la permission à sa mère d'emmener Kathryn pendant l'été. Cette dernière pourrait en effet les aider lors de leur tournée dans le Nord Ouest du pays et reviendrait à la maison pour l'automne.

Cette situation semblait idéale, et pourtant Emma hésita. Myrtle avait épousé Everett Parrott, qui était venu prêcher à l'église méthodiste lors d'une campagne de réveil. Il achevait ses études à l'Institut Biblique Moody à Chicago, et il était jeune et beau. Une semaine après la campagne de réveil, Everett dernier écrivit à Myrtle pour l'inviter à le rejoindre dans une ville proche de Sedalia où il résidait ; elle l'accompagnerait au piano lors d'une série de réunions qui se tiendraient le week-end et pourrait, loger chez ses parents.

Emma et Joe furent opposés à cette proposition. Emma n'avait aucune envie de voir sa fille flirter avec un étranger. Joe ne voulait pas que sa fille fréquente un prédicateur. Ils finirent toutefois par donner leur consentement et les Parrott firent envoyer une voiture qui emmena Myrtle à Sedalia, à 40 kilomètres de Concordia. Elle ne joua jamais de piano. En réalité, Everett désirait la présenter à ses parents. Durant les trois semaines qui suivirent ce voyage, le jeune homme écrivit régulièrement à Myrtle, et le 6 octobre 1913, ils furent mariés par le président régional de l'église méthodiste de Sedalia. Plus tard, Myrtle confessera qu'elle n'avait jamais été éprise de son mari, mais comme la plupart des jeunes filles de la petite communauté, elle pensait qu'il valait mieux saisir la première occasion qui se présentait, car elle n'en aurait peut-être plus d'autres.

En fait, ce fut un mariage orageux, truffé de problèmes dès le départ. Après un court séjour à Chicago, le jeune couple se lança dans une campagne d'évangélisation dans la région comme Parrott possédait un chapiteau. Bravant « la poussière et la chaleur », ils sillonnèrent l'ensemble des villes du Midwest et organisèrent des campagnes de réveil. Myrtle prêchait quelquefois, mais s'occupait principalement de la gestion des affaires de son mari. Lorsqu'ils entendirent parler de la venue de Charles Price, un enseignant et évangéliste hors pair, enrichi par un ministère de guérison impressionnant et qui avait fait le voyage du Canada à Albany, dans l'Orégon, pour y tenir toute une série de réunions, les Parrott firent tout spécialement le déplacement pour se former à son école. A l'instar de nombreux évangélistes qui exerçaient leur ministère dans l'Ouest du pays, Charles Price était un homme pondéré. Il consacrait une bonne partie de son temps à l'enseignement de la puissance de Dieu. Il parlait également d'une expérience qui faisait suite au salut : « le baptême du Saint Esprit ». Un soir, à Albany, il prit Everett Parrott à part pendant plusieurs heures, et lui prodigua un enseignement sur ce sujet, s'appuyant sur la Parole de Dieu. Parrott buvait toutes ses paroles, et pourtant le ministère de Price n'apporta pas le changement tant espéré. Aussi, bien qu'ils avaient adopté une petite fille, Virginie, quelques années plus tard, le mariage d'Everett et Myrtle se termina par un divorce.

Toutefois, quelque temps avant les derniers événements qui mèneraient au divorce, Myrtle fit la courte visite à Concordia dont nous avons parlé plus haut.

« Maman, je repars après-demain. Laisse-moi emmener Kathryn cet été. Je te la renverrai pour l'automne, si tu désires qu'elle reprenne les cours ».

« Papa et moi allons en discuter et nous tâcherons de nous décider très rapidement », répondit Emma, le visage soucieux.

Après que Myrtle eût prié toute la nuit, il lui sembla évident qu'elle devait emmener Kathryn.

Très tôt le matin, elle prit sa mère à part. « Qu'as-tu décidé ? »

Emma détourna le visage, par crainte d'affronter le regard de sa fille aînée.

« Elle est si jeune, Myrtle. Elle n'a que seize ans ».

« Maman ». La voix de Myrtle laissait deviner un accent de désespoir. « Elle doit partir. Je sais que c'est la volonté de Dieu. Veux-tu entraver le chemin que Dieu a tracé pour elle ? »

« Comment peux-tu en être sûre ? Comment peux-tu savoir ce que Dieu a en réserve pour Kathryn ? »

« Je le sais, un point c'est tout », répondit Myrtle en éclatant en sanglots. « Je le sais, un point c'est tout . »

« Papa et moi en reparlerons au déjeuner », déclara Emma. « Nous te ferons connaître notre décision avant la fin de la journée. »

Il était quatre heures précise. Myrtle s'en souvient, car elle entendit le carillon de l'horloge retentir. Emma descendit les escaliers, le visage grave. Myrtle se tenait dans la pièce centrale et nettoyait ses lunettes.

« Nous avons décidé », dit Emma lentement, « de la laisser partir, mais c'est avec beaucoup de réticences de ma part . »

Emma avait le sentiment étrange, que si Kathryn partait, elle ne reviendrait jamais.

Et elle avait raison.

Le lendemain après-midi, Joe et Emma conduisirent leurs deux filles à la gare, où celles-ci prendraient le train pour Kansas City. Le visage de Kathryn était grave. Elle aussi soupçonnait que des puissances supérieures étaient à l'œuvre dans sa vie. Deux puissances conflictuelles, qui combattaient l'une contre l'autre. L'une d'elles la poussait à rester et à « jouir » de sa liberté. L'autre la propulsait vers le haut et la pressait de partir. Elle avait essayé de fuir cet appel d'en haut et Dieu savait à quel point elle avait tout mis en œuvre pour y échapper, mais chaque fois qu'elle avait péché, le Seigneur l'avait ramené à la repentance. Ces dernières années, elle s'était souvent retrouvée au pied de son lit, pour implorer le pardon de Dieu. A présent, Dieu accomplissait une œuvre nouvelle dans sa vie. Aussi, avait-elle le sentiment, alors que le train l'emmenait vers sa nouvelle destinée, qu'il ne conviendrait pas de regarder en arrière. Kathryn fit signe de la main à ses parents, à travers la vitre poussiéreuse du train, s'installa sur la banquette et regarda droit devant elle. Et comme sa mère, elle savait qu'elle ne serait plus jamais chez elle à Concordia.

3

Chapiteaux et maisons de fortune

Le sentiment que c'était Dieu et non Myrtle qui avait appelé Kathryn hors de Concordia se confirma dès son arrivée dans l'Orégon. Cependant, Kathryn se sentait doublement coupable de s'immiscer dans le mariage précaire de sa sœur. Pour surmonter cette culpabilité, elle refusa tout régime de faveur et insista pour dormir sur le sol, dans le salon, et consacra au moins deux jours par semaine à la lessive. Le lundi était consacré au lavage et le mardi au repassage. Kathryn fit ainsi sa première expérience dans la tenue régulière des travaux ménagers. Cette initiative l'aida à se persuader que, si la compagnie d'un homme est agréable (bien que les deux exemples qu'elle connaissait le mieux, celui de ses parents et celui de Myrtle, n'aient rien d'attrayant), l'idée de s'occuper d'un mari qui s'attend à voir son épouse lui préparer ses repas et lui laver son linge sale, la faisait réfléchir à deux fois avant de se lancer dans la carrière du mariage.

Kathryn passait tous ses lundis au-dessus des planches rêches, les bras immergés dans l'eau très chaude, indépendamment des déménagements d'appartement en appartement. Les mardis étaient évidemment consacrés au repassage. Les chemises blanches de Parrott, richement amidonnées représentaient par elles-mêmes, l'épreuve réussie de la loyauté d'une épouse, à plus forte raison d'une belle-sœur. Kathryn avait observé sa mère à maintes reprises et connaissait le mode d'emploi par cœur : chauffer le métal lourd immédiatement au-dessus des flammes du réchaud. Pendant que le fer chauffe, asperger la chemise d'eau et l'enrouler pour l'humidifier légèrement. Placer la planche à repasser sur la table et étendre la chemise complètement. Prendre le manche du fer en prenant soin d'utiliser un tissu isolant pour éviter toute brûlure de la main. Passer le doigt sur la langue et toucher rapidement la pointe du fer. Si ce contact provoque un sifflement accompagné de vapeur, le fer est prêt à l'emploi. Le peu d'argent dont disposait la famille ne permettait pas l'achat de chemises supplémentaires, et brûler même légèrement la chemise de Parrott obligerait ce dernier à conserver son veston durant tout le temps de la prédication, malgré la chaleur suffocante qui régnerait sous le chapiteau ; car le trou brunâtre laissé sur la chemise ne devrait surtout pas être vu du public.

Kathryn ne passait certes pas tout son temps à la lessive et au repassage. Le Nord Ouest des États-Unis était une région plaisante et l'été de l'année 1923 fut particulièrement agréable. Myrtle et Kathryn passèrent une partie de leur temps à faire du lèche-vitrine, explorant les boutiques des petites villes voisines de Washington et de l'Orégon, où Parrott avait dressé le chapiteau. Myrtle avait besoin du caractère jovial de Kathryn et celle-ci, de la maturité de sa sœur qui, pour être empreinte d'un peu de rigidité, n'en était pas moins aimable. La complémentarité de leurs deux tempéraments leur était bénéfique.

Les soirées étaient occupées par les réunions de réveil, durant lesquelles Kathryn fit ses premières expériences dans la prédication de l'évangile. Everett Parrott avait un message unique : « Repentez-vous et soyez sauvés ». Il aimait prêcher d'une voix extrêmement forte et délivrait toujours le même message, encore et toujours, s'appuyant sur divers textes bibliques. A la fin de l'été, Kathryn avait entendu tous ses messages plusieurs fois et commençait à comprendre la raison pour laquelle Myrtle était peu disposée à assister aux réunions, malgré l'insistance de son mari, très souvent irascible, qui affirmait avoir besoin de son assistance au piano, et pour la collecte de l'offrande.

L'esprit d'indépendance excessif de Parrott irritait Kathryn qui interrogea sa sœur sur la raison qui poussait ce dernier à refuser de coopérer avec les églises locales. Kathryn jugeait plus à propos de travailler en collaboration avec les églises et les pasteurs locaux, plutôt que de faire irruption dans une ville, y installer un chapiteau et se mettre à prêcher sans aucune démarche préalable.

Myrtle regarda Kathryn d'un air soucieux : « Ma chérie, nous fonctionnons de la sorte depuis plusieurs années. Au début, nous avons bel et bien essayé de travailler avec les pasteurs, mais ceux-ci nous redoutaient. Les baptistes voulaient savoir si nous procédions au baptême par immersion. Les méthodistes nous posaient la question de la sanctification, et les nazaréens voulaient savoir si nous prêchions la sainteté. Il nous semblait que chacun voulait construire son propre empire et nous n'en faisions pas partie. Aussi, Everett a bâti, à son tour, son propre empire autour de ce chapiteau, et il me traîne d'une ville à l'autre. J'en arrive à un tel point d'épuisement que je ne parviens plus à supporter la situation ».

« Mais », insista Kathryn, « ne serait-il pas plus aisé de vous établir dans une ville et d'y mettre en œuvre un centre de réveil . Bien sûr, vous n'imposeriez pas de carte de membre à ceux qui viendraient dans votre centre, pour ne pas inquiéter les pasteurs locaux. Vous prêcheriez l'évangile. Apportez le salut à vos auditeurs et s'ils désirent se joindre à une église locale, laissez les y aller. C'est ce que je ferais personnellement. »

Myrtle sourit tristement et répondit : « Tu n'as pas l'air de comprendre, sœurette. Everett est convaincu que sa mission consiste à évangéliser et allumer la flamme du salut dans les cœurs des perdus. La responsabilité des églises est de maintenir le feu après notre départ. Si nous nous installons, nous formons tout simplement une église supplémentaire. Les communautés locales nous critiquent systématiquement, parce que nous collectons des offrandes ; et ils ne sont pas contents de nous voir gagner des âmes pour Jésus. Pour tout te dire, de nombreuses personnes, sauvées lors de nos réunions, essayent de se joindre à ces assemblées, après notre départ, mais on les ne acceptent pas. Les seules qui apprécient réellement notre ministère, sont les petites églises missionnaires, qui luttent pour rester debout, malgré leur pauvreté et celle de leurs fidèles.

Kathryn apprenait ainsi rapidement les rouages internes du « Royaume ». Elle commençait à comprendre la raison pour laquelle son père préférait rester confortablement à la maison le dimanche. Toutefois, le soir, avant de s'endormir, recroquevillée sur la paillasse installée dans le salon, elle rêvait à une société où les chrétiens de toutes dénominations se rassembleraient, non pour se combattre, mais pour louer Dieu dans l'harmonie et l'unité, et se tenant épaule contre épaule pour lutter contre les ténèbres de ce monde. « Je sais que cela est possible », pensa-t-elle. « Je sais que c'est le dessein de Dieu pour son peuple, comme ce fut le cas dans le Livre des Actes lorsqu'ils étaient tous rassemblés d'un commun accord, dans un même lieu. Je suis prête à parier que si cela se passait encore un jour, nous aurions une nouvelle pentecôte, ici sur terre. »

Kathryn était loin de se douter, dans son adolescence, que ses rêves et ses visions faisaient partie du plan de Dieu qui projetait de répandre Son Esprit sur sa servante, qui deviendrait une autre Jeanne d'Arc, faisant entrer l'armée de Dieu dans une nouvelle dimension de liberté et de puissance, à l'approche de la fin des temps.

Il arrivait que Kathryn et Myrtle chantent ou même, quelquefois, jouent en duo au piano. A deux reprises, cet été-là, Parrott invita la jeune adolescente rousse sur l'estrade pour y donner son « témoignage », c'est-à-dire pour raconter l'expérience vécue dans la petite église méthodiste de Concordia. Ses témoignages se terminaient par la lecture d'un long poème, agrémenté d'une gestuelle théâtrale. Les auditeurs lui firent écho d'un cœur sincère. Il appréciaient vivement son talent dramatique et de la manière dont elle prononçait les mots. Parrott en conclut immédiatement qui si Kathryn n'était pas tenue en bride, elle deviendrait très vite ce que David fut pour Saül. (Rappelez-vous les chants des femmes : « Saül en a tué mille et David dix mille », et la jalousie rendait Saül fou de rage). Toutefois, Everett savait aussi que, si Kathryn aidait à collecter l'offrande après son intervention, les gens donneraient avec plus de générosité.

« Si tu décides de participer au ministère des Parrott », lui dit-il en la taquinant, « je te laisserai même prêcher parfois ».

Cette perspective enthousiasma Kathryn. Aussi, au cours de ses nombreuses heures de solitude, elle lut la Bible et prépara des passages qui pourraient faire de bons messages... au cas où ! Mais, le fameux jour ne semblait jamais arriver. Et lorsque l'été toucha à sa fin et que les Parrott organisèrent le programme de l'automne, Kathryn ne semblait pas en faire partie.

Joe Kuhlman envoya l'argent du retour et Everett se rendit à la gare de Portland, pour l'achat du billet et vérifier l'horaire des départs vers Concordia,

Le vendredi qui précédait le jour de la fête du travail, Myrtle aida Kathryn à emballer ses affaires. La valise déglinguée par les multiples voyages était posée sur le radiateur du petit appartement. Les vêtements y étaient soigneusement pliés. Il ne restait plus qu'à la boucler. Myrtle, qui se trouvait au milieu de la pièce, regardait avec tristesse sa sœur qui, le dos tourné, posait le dernier vêtement dans la valise. Kathryn finit par s'effondrer en larmes.

« Je ne veux pas retourner à la maison », dit-elle, au milieu de ses sanglots.

« Tu n'es pas obligée de partir . »

Myrtle sursauta à la voix de Parrott qui revenait de la gare. Cela semblait trop beau pour être vrai ! « Mais alors ! Que faire du billet de train », balbutia Myrtle.

« Nous pouvons récupérer l'argent », répondit Parrott avec calme. « Je me suis informé hier, au cas où Kathryn émettrait le désir de rester, mais je ne voulais en aucun cas l'influencer. Elle peut nous être d'un grand secours pour notre ministère. »

Kathryn n'entendit pas la suite de la conversation. Elle était sous le coup de l'émotion et des larmes de joie et de soulagement coulaient à présent sur ses joues. De nombreuses années plus tard, il lui arriva quelquefois de songer à cette vieille valise posée sur le radiateur. « Il m'arrive parfois » me confia-t-elle un jour « de la voir dans mon sommeil. Je revois chaque vêtement qui s'y trouvait, ainsi que le fermoir tordu de la fermeture éclair. Cet événement me hante car il fut le moment le plus décisif de toute ma vie. Si j'étais retournée à Concordia, j'y serais restée bloquée, et qui sait ce qu'il me serait arrivé. Mais déjà à ce moment-là, le Saint-Esprit œuvrait dans ma vie, dirigeant mes pas. A cet instant précis, j'entrai dans le ministère, et je ne l'ai jamais regretté un seul instant. »

Ces premières années avec Myrtle et Parrott furent difficiles, car ils voyageaient sans relâche, avec de courtes haltes d'une communauté à l'autre. Ils entraient dans une ville, cherchaient un terrain vacant et y installaient leur chapiteau. Ensuite, Myrtle et Kathryn sillonnaient la ville, qu'elles traversaient en faisant sonner une petite clochette et en invitant les gens à la réunion du soir. Le soir, Kathryn s'asseyait au premier rang, et Myrtle accompagnait son mari sur l'estrade. Myrtle mettait constamment Kathryn en garde contre toute attitude qui pourrait nuire à son « ministère ».

« Kathryn, ne croise pas les genoux. Tes jambes sont si longues que tout le monde va le remarquer. Croise uniquement les chevilles et fais bien attention de toujours rapprocher tes genoux. »

L'influence de Myrtle était bénéfique. Bien qu'elle fût sévère et rigide comme Emma, elle n'en restait pas moins une sœur et non une mère. Les cinq années qui suivirent furent certes pénibles pour Kathryn à certains égards, mais demeurèrent les plus belles années de sa jeunesse.

Au cours de ces années, Parrott loua les services de la pianiste de Charles Price, une musicienne hors pair du nom d'Hélène Gulliford. Kathryn et Hélène devinrent les meilleures amies du monde, malgré une différence d'âge de onze ans. De nombreuses personnes pensaient qu'elles étaient sœurs, car elles se ressemblaient beaucoup. Hélène avec son mètre soixante dix était sept centimètres plus petite que son amie, élancée et fine de taille. Elles portaient les mêmes vêtements, et aimaient se retrouver ensemble. Aussi, Kathryn transféra graduellement l'affection qu'elle portait à Myrtle vers cette jeune femme célibataire qui allait jouer un rôle d'une extrême importance dans sa vie. Celle-ci se tiendrait en effet, sur la brèche entre Kathryn et la désastreuse histoire qui déchira son cœur, sans toutefois parvenir à empêcher cette jeune évangéliste entêtée de ruiner son ministère.

Les choses n'allaient pas fort bien au sein de l'équipe du Chapiteau de Réveil Parrott. Myrtle et Parrott se disputaient à longueur de journée. Elle l'accusait de fréquenter d'autres femmes, et ressemblait chaque jour davantage à sa mère, à savoir qu'elle devenait dure et inflexible. Aussi, lorsqu'ils arrivèrent à Boise, dans l'Idaho, la situation était passée de médiocre à désastreuse. Parrott ne se présentait même plus aux réunions et décida de prendre son chapiteau et de voyager vers le Dakota du sud. A Boise, les réunions se tinrent sous l'égide du « Club de Dames », et Myrtle assura les prédications. Les offrandes étaient devenues si minimes qu'elles ne couvraient pas les frais de location du bâtiment, et encore moins la location de leur minuscule logement. Les repas des deux semaines qui suivirent furent composées de pain et de thon en conserve.

Etant donné que Parrott avait la gestion des finances, le seul espoir qui restait à Myrtle était d'aller le rejoindre dans le Dakota du Sud. Alors, Hélène se désista. C'en était assez ! Par ailleurs, elle n'avait jamais aimé jouer sur un minuscule piano, dans des petites églises et pour un auditoire de quinze à vingt personnes. Kathryn, de son côté, était aussi profondément déçue. Bien qu'elle aimât beaucoup prêcher, elle n'entrevoyait aucun avenir aussi longtemps qu'elle resterait auprès des Parrott.

Après la dernière soirée, celle qui précéda leurs départs respectifs, Myrtle vers son mari, Hélène et Kathryn encore indécises quant à leur destination, un pasteur de l'église nazaréenne les accosta à la sortie du « Club des Dames ».

« Ne partez pas », implora-t-il. « Je sais que vous avez passé des moments difficiles parmi nous, mais nous avons besoin de vous. »

Myrtle secoua la tête : « Nous ne pouvons plus nous permettre de rester. Nous n'avons plus un sou . »

« Alors, que les filles restent ! » suggéra-t-il. « Je suis pasteur d'une petite église missionnaire, près d'ici. Elles pourraient au moins jouer du piano et chanter. »

Myrtle regarda Hélène et Kathryn, qui avaient suivi la conversation. Elles acquiescèrent toutes deux de la tête. « D'accord », répondit Myrtle avec une note de résignation. « De toute manière, Kathryn veut prêcher. Pourquoi ne pas lui donner sa chance et voir ce qu'elle peut faire ? »

« Très bien », répondit le pasteur, le visage étincelant de joie. « Elles commencent demain soir. »

Et voilà comment tout commença ! Ce fut dans cette petite église défraîchie, une ancienne piscine publique du quartier le plus pauvre de Boise, que Kathryn délivra sa première prédication personnelle. Quelques vieilles chaises étaient assemblées et un piano ayant appartenu au bar voisin, avait été roulé à l'intérieur par la porte arrière et se trouvait à présent, dans un coin de la salle, à côté d'une chaire en piteux état.

La dernière requête que Kathryn adressa à Myrtle fut un prêt de dix dollars.

« Je voudrais m'acheter une robe jaune pour ma première prédication. »

« Kathryn », répondit Myrtle en secouant la tête et d'un ton qui rappelait étrangement le ton maternel. « Tu ne pourras pas t'acheter le genre de robe que tu désires pour dix dollars. Cela coûte deux fois plus cher. Par ailleurs, je n'ai pas cette somme et je ne suis pas sûre qu'elle figure sur le compte bancaire du Chapiteau de Réveil Parrott, à Sioux City. »

« As-tu encore un des chèques que Parrott avait signés ? », s'enquit encore Kathryn.

Myrtle acquiesça de la tête.

« Alors, donne-moi un chèque de dix dollars. Je te promets que je ne l'encaisserai pas avant que tu n'aies suffisamment de liquidité pour le couvrir. »

« De toute manière, tu ne peux t'acheter ce que tu désires pour dix dollars » Myrtle de poursuivre irritée. « Tu ne te satisfais jamais de robes bon marché. Tu veux toujours ce qu'il y a de meilleur. »

« J'ai tout planifié » expliqua Kathryn. « Je ne l'aurai peut-être pas pour la première réunion, mais je me l'achèterai avant de quitter la ville. J'achèterai du tissu pour dix dollars. Ensuite, je me la ferai faire par une couturière. J'ai le modèle exact en tête. Et lorsque je recevrai ma première offrande, je paierai la couturière. Qu'est-ce que tu en dis ? »

Myrtle hocha la tête : « Je ne ferai jamais une chose pareille ! »

Toutefois, elle fit un chèque à Kathryn. Dans les deux semaines qui suivirent cet incident, Kathryn eut sa robe : une robe jaune qui descendait jusqu'aux chevilles, et dont les manches rappelaient la douceur du duvet. En outre, elle parvint à convaincre le marchand de lui accorder un délai de paiement jusqu'à ce qu'elle ait reçu sa première offrande, et obtint de la couturière qu'elle lui confectionnerait gratuitement cette robe : ce serait en quelque sorte une action pour le Seigneur. Elle conserva le chèque de Myrtle pendant trois mois et l'encaissa finalement à Sioux City, dans l'Iowa, lors d'une courte visite à sa sœur Myrtle, après s'être assurée que cela ne mettait pas cette dernière dans l'embarras.

Désormais, rien ne pouvait l'arrêter. Un jour de mauvais temps, Kathryn et Hélène arrivèrent à Pocatello, Idaho. La seule salle disponible pour leurs réunions était la Maison de l'Opéra, un lieu tombé en désuétude depuis bien longtemps, à tel point que la question se posait de savoir si ce lieu tiendrait encore debout après le grand nettoyage : l'amas de poussière semblait si dense qu'il constituait à lui seul un véritable rempart. Mais il fallait davantage qu'un peu de poussière pour refroidir la ferveur commune de Kathryn et Hélène, qui se désignaient elles-mêmes comme « Les Filles du Seigneur ».

« Et dès cette époque », me confia Kathryn, « Je savais ce que Dieu pouvait faire, si seulement, l'évangile était prêché dans sa simplicité. »

Et jusqu'à ce que les deux jeunes femmes quittèrent la ville, au terme de six semaines de réunions qui se terminaient très souvent au-delà de minuit, la salle et son balcon furent bondés.

L'accueil qu'elles reçurent à Twin Falls, Idaho, était proportionnellement aussi chaleureux que le froid de janvier. Le deuxième soir, en quittant la salle où elle avait été invitée à prêcher, Kathryn glissa sur le verglas et se fractura la jambe. Hélène l'emmena chez un médecin proche du lieu où se tenaient les réunions. Il enveloppa sa jambe d'un plâtre et recommanda vivement de ne pas marcher pendant deux semaines au moins. Le médecin était loin de connaître la détermination acharnée de cette jeune femme, qui entrevoyait enfin le sens de sa vie. Ce n'était pas une jambe cassée qui allait l'empêcher d'accomplir la mission que Dieu lui avait confiée. Elle ne manqua aucune des réunions et tous les soirs du mois, elle était présente, s'appuyant sur ses béquilles malgré sa jambe coincée dans le plâtre.

Une infirmière expérimentée, vétéran de la première guerre mondiale, avait assisté à ces réunions. A leur sujet, elle écrivit une lettre à l'éditeur du journal Twin Falls, d'Idaho, dans laquelle elle relatait ce qui suit : « J'ai rencontré le courage et la détermination en France. J'ai vu le même courage et la même détermination hier soir chez une jeune femme qui se tenait sur l'estrade et prêchait le salut . »

Ses détracteurs, et elle en avait déjà dans les années trente, déclarèrent qu'elle vendait une mixture composée de « sexe et de salut ». Dans une certaine mesure, ils avaient raison. Les deux jeunes femmes étaient naturellement attirantes, et une partie de leur impact reposait sur leur manière unique de présenter l'évangile. Elles s'attardaient après les réunions aussi longtemps qu'on avait besoin de leur aide, et très souvent les plus nécessiteux étaient des hommes seuls qui, du fait de leur solitude, étaient incapables de faire la différence entre l'amour du Père céleste et l'attrait sensuel d'une jeune femme qui répondait avec la même familiarité, à l'appel des femmes et des hommes sans marquer de différence. Heureusement, Hélène Gulliford était beaucoup plus réservée que Kathryn et la mettait en garde contre toute attitude trop amicale qu'elle pourrait adopter à l'égard des nombreux admirateurs qui s'attroupaient devant l'autel pour bénéficier de son intercession. Peu à peu, Kathryn, qui semblait agir avec beaucoup plus de prudence qu'au cours des premières années de son ministère, grâce aux constantes mises en garde d'Hélène, s'efforçait d'adopter une attitude plus réservée, même lorsqu'il lui semblait nécessaire de rester jusqu'aux petites heures du matin, afin d'amener un clochard du coin à « faire le pas » décisif de la prière de repentance.

Ce fut lors d'une de ces « après, après réunions » , que Kathryn fit sa première expérience du parler en langues.

Kathryn et Hélène s'étaient rendues à Joliet, dans l'Illinois, pour une campagne de trois mois qui se tenait au deuxième étage d'un vieux bâtiment. (C'est à cet endroit, par ailleurs, qu'un groupe de l'Alliance Evangélique parvint à persuader la jeune évangéliste que celle-ci devait être ordonnée ministre de l'évangile, ce qu'elle accepta. C'est la seule fois où une autorité ecclésiastique lui proposa l'ordination). Le message unique de Kathryn était le salut, et, ce soir-là, il fut simple et direct. Après le départ des centaines d'auditeurs qui avaient assisté à la réunion, Kathryn continua à exercer son ministère auprès d'une demi-douzaine de personnes, agenouillées devant l'autel. Parmi elles, Isabelle Drake, une enseignante qui faisait quotidiennement la navette entre Joliet et Chicago pour se rendre à son travail. Kathryn était assise au premier rang, à côté de la mère d'Isabelle, qui s'était agenouillée devant l'autel, tantôt en sanglots, tantôt en prière. Soudainement, elle leva le visage et les yeux vers le ciel et entonna un chant. Kathryn relatera plus tard : « Je n'avais jamais entendu pareille musique, transmise par la plus belle voix que j'avais jamais entendue. Elle chantait dans un langage que je n'avais jamais entendu. Cependant, il était si magnifique que je sentis tous mon corps tressaillir. »

« Sa mère, assise à mes côtés, agrippa ma main et la serra si fortement que j'en eus presque les doigts écrasés. « Ce n'est pas ma fille qui chante », me dit-elle en poursuivant d'une voix à présent saccadée, « Isabelle a toujours chanté faux. Ma fille ne sait pas aligner deux notes dans le ton ».

La mère d'Isabelle était dans un grand état d'exaltation. Kathryn fit tout ce qu'elle put pour l'empêcher de sauter et courir de joie dans toute la pièce. Enfin, elles se rassirent et écoutèrent paisiblement la magnifique musique et le flot surnaturel des paroles qui sortaient de la bouche de cette enseignante. Quelquefois, sa voix atteignait la plus haute gamme, pour ensuite redescendre en mineur et entonner un chant dans un doux murmure, avant de reprendre de plus belle. Les paroles ressemblaient à de l'ancien grec ou du phénicien, et pourtant, Kathryn savait que l'origine de ce chant n'était pas terrestre.

Il se prolongea pendant quinze minutes. Finalement, la jeune enseignante abaissa son visage et demeura dans le silence, devant l'autel avant de se relever et de venir enlacer sa mère. Si Kathryn avait suivi quelques enseignements donnés par Charles Price sur le fait de parler en d'autres langues, c'était bien la première fois qu'elle l'entendait de vive voix. Le Saint-Esprit attestait à son cœur que cela venait bien de Dieu : Isabelle, en effet, n'avait jamais entendu parler du « don des langues », et jamais, elle n'aurait pu concevoir que sa prière la transporterait dans une telle dimension de l'Esprit. Elle était loin d'imaginer que cette prière toute simple, élevée à Dieu, le suppliant de la remplir d'une plus grande mesure de Sa Personne, serait exaucée par une visitation du Saint-Esprit.

Plusieurs années plus tard, Kathryn assistera à une expérience similaire à Portland, dans l'Orégon, lors d'une « convention de miracle » d'une très grande envergure en 1973. Kathryn était invitée à animer la réunion du samedi et du dimanche après-midi, au Civic Auditorium. La salle était bondée, et des milliers de personnes avaient dû être refoulées en raison du manque de place. Au cours de la réunion, une religieuse catholique s'avança pour témoigner de la guérison d'une tumeur qu'elle venait de recevoir, au cours de la réunion. Elle expliqua timidement, à la demande de Kathryn, la nature de sa maladie. Dans un murmure presque inaudible, elle expliqua comment, alors qu'elle était assise à côté de six autres religieuses et de deux prêtres, elle sentit une sensation brûlante parcourir sa jambe. Elle passa sa main sur la cuisse, à l'endroit où se trouvait la tumeur et celle-ci avait complètement disparu. Les deux prêtres avaient insisté pour qu'elle aille témoigner de sa guérison sur l'estrade.

« Oh, chère sœur ! C'est merveilleux ! », répondit Kathryn, « Je suis heureuse d'entendre votre témoignage. »

Kathryn pleura. Elle pleurait souvent lorsque des personnes, telles qu'une religieuse, un prêtre, un vieux pasteur ou encore un missionnaire au visage marqué par le temps passé à travailler dans l'œuvre de Dieu, s'avançaient et témoignaient de la guérison que Dieu leur avait accordée. Elle conservait une place tout à fait à part dans son cœur pour les personnes âgées, les pauvres, les enfants, les jeunes couples et plus particulièrement encore pour les serviteurs et servantes de Dieu.

« Je remercie Dieu pour la guérison qu'Il vous a accordée », dit Kathryn doucement au moment où la religieuse, un sourire timide aux lèvres, se retourna et fit mine de descendre de l'estrade. Soudainement, la petite religieuse fit volte-face et revint auprès de Kathryn et déclara au micro : « Miss Kuhlman, j'aspire tant à être remplie du Saint-Esprit . »

Et avant que Kathryn ne puisse la toucher, avant qu'elle ne puisse exprimer la moindre prière, la religieuse se retrouva sur le sol. Habituellement, des assistants se plaçaient derrière ceux qui montaient sur l'estrade, dans l'éventualité d'une telle manifestation que Kathryn appelait : « tomber sous la puissance », ou encore : « tomber dans le repos de l'Esprit ». Cette fois, personne n'était suffisamment proche pour rattraper la religieuse. Celle-ci glissa tout simplement sur le sol, et simultanément, se mit à parler dans une langue d'une beauté surnaturelle.

« Une sainte onction descendit sur l'assistance », expliqua Kathryn en décrivant la scène. « Des milliers de personnes se trouvaient dans le Civic Auditorium, et pourtant, le silence régnait. Je restais figée, animée d'une crainte révérencielle, et émue de voir que cette précieuse religieuse catholique qui ne connaissait rien sur le baptême du Saint-Esprit, parlait en d'autres langues. Ses yeux étaient fermés, et une langue aussi belle et parfaite que celle dans laquelle s'était exprimée Isabelle, de nombreuses années auparavant, sortit de ses lèvres. Ce n'était pas des balbutiements, car le Saint-Esprit ne balbutie pas. C'était une langue parfaite et le Saint-Esprit utilisait ses lèvres pour offrir une louange et une adoration au Père Céleste dans le ciel.

Beaucoup de théologiens et de commentateurs religieux furent déçus par le fait que Kathryn Kuhlman n'ait jamais apportée elle-même un témoignage clair de son expérience sur le parler en langues. Bien que sa conversion, à l'âge de quatorze ans, fût profondément sincère, elle ne ressemblait en rien à cette expérience qui bouleverse toute une vie, transforme instantanément tout un caractère et que beaucoup jugent nécessaire pour être habilité à prêcher. Sa conversion, au contraire, semblait amorcer une expérience, suivie d'une longue maturation spirituelle qui connaîtrait des hauts et des bas, ainsi que d'un processus de salut qui durerait toute une vie. Sa position publique la plaça sous les feux des projecteurs, et les failles de sa vie, qui étaient réelles, furent largement exagérées par la presse. Au cours de la dernière année de sa vie, les milieux chrétiens découvrirent que certains traits de son caractère étaient loin d'être parfaits.

Après tout, elle était la première à affirmer n'être qu'une personne ordinaire, sans éclat, ni beauté. « Je suis la personne la plus ordinaire du monde entier », proclamait elle souvent. Cependant, très peu de fidèles prenaient cette déclaration au sérieux et, malgré elle, la plupart la considéraient comme une sainte. Ses détracteurs, à l'opposé, n'avaient pas beaucoup d'efforts à faire pour trouver ses failles. Ses défauts, comme ses miracles, étaient exposés publiquement.

Elle était plus critiquée au sein de l'église qu'à l'extérieur. Les gens du monde, assoiffés de réalité spirituelle, s'attroupaient à ses réunions, avides de voir de leurs propres yeux ce que d'autres prédicateurs avaient bien voulu en dire. Ces « personnes du monde », comme Kathryn les appelait, avaient recherché partout la réalité profonde de la vie et la puissance surnaturelle et beaucoup s'étaient enlisées dans l'occultisme, le spiritisme et la sorcellerie, dans l'espoir d'y trouver une réponse à leur soif intérieure. Or, ces gens étaient bien plus rapides à reconnaître un véritable miracle, que les chrétiens aveuglés par les traditions d'une religion morte et tronquée, et qui affirmaient catégoriquement, que l'époque des miracles était révolue, afin de justifier leur propre impuissance. Kathryn ne fut jamais influencée par ce genre de rationalisme sans véritable fondement. Elle prêchait toujours et encore : « Il nous faut rester proche de la Parole de Dieu. Accrochons-nous à Ses vérités. N'y ajoutons rien d'autre et basons-nous sur celles-ci. Dès l'instant où nous en dépassons le sens réel, nous courons le risque de devenir fanatique et de dévier de la Parole de Dieu, et cette déviation peut attrister la troisième personne de la trinité, le Saint-Esprit. »

Kathryn savait que chaque être humain sur la surface de la terre a dès sa création possédée, dans son for intérieur, la conscience de l'existence de Dieu. L'homme inconsciemment assoiffé de vie et de vérité, soupirait après une relation intime avec Dieu, malheureusement brisée par le péché d'Adam et encore entravée par le péché de l'humanité.

Lors de son intervention à la Convention Internationale des Hommes d'affaire de Dallas, au Texas, en 1973, Kathryn déclara : « Il nous faut œuvrer pour maintenir le respect, car nous représentons Dieu le Père. Nous représentons Jésus-Christ, le Grand Sacrificateur, et en ces temps de grand essor charismatique, nous représentons la personne invisible, le Saint-Esprit. Nous représentons le Dieu trois fois saint à cette heure de l'histoire, heure cruciale pour l'Église. Les yeux de millions de personnes sont rivés sur nous. Les yeux de l'église officielle nous observent, nous qui participons à cet élan charismatique. Les yeux de ce monde sans Christ nous sondent. Donnons-lui le nom que nous voulons, mais sachons qu'il ne faut pas décevoir le respect que des multitudes de gens nous manifestent ainsi ». Et pour répondre à leur attente, il est important de se conformer à la Parole de Dieu. »

Malgré cette profession de foi, les détracteurs de Kathryn trouvèrent encore à l'attaquer, « Elle prêche la nécessité de se faire « baptiser du Saint-Esprit », mais elle ne parle à personne de son expérience personnelle du baptême». De toutes manières, Kathryn n'était pas de ceux qui centre toute leur foi sur des expériences. Elle mettait l'accent sur ce qui devrait être la base théologique commune à tous les chrétiens : être édifiée sur la personne de Jésus-Christ, animé par le feu du Saint-

Esprit, et non fondé sur quelques expériences qu'elle ou d'autres auraient vécues. Par conséquent, elle considérait sa propre expérience du « baptême du Saint-Esprit » comme étant secondaire. Elle y croyait et encourageait les autres à vivre de tels moments. Elle-même était sensible à l'action du Saint-Esprit, mais ne voulait pas mettre son cas personnel au premier plan : Kathryn sortait réellement de l'ordinaire. Lors de la convention qui se tenait à l'hôtel Hilton, à Dallas en 1973, elle déclara encore : « Je crois qu'il est possible de parler en d'autres langues. Je l'ai personnellement affirmé devant le monde entier. Je dois reconnaître cette manifestation, car elle est scripturaire. Elle est mentionnée dans la Parole de Dieu. Cependant, il est bon de se rappeler que le Saint-Esprit ne balbutie pas, car Il est perfection. Cela, il faut le savoir. Le milieu charismatique a parfois besoin de revenir au bon vieil enseignement. Il nous faut revenir, une fois de plus, à la Parole de Dieu sinon nous allons perdre le respect des millions de personnes qui scrutent nos faits et gestes, et des milliers d'autres qui se trouvent sur la ligne de démarcation, dans l'expectative, et qui nous regardent, en éprouvant une profonde soif intérieure. »

« Voici l'heure cruciale pour l'Église. Nous vivons à l'époque où le temps de la dispensation arrive à son terme. Il nous faut oublier les différences de personnalité et mettre en veilleuse notre désir personnel de succès au détriment des autres. Cessons de vouloir toujours nous élever au-dessus des autres, prétendant avoir reçu une révélation bien supérieure à notre voisin, criant plus fort que lui avec une émotivité qui attire encore plus l'attention des autres. Bien-aimés, il nous faut être prudents, car nous traversons une période de crise. Oui, je crois à la manifestation du parler en langues. Je crois qu'elle a été donnée à l'église d'aujourd'hui. Je crois que chaque église, dans le monde devrait avoir le don et l'interprétation des langues, qui a été donné par le Saint-Esprit. Enfin, je crois que Dieu répand dans son église d'aujourd'hui les dons et tous les fruits qui en découlent, comme ce fut le cas dans le Livre des Actes. Et lorsque la restauration arrivera à son terme, nous allons vivre la grande « remise à niveau spirituelle », lors du retour de Jésus-Christ... »

Quoiqu'il en soit, aucun des associés de Kathryn ne l'entendit jamais parler en d'autres langues, ni même Maggie

Hartner, qui était la personne la plus proche de Kathryn Kuhlman.

Ses détracteurs, pentecôtisants et autres, continuèrent à la critiquer sévèrement. Les pentecôtistes étaient irrités, parce qu'elle ne parlait jamais de son expérience du baptême et qu'elle n'encourageait pas le parler en langues durant ses réunions. Quant aux autres, ils lui en voulaient de déclarer publiquement qu'elle croyait en la manifestation des dons, y compris les langues, et d'encourager les gens à en faire usage au sein de leur église. Kathryn qui paraissait hermétique à toutes les critiques, poursuivit son ministère singulier.

En ce qui concerne la guérison divine, aucune preuve ne nous permet de savoir si Kathryn a, un jour, reçu une guérison miraculeuse, malgré les millions de personnes malades pour lesquelles elle pria avec ferveur. Au cours des années qui précédèrent son décès, ses proches savaient que Kathryn souffrait d'une dilatation cardiaque et ne se déplaçait plus jamais sans ses médicaments. Lorsqu'elle subit une intervention chirurgicale à cœur ouvert, à Tulsa en novembre 1975, la presse du « monde » et certains magazines fondamentalistes ironisèrent sur son cas, pour avoir prêché la guérison divine et n'être pas capable de se guérir elle-même. La seule explication que son « ami », Tink Wilkerson, put apporter, fut : « Dieu n'a pas jugé bon de lui accorder un miracle sous cette forme. »

Tink avait sans doute puisé sa réponse dans la théologie même de Kathryn. Pour la plupart, nous possédons notre propre interprétation de la manière dont Dieu devrait diriger l'univers, basée sur nos expériences personnelles limitées. Par ailleurs, Kathryn défiait toute tradition. Elle refusait de se laisser cataloguer par les gens qui désiraient la prendre en défaut. A la question « Pourquoi beaucoup de malades quittent-ils les réunions sans avoir été guéris ?», secouait-elle la tête et répondait : « Je ne sais pas, je ne sais pas. » Elle déclara un jour que la première question qu'elle poserait à Jésus lorsqu'elle arriverait au ciel, serait : « Pourquoi tous n'étaient-ils pas guéris ? »

Les théologiens ont eu des centaines de réponses aux questions d'ordre spirituel. Cependant, ils ne virent jamais de miracles. Kathryn, qui était un des plus grands instruments de la puissance du Saint-Esprit depuis l'époque des apôtres, n'avait aucune réponse à ces questions capitales.

« Je n'ai aucune vertu guérissante », répétait-elle sans cesse. « Je ne peux guérir la moindre personne. Je ne fais que prêcher la foi et Dieu opère la guérison. S'Il choisit de guérir certaines personnes et d'autres non, c'est Son affaire. En ce qui me concerne, je ne suis que Sa servante. »

Ceux qui désapprouvaient sa position la critiquaient aussi pour telle ou telle imperfection, ou encore, affirmaient qu'elle n'était pas qualifiée pour le ministère, parce qu'elle était une femme, ou encore, qu'elle représentait un véritable danger sur le plan doctrinal, parce qu'elle n'était pas allée se former dans un institut biblique.

Myrtle se souvint du jour où elle eut la conviction que Kathryn était « appelée à prêcher ». C'était au cours de l'été 1923, lorsque Kathryn avait rejoint les Parrott dans l'Orégon. Ils avaient assisté à une réunion de Charles Price et lorsqu'ils quittèrent les lieux, par une douce nuit d'été, Kathryn ne put s'empêcher de verser des larmes. Myrtle remarqua un banc à proximité de l'église, et les deux sœurs s'y installèrent. Kathryn posa la tête sur les genoux de Myrtle et, incapable de retenir ses larmes, elle sanglota durant de longues minutes.

« Toutes ces personnes », dit-elle finalement entre deux sanglots. « Toutes ces personnes ont refusé d'accepter Jésus-Christ comme leur Seigneur et Sauveur ».

« Que veux-tu dire par là », demanda Myrtle avec tendresse.

« Le serviteur a invité ces hommes et ces femmes à accepter Christ, et personne ne s'est avancé. Ils sont restés à leur place, et par cet acte, ont choisi de mourir dans leur péché. L'as-tu ressenti, toi aussi, Myrtle? »

« Ressenti quoi, Kathryn ? »

« Ressenti ce fardeau pour les perdus. Je dois prêcher, Myrtle. Je ne serai jamais satisfaite de moi, si je ne fais pas ma part de travail ».

Kathryn ne fit plus jamais allusion à cette soirée. Elle adorait le Dieu du présent, qui par Son Saint-Esprit accomplissait des actions plus merveilleuses que jamais. Elle me confia un jour que son désir de participer à l'action présente de Dieu était tel, que cela ne lui donnait guère le temps de se pencher sur ses expériences passées. C'est la raison pour laquelle, elle répondait très rarement à ses détracteurs. Elle savait où elle en était avec elle-même, et s'arrêter pour leur répondre représentait une grande perte de temps. S'ils n'approuvaient pas ses expériences, ou son manque d'expérience, s'ils désapprouvaient sa manière de s'habiller, d'agir, de parler ou encore de dépenser son argent, et bien, c'était leur problème. Elle se sentait investie d'une mission divine, tel Néhémie, lors de la reconstruction du mur de Jérusalem, et elle était bien trop occupée que pour descendre et argumenter avec l'ennemi.

Un jour, au cours d'un des rares moments de nostalgie, Kathryn révéla un aspect de sa théologie. « Lorsque Myrtle apprit que nous animions des réunions extraordinaires dans l'Idaho, elle me fit parvenir un télégramme de Spokane, Wahington. Celui-ci était sobre, mais profond : « Sois vigilante et garde une saine doctrine ».

Toutefois, la grande aventure dans laquelle elle s'était engagée impliquait davantage que la prédication de l'évangile. Il fallait penser à l'impression d'affiches et de prospectus, sans oublier l'organisation des réunions dans les différentes églises. Toutes les assemblées furent contactées, de Snake River à Payette, en passant par Pocatello, en remontant vers les chutes de Idaho. A Caldwell, Nampa, Mountain Home, Twin Falls, Burley, Blackfoot, Basalt et Bone.

« Donnez-moi un nom de ville au hasard », dira-t-elle plus tard aux journalistes, « et je pourrais vous affirmer avoir tout tenté pour l'évangéliser ».

A Rexburg, près de la frontière du Montana, Kathryn et Hélène découvrirent une petite église baptiste qui était fermée depuis bientôt deux ans. Elles s'informèrent à son sujet auprès d'un ancien membre de cette église, un diacre qui possédait encore les clés de ce vieux bâtiment. Il se gratta la tête et dévisagea, surpris, ces deux jolies jeunes filles qui demandaient l'autorisation d'organiser des réunions dans cette petite église.

« Eh bien, jeunes dames », dit-il lentement, « L'église étant à présent fermée, je ne vois pas en quoi vous pourriez rendre la situation plus dramatique ».

Kathryn et Hélène ouvrirent donc les portes du bâtiment qu'elles récurèrent de fond en comble. Elles se rendirent ensuite en ville pour y annoncer une session de réunions. Une veuve leur ouvrit sa maison de tout cœur ; le seul problème était qu'elle n'avait pas de lit à leur proposer ! Toutefois, son fils l'aida à nettoyer ce gîte de fortune. Kathryn et Hélène y passèrent trois nuits avant d'être accueillies par une famille qui put leur offrir une chambre avec lits !

Les hivers sont froids à Idaho, et la chambre d'hôte n'était pas chauffée. Aussi, pour conserver la chaleur, Kathryn se glissait sous une énorme pile de couvertures et attendait sans bouger, jusqu'à ce qu'une partie du lit se réchauffât. Ensuite, elle se retournait sur le ventre, attrapait sa Bible et pendant des heures entières dévorait la Parole de Dieu, jusqu'à ce que celle-ci devienne une partie intégrante d'elle-même.

« J'ai suivi ma formation aux pieds du plus grand enseignant du monde entier», dira-t-elle plus tard, « Je n'ai pas suivi de cours dans les plus grandes écoles de théologie, mais bien à l'École de la Prière, selon les enseignements du Saint-Esprit ».

« Quelquefois », confiait Kathryn en souriant, « Je lisais la Bible toute la nuit : car je craignais d'éteindre la lumière et de m'endormir ! Curieusement, les gens d'Idaho aimaient à suspendre les photos de leurs ancêtres sur le mur de la chambre d'hôtes. On y trouvait la grand-mère enserrée dans son haut col à dentelle, aux côtés du grand-père à la barbe imposante. Ils avaient l'air très sérieux, et du haut de leur cadre, ils me regardaient d'un air si sévère que je préférais, quelquefois, laisser la lumière allumée toute la nuit, et ...lire ma Bible!»

Kathryn et Hélène déménagèrent de Idaho vers le sud, près de Wasteland dans l'Utah. Elles arrivèrent à Pueblo, dans le Colorado, où elles louèrent le Montgomery Ward sur la route principale, et y demeurèrent six mois consécutifs.

« J'étais si prudente », déclara Kathryn, « que je craignais d'être critiquée pour le simple fait de posséder plus d'une robe. Aussi, je me fis faire trois robes identiques à partir du même tissu jaune. Le dernier soir d'une série de réunions, alors que toutes les têtes étaient courbées, une voix empreinte d'alcool, se fit entendre à l'arrière et brisa le silence en beuglant : « Mon Dieu, cette robe jaune, je ne peux détacher mes yeux de cette robe jaune ? Je la vois dans mon sommeil, je la vois toute la journée. Elle me hante ! ».

Il était temps que Kathryn s'en aille, car la réunion survécut difficilement à cette interruption imprévue !

Denver, à quelques centaines de kilomètres au Nord, leur tendait les bras. C'est dans cette ville que l'évangéliste érigera son empire, éprouvera les joies des premières louanges à l'échelle nationale, et découvrira que le châtiment de Dieu est bien plus puissant que sa propre rébellion. Car c'est à cet endroit, que Kathryn traversera l'expérience de l'amertume, de l'humiliation et de l'échec, qui laissera sur sa langue un goût de cendres, pour avoir goûté à la coupe enivrante de la passion humaine.

4

« *Prêche et ne t'arrête jamais* »

Tout ce que faisait Kathryn avait beaucoup de grandeur. Elle déployait la même ferveur dans la prédication de l'évangile, que l'auditoire comprenne dix mille personnes ou simplement une poignée d'âmes. Elle ne s'accordait aucun répit. Au moment de l'appel, elle considérait que tous les assistants devaient se repentir et donner leur cœur à Jésus, même s'il s'agissait de ministres du culte et de missionnaires. De nombreuses années plus tard, lors d'une conférence de pasteurs, elle invita ceux qui étaient en charge d'un ministère à se repentir et à « naître de nouveau ». Beaucoup s'avancèrent, en larmes et lui demandèrent de prier pour eux. Kathryn n'avait aucune hiérarchie préétablie : elle traitait les chauffeurs de taxis et les sénateurs de la même façon, car ils avaient tous la même importance aux yeux de Dieu et dès lors, à ses propres yeux. On l'a très souvent critiqué pour les compliments qu'elle adressait aux stars de cinéma d'Hollywood ou aux personnalités politiques, auprès desquelles elle aimait par ailleurs s'attarder. Mais elle allait avec le même élan au devant du prêtre inconnu, qui avait fait vœu de pauvreté, ou de l'ouvrier de la voirie qui avait été guéri au cours d'une de ses réunions.

Je me souviens de deux faits qu'il me semble intéressant de comparer.

La première fois que je rencontrai Kathryn, ce fut dans ses bureaux, au sixième étage de la *Carlton House* dans le Centre de Pittsburgh. Ces bureaux luxueux occupaient l'ensemble d'une aile de l'hôtel. La porte extérieure, sur laquelle le nom de

Kathryn Kuhlman était gravé en lettres d'or, s'ouvrait au visiteur qui avait, au préalable, fait sonné un carillon retentissant dans le bureau d'accueil. Ainsi, personne ne pénétrait dans ces lieux sans escorte. A l'intérieur, l'ambiance y était accueillante, chaleureuse et cordiale, malgré l'activité diligente dont faisaient preuve les employés, rappelant des ruches d'abeilles au travail. La touche féminine de la décoration était signée Kathryn. Les murs étaient de couleur beige et ivoire, la moquette turquoise et l'arrangement floral, réel et artificiel, semblait emplir la pièce entière.

En surplomb, à l'extrémité de la pièce, trônait un sofa de couleur champagne, envahi par un gai mélange de livres et de magazines, cadeaux reçus par courrier. Sur la table du fond, à côté du sofa, se dressait une montagne de petites boîtes de cadeaux, contenant des stylos plaqués or de marque Cross qui seraient offerts à certains amis privilégiés, à l'occasion des fêtes de Noël.

Dans les diverses pièces étaient exposés les nombreux souvenirs qui avaient marqué l'histoire de Kathryn. Ici, une jolie boîte à bijoux en bois, sculptée à la main et offerte par Mme Thieu, en remerciement de sa mission au Viêtnam. Là, plusieurs lustres de style antiques rapportés par Kathryn lors d'un voyage à Rome. Un immense tableau, représentant le portrait d'un Beethoven sourd et soucieux, dominait le bureau de Maggie Hartner, comme pour rappeler à cette secrétaire débordée, qu'aucun désagrément ne doit être un prétexte pour donner moins que le meilleur de soi, attitude que Kathryn exigeait de tout son personnel dans le travail.

Les murs étaient tapissés de photographies : le toit d'une école à Hong-Kong, construit grâce aux dons de la Kathryn Kuhlman Foundation. Kathryn, en tenue de militaire, se tient debout, à côté de soldats vietnamiens. Le Pape Paul VI et Kathryn, à quelques centimètres l'un de l'autre, se regardent profondément dans les yeux. Une autre photographie : sur celle-ci, Kathryn et Teddy Kolek, un haut dignitaire de Jérusalem. Et enfin, voici sa photo préférée, Kathryn prêchant à Stockholm devant 16.000 personnes, avec, à ses côtés, son traducteur, Joseph Mattson-Boze. Un petit garçon suédois se tient en face d'elle, et son regard intense semble presque irréel.

Sur un des bureaux, sous une plaque de verre, se trouvait un chèque annulé de dix dollars, de la *Security National Bank* de

Sioux City, dans l'Iowa. Il était libellé au nom de Kathryn Kuhlman, signé Everett B. Parrott, de la Tente de Réveil Parrott, et daté du 10 juillet 1928. Kathryn n'oublia jamais d'où elle venait.

Lorsqu'elle entra dans la pièce, cet après-midi là, Kathryn semblait être une harmonieuse alliance de la Reine d'Angleterre et du vent impétueux et puissant de la Pentecôte. Elle virevolta littéralement dans la pièce, s'immobilisa, une main sur une hanche et l'autre en mouvement, pour ensuite s'élancer vers moi et prendre mes deux mains dans les siennes. « Oh !.....Vous avez fait cette longue route depuis la Floo-riiide ». Et tout aussi rapidement, elle poursuivit : « Suivez moi. J'aimerais vous faire rencontrer quelqu'un. Venez, venez, elle est trèèèèès spéciale ».

A présent, Kathryn me serrait le bras et ses doigts minces pinçaient légèrement ma peau, alors qu'elle m'entraînait avec elle en s'appuyant sur moi. A soixante ans, elle représentait à elle-même, une parfaite combinaison de la sexualité, de l'art de la mise en scène, de la spiritualité et d'une mère dominatrice. Elle me mena très rapidement vers son petit bureau privé. Là, dans un fauteuil en cuir bien trop grand et qui, en outre, semblait très inconfortable, était assise une dame âgée, assez rondelette, vêtue d'une robe en coton. Ses cheveux étaient serrés sous un foulard et ses doigts maniaient nerveusement un vieux sac en tissu.

« Je vous présente Mme Romanaski » dit Kathryn, « C'est une des personnes que je préfère. Elle est polonaise, habite à Northside, ne parle pas très bien l'anglais, mais elle ne manque pas une seule de mes réunions du Carnegie Hall. Elle n'a rien pu mettre dans l'offrande ce matin à la réunion de miracle, car son mari est malade. Aussi, elle a fait cette longue route, simplement pour me dire qu'elle m'aimait et qu'elle priait pour moi. »

Le regard de Kathryn s'attarda un long moment sur la petite polonaise, qui tenait humblement son chapeau plié, et jouait avec un fil qui dépassait de son vieux sac souillé.

« Voilà le genre de personnes que Dieu m'envoie », déclara Kathryn en hochant la tête, et tout en continuant à secouer la tête, comme pour recevoir une approbation plus grande qu'à l'ordinaire. « Voilà, le genre de personne qu'Il m'envoie.»

A présent, elle pleurait, et séchait ses larmes avec le dos de la main. La petite polonaise se mit à pleurer, et à mon tour, mes yeux s'emplirent de larmes. J'avais ouvert la porte du cœur d'une dame que je n'avais jamais rencontrée, mais qu'il me semblait avoir toujours connue, pour la simple raison que son cœur semblait battre au rythme du cœur de Dieu.

Le deuxième fait se passe presque sept ans plus tard.

J'étais dans les coulisses du *Shrine Auditorium*, à Los Angeles, et, plus précisément, dans la loge de Kathryn Kuhlman. Elle venait de conclure une réunion de miracles de quatre heures et demie. Elle avait alors, soixante-sept ans (bien qu'à l'époque personne ne connusse son âge réel), et elle était épuisée d'être restée si longtemps debout. Je me préparais à partir lorsque quelqu'un frappa à la porte. Naurine Bennett fit irruption dans la pièce. Elle était l'épouse d'un agent immobilier aisé de la péninsule de Palos Verdes, et avait été guérie, quelques années auparavant, d'une sclérodermie. Elle travaillait à présent dans l'équipe d'hôtesses d'accueil.

« Miss Kuhlman, quelqu'un voudrait vous voir ».

Je regardai Kathryn. Elle s'était affalée de fatigue sur une chaise. La plus petite once de force semblait avoir quitté son corps émacié. Cependant, elle savait que Naurine ne serait pas entrée dans la loge, si ce n'avait été pour une urgence. Kathryn ne demandait jamais de qui il s'agissait. Elle se rassit : « Bien sûr, faites-les entrer, faites-les entrer ».

La porte s'ouvrit et un monsieur fort âgé fit son entrée. Il devait avoir environ quatre-vingts ans, mais se tenait aussi droit qu'un militaire. « Miss Kuhlman, je vous présente le Général de l'armée *Omar Bradley*. »

Instantanément, Kathryn se transforma à nouveau en un subtil mélange de la Reine d'Angleterre et du Vent Impétueux de la Pentecôte. Elle se précipita vers l'entrée et s'engagea dans son protocole habituel. Toute trace de fatigue avait disparu, et en lieu et place, l'exubérance et la vie avaient pris place. Saisissant le bras du commandant et de Naurine, elle fit un pas en arrière et baissant les bras, regarda avec admiration ce grand héros de la seconde guerre mondiale qui avait combattu aux côtés de Dwight Eisenhower et Douglas Mc Arthur.

« Oh ! Comme Dieu vous aime ! Et vous étiez présent ce soir à la réunion de Mir-aaa-cle ! ».

« Il a assisté à toute la réunion », répondit son compagnon. « Et il a insisté pour venir jusqu'ici pour vous rencontrer ».

J'étais assis de l'autre côté de la pièce, pensant à Mme Romanaski, installée dans ce grand fauteuil marron en cuir, qui tripotait nerveusement son sac en tissu de ses vieux doigts crispés. Kathryn traita cet éminent général, à l'allure fière et distinguée, de la même manière que la petite polonaise de Northside, à Pittsburg. Ils étaient tous deux enfants de Dieu. Deux âmes pour lesquelles Christ était mort.

Ils s'entretinrent de propos spirituels pendant quelques minutes et ensuite, le général exposa le point particulier pour lequel il avait besoin de son aide.

« Cher Jésus, » commença Kathryn, fermant les yeux et cherchant à l'atteindre par la prière.

Elle n'alla pas plus loin. Les jambes du général se dérobèrent et il tomba en arrière « dans le repos de l'Esprit ». Don Barnard, le garde du corps de Kathryn Kuhlman, qui était entré dans la loge en même temps que le général, rattrapa ce dernier et l'aida à s'allonger. Bradley sembla assoupi pendant quelques minutes. Lorsqu'il se mit à nouveau à bouger, Don l'aida, avec douceur, à se relever en le tenant par le bras. Mais le général éprouvait encore des difficultés à se tenir debout seul.

« Oh ! Notre merveilleux Seigneur peut combler tous nos besoins », dit Kathryn avec force, le visage rayonnant de foi. « Je sais combien Il vous aime en cet instant précis ».

Elle ne fit aucun mouvement en sa direction et pourtant, le général sentit à nouveau ses genoux vaciller, et il s'effondra, une fois de plus, dans les bras musclés et forts de Don.

Après le départ du général, Kathryn se mit à faire de rapides allées et venues dans sa loge, allant d'un mur à l'autre, en levant les bras dans la prière et la louange.

« Sois Béni, Seigneur Jésus », ne cessait-elle de répéter. « Je te donne toute la gloire. A Toi soit toute la gloire ! ».

Il n'y avait pas de « petites gens » autour de Kathryn. Chaque personne était importante. Tel était un des secrets de la réussite de son ministère. Les gens savaient qu'ils avaient de l'importance à ses yeux, et sachant cela, ils prenaient conscience de leur véritable valeur aux yeux de Dieu. Tout ce que Kathryn faisait était empreint de grandeur. « Pensez grand, agissez grandement, parler avec grandeur », disait-elle à ses associés, « car nous avons un grand Dieu ».

Cette même philosophie lui permit de s'installer à Denver en 1933. Earl F. Hewit, un homme d'affaire, avait rejoint Kathryn peu avant son arrivée à Pueblo et était devenu son manager. C'était la période de la grande dépression économique et de nombreuses banques, à travers le pays, avaient été contraintes de fermer leur portes. Dans chaque ville, de longues files d'attente se formaient pour la distribution de pains ; et l'entreprise qui semblait souffrir plus que tous les autres secteurs, était l'entreprise de Dieu, à savoir l'église. Et seule le petit nombre de personnes consacrées, qui avaient « leur carte de membre » dans le Royaume au Seigneur en ces temps de disette. Tous les autres, cette vaste armée composée de « religieux du dimanche », attendaient une période d'abondance pour à nouveau contribuer à l'œuvre du Maître. Les églises traversaient des luttes terribles et Kathryn qui ne faisait partie d'aucune congrégation officielle, mais exerçait un ministère auprès des rejetés de la société et de l'église, devait se contenter de son très modeste publiic. Rien ne semblait pourtant abattre son esprit, ou l'entraîner à penser autre chose, sinon que Dieu est un Dieu de l'abondance.

« Allons à Denver avec la pensée que nous possédons un million de dollars », dit-elle à Hewitt. « Prenons la ville avec une force impétueuse ».

Hewitt répondit à la jeune femme avec sourire narquois : « Mais nous n'avons pas un million de dollars. Nous n'avons que cinq dollars en tout ! »

Cette objection fit rire Kathryn. « Si nous servons un Dieu qui ne peut agir dans nos finances que de façon limité, alors, nous ne servons pas le véritable Dieu. Son pouvoir n'est pas limité à ce que nous avons ou ce que nous sommes. S'Il peut utiliser quelqu'un comme moi pour amener des âmes dans Son Royaume, Il peut certainement utiliser nos cinq dollars et les multiplier aussi facilement qu'Il multiplia les pains et les poissons pour la foule sur la montagne. Alors, va à Denver. Trouve-moi le plus grand bâtiment possible et le meilleur piano pour Hélène. Remplis la salle de chaises. Mets une belle annonce dans le *Denver Post* et fait nous de la publicité sur toutes les radios. C'est l'entreprise de Dieu et nous allons la gérer à la manière de Dieu : avec grandeur ! »

Le bâtiment que Hewitt trouva ressemblait, en plus grand, au bâtiment qu'ils avaient loué à Pueblo : c'était également un entrepôt de la *Montgomery Ward.* Il était situé au 1733-37 de la rue Champa, dans le centre de Denver. Hewitt combina la foi et le crédit, et réussit ainsi à louer 500 chaises et un grand piano, promettant de les payer dans les deux semaines à venir, dès la clôture de la campagne d'évangélisation. Toutefois, les deux semaines prévues pour cette campagne se prolongèrent.... cinq ans. Dès la première soirée, Kathryn fut considérée comme une institution à Denver.

Hélène était arrivée quelques semaines plus tôt pour organiser la partie musicale des réunions. Elle était assistée par les trois sœurs Anderson, Mildred, Lucille et Biney, qui devinrent le Trio Anderson. Elles travaillaient avec Hélène et chantaient pour l'ouverture des réunions dans le vieil entrepôt. Les trois sœurs assurèrent chaque réunion durant cinq années. Hélène organisait également les réunions du samedi soir, qui étaient principalement un concert de musique.

Les gens de Denver étaient avides de participer aux réunions que Kathryn et Hélène leur offraient. La grandes majorité des églises, à l'image de l'économie, étaient malades et mourantes. Beaucoup avaient mis la clé sous le paillasson. Celles qui étaient encore ouvertes, n'avaient que très peu de membres, et les réunions, sèches et ennuyeuses, étaient le reflet de l'époque. Kathryn, n'était nullement à l'image de la dépression. Elle reflétait, au contraire, la grandeur de Dieu. Au lieu de parler d'un manque ou l'autre, elle parlait d'abondance. Au lieu de parler de poches et d'estomacs vides, elle encourageait les gens à venir célébrer le repas des noces de l'Agneau. Et le miraculeux prenait place. Les gens apportèrent leurs pains et leurs poissons, leurs petites offrandes qui furent multipliées au centuple. Elle proposait aux personnes qui avaient de la nourriture de l'apporter et de la partager avec ceux qui n'en avaient pas, au lieu d'envoyer les gens faire de longues queues à la soupe populaire.

«Nous sommes des saints, non des mendiants », enseignait-elle à sa pauvre église. « Dieu a promis dans le Psaume 37,25, que le juste ne serait pas abandonné et sa postérité que ne mendierait pas son pain ».

Et les gens crurent ses paroles. Il n'y avait que 125 personnes présentes lors de sa première soirée d'évangélisation, le

27 août 1933, mais Kathryn prêcha comme pour une foule de douze mille personnes. L'entrepôt était chaud et humide, mais l'enseigne apposée devant les fenêtres annonçait en caractères gras, que Kathryn Kuhlman, la jeune évangéliste, commençait une série de réunions. A partir de la première note de musique, jouée par la talentueuse Hélène qui faisait courir ses doigts d'un bout du clavier à l'autre, les gens comprirent que la réunion ne serait pas banale. Ils crurent que Dieu avait envoyé cette femme au milieu d'eux pour leur apporter l'espoir en ces temps de désespoir, l'amour en ces temps de haine, et la confiance en ces temps de méfiance et de doute. Elle était venue pour restaurer en leur for intérieur, la dignité humaine que Dieu leur avait donnée, afin de leur rappeler qui ils étaient. Le lendemain, il y eut plus de 400 personnes, et à partir de ce jour-là, la salle fut bondée tous les soirs et ne put accueillir toute la foule.

Les gens venaient des caniveaux et des ghettos, des bidonvilles et des logements infestés de rats, des appartements sociaux et des missions humanitaires. Les réunions se prolongeaient jusque tard dans la nuit, et Kathryn, Hélène, Hewitt et une douzaine d'autres personnes continuaient à prier pour les nécessiteux.

Tous ceux qui assistaient aux réunions ne faisaient toutefois pas partie des citoyens les plus défavorisés. Certains venaient des quartiers résidentiels de Denver, et étaient désireux d'aider à servir, mais n'en avaient toutefois pas la possibilité dans leurs églises habituelles. Les réunions se déroulaient chaque soir et la foule se tenait jusque sur les trottoirs.

Cependant, Kathryn était inquiète. Elle était restée à Denver plus longtemps que partout ailleurs depuis qu'elle prêchait. Rester plus longtemps signifiait qu'elle aurait à mettre en place une gestion administrative d'église, ce qu'elle ne désirait nullement. Après cinq mois de réunions consécutives, elle annonça à l'assemblée, un vendredi soir, qu'elle avait accompli sa mission dans cette ville et qu'elle se préparait à partir.

La réaction fut vive et les protestations nombreuses. Les gens se levèrent de leurs sièges et crièrent : « Non ! Non ! ». Tout à coup, un homme que Kathryn connaissait seulement de vue, et qui n'assistait aux réunions que depuis quelques semaines, se leva et cria au-dessus du vacarme.

« Jeune Madame, il est temps que vous vous arrêtiez de courir. Nous avons besoin de vous ici. Si vous acceptez de rester à Denver, je financerai personnellement l'acompte à verser pour l'acquisition du plus grand bâtiment que l'on puisse trouver. Nous l'appellerons le Tabernacle de Réveil de Denver, et nous fixerons une grande enseigne lumineuse au sommet du bâtiment, sur lequel on pourra lire : « La Prière Change les Choses ».

Les cris, les applaudissements et les promesses faites par d'autres fidèles persuadèrent Kathryn de rester. On se mit à la recherche d'un terrain pour y construire le Tabernacle. Dans l'intervalle, le Montgomery Ward ayant à nouveau besoin de ses entrepôts, les réunions furent transférées dans l'entrepôt de l'entreprise de papier Monitor au 1941 de la rue Curtis. Un écriteau fut apposé sur lequel on pouvait lire le tabernacle de reveil Kuhlman. Le ministère prenait une toute autre tournure.

Hélène Gulliford avait créé un chœur de plus de cent voix, qui chantait la plupart des cantiques qu'elle avait composés. Un certain nombre d'orateurs extérieurs étaient invités, à l'occasion de réunions spéciales car Kathryn connaissait ses limites. Ainsi, elle ne dispensait pas un enseignement diversifié ; elle avait un message unique : « Vous devez naître de nouveau. Mais elle savait que pour garder ses fidèles, il faudrait les nourrir spirituellement. Elle recourut donc à des programmes musicaux et à des orateurs extérieurs, qui acceptaient avec joie son invitation à venir prêcher dans l'assemblée qui avait grandi le plus rapidement dans tout l'Ouest des États-Unis.

Les enseignants préférés de Kathryn et de l'assemblée étaient les évangélistes Mr et Mme Howard W. Rusthoi, qui avaient été pasteurs dans des églises indépendantes de Californie, de l'Oregon et du Missouri. Ils alternèrent chaque soir pendant deux mois, l'un prêchant un soir et l'autre dirigeant les cantiques. Le jeune évangéliste Phil Kerr, un extraordinaire compositeur et prédicateur radiophonique, les accompagnait très souvent au cours de leurs réunions. Voici une semaine-type des campagnes d'évangélisation, en janvier 1935 :

Dimanche, 11 heures, Kathryn Kuhlman : « Oui, vous devez naître de nouveau ».

Dimanche, 15 heures, Phil Kerr :, « La foi qui ôte les montagnes ».

Dimanche, 19 heures 30, Mme Rusthoi : « Les barrières de l'enfer ».

Lundi, 19 heures 30, Howard Rusthoi : « Pourquoi j'ai épousé ma femme ».

Mardi, 19 heures 30, Phil Kerr : « La plus grande réunion de prière du monde ».

Mercredi, 19 heures 30, Mme Rusthoi : « Exaltons le Père ».

Jeudi, 19 heures 30, Howard Rusthoi : « Mussolini est-il l'Antéchrist ? ».

Vendredi, 19 heures 30, Phil Kerr : « Que dit la Bible de la guérison divine ? ».

Samedi, 19 heures 30 : Réunion spéciale de musique.

C'est au cours des réunions du groupe, dans cet entrepôt de papier de la rue Curtis que Kathryn fut confrontée au concept de la guérison divine. Phil Kerr prêchait souvent sur le sujet, ainsi que d'autres évangélistes de passage. Les « Réunions de Guérison » succédaient généralement aux réunions d'évangélisation, et le prédicateur demandait à tous les malades de s'avancer pour la prière. Quelquefois, on procédait à l'onction d'huile. A d'autres moments, on demandait au malades de se rendre dans la salle voisine s'ils désiraient recevoir la prière. Certains étaient guéris d'une manière impressionnante, ce qui les encourageait à revenir le lendemain pour témoigner de leur guérison. Ces délivrances et les témoignages auxquels elles donnaient lieu passionnait Kathryn, car bien qu'elle priât rarement pour les malades, elle s'émerveillait toujours, lorsque ceux-ci étaient guéris et rendait grâces à Dieu pour eux.

Malheureusement, de nombreuses personnes se mirent à comparer Kathryn à Aimee Mc Pherson, la prédicatrice brillante de Los Angeles. Sœur Aimée, comme l'appelaient ses fidèles, avait fait construire l'Angelus, un bâtiment de cinq mille sièges, en 1923, l'année où Kathryn quitta le foyer parental pour rejoindre les Parrott sur la Côte Ouest. Si Kathryn était une femme douée pour le théâtre, alors Aimée était une femme super-théâtrale. Ses prédications incroyablement dramatisées, présentées sur scène avec des changements de décors, des projecteurs de couleurs, des effets sonores et une centaine de figurants, étaient considérées comme le « plus beau spectacle de Los Angeles ».

Elle fonda plus tard l'Église Internationale des Quatre Évangiles.

En 1926, Aimée était l'attraction numéro un des États-Unis. Puis elle disparut sans laisser de trace pendant cinq semaines, du 18 mai au 23 juin. Elle fut aperçue pour la dernière fois sur une plage et l'on pensa qu'elle s'était noyée.

Après des recherches frénétiques, qui impliquèrent cinq forces de police, une armée privée de détectives, et même le président mexicain lui-même, Aimée réapparut soudain et déclara qu'elle avait été kidnappée. Toutefois, la police douta de son histoire et l'accusa de s'être cachée en Caroline du Nord, pour y vivre une histoire d'amour avec l'ancien opérateur de l'Angelus Temple. Elle fut finalement traînée au tribunal et accusée de corrompre la moralité publique et de fabriquer des preuves mensongères. Après quelque temps, toutes les plaintes furent finalement retirées.

Le ministère de Kathryn grandit au cœur de ce scandale. Aussi, Hélène la mettait toujours en garde et l'exhortait à user de discrétion. « Il y a suffisamment d'accusation portées envers le Royaume de Dieu pour que tu n'y sois pas aussi mêlée ». Bien qu'elle fût invitée, plus tard, à conduire une vaste réunion de miracles à l'Angelus Temple, au cours de l'hiver 1968, Kathryn ne rencontra jamais la célèbre « prédicatrice de la foi », Sœur Aimée. Son plus proche contact avec cette dernière, ce fut lorsqu'elle se rendit sur la tombe d'Aimée, vingt ans après sa mort. Dans un reportage du magazine *Christianity Today*, Kathryn déclara : « Je ne l'ai jamais rencontrée (Aimée Semple Mc Pherson). Mais, il y a quelques années, Maggie et moi avons été sur sa tombe. Là, nous y avons rencontré deux personnes, probablement une mère et son fils, les yeux rivés sur la pierre tombale qui avait été érigée à la mémoire de Miss Mc Pherson. La dame m'expliqua combien ses prédications avait rendu Jésus vivant. « J'ai rencontré Christ au travers de sa vie » me confia cette dame. A ce moment, moi, Kathryn Kuhlman, je me dis que si après ma mort, une seule personne venait à se tenir sur ma tombe et disait : « J'ai trouvé Christ parce qu'elle a prêché l'évangile », alors, je n'aurais pas prêché en vain ».

Kathryn était comme cela. Si elle avait eu quelque réserve sur la vie spectaculaire et ostentatoire de cette célèbre évangéliste, elle ne l'aurait jamais exprimée en public. Car, bien que

Kathryn méprisât tous ces prétendus prédicateurs de la guérison par la parole de foi, lorsqu'ils laissaient derrière eux bien des dégât, elle fit de son mieux pour ne dire que du bien d'eux et fit tout ce qui était en son pouvoir pour préserver l'unité du royaume. Aussi, n'y avait-il aucune ressemblance entre elles, bien que certaines personnes de Denver aient aimé comparer le ministère de Kathryn à celui de Sœur Aimée, sinon qu'elles étaient toutes deux des femmes qui essayaient de servir Dieu à leur manière.

Une des plus grandes déceptions de Kathryn, ce fut que son père qu'elle aimait profondément ne l'entendit jamais prêcher. Elle soutint toujours que l'animosité de Joe Kuhlman envers les prédicateurs augmenta parce que ceux-ci prêchaient rarement, ou pratiquement jamais, la pure Parole de Dieu. Elle était profondément convaincue que l'être humain avait été créé pour vivre en communion avec Dieu, et que s'il avait entendu prêcher la véritable Parole de Dieu, dans toute sa pureté, il se serait personnellement consacré à l'Auteur de cette Parole. Aussi, elle avait la certitude que son père aurait réagi favorablement à son ministère. Non seulement, parce qu'elle était son «enfant chérie », mais parce qu'elle prêchait la vérité.

Joe Kuhlman n'eut jamais cette chance, et le fait que Kathryn ne sut jamais s'il connaissait Christ à sa mort, ou même, s'il l'avait accepté comme son Sauveur

avant de mourir, demeura la grande frustration de sa vie. Aussi, en 1973, lorsque je fis spécialement le voyage à Pittsburgh pour y interviewer Kathryn, elle me répondit : « Il n'y a qu'une seule histoire dont je voudrais vous entretenir, et c'est celle qui parle de la période entourant la mort de Papa ».

Le dimanche qui suivit Noël, Kathryn, alors âgée de 27 ans, reçut un appel téléphonique à 1 heures 30 de l'après-midi, alors qu'elle revenait de l'église. «Kathryn, ton père a eu un accident ».

Depuis deux jours, l'interlocuteur, un ami proche, tentait de la joindre, mais les lignes étaient coupées en raison des fortes neiges. Joe Kuhlman avait travaillé tard, ce vendredi soir du 28 décembre. Sa femme l'avait appelé et lui avait demandé d'acheter une douzaine d'œufs. Joe, à présent un vieil homme de soixante huit ans, s'arrêta donc sur le chemin du retour chez l'épicier Buffman. Les rues étaient verglacées et il fut aveuglé par la route enneigée. A moins d'un pâté de maison de sa résidence, il trébucha et cassa tous les œufs. S'étant redressé, il pensa qu'il valait mieux braver la glace et retourner acheter d'autres œufs que d'expliquer à son épouse sa maladresse. Il rebroussa chemin et retourna chez Buffman. En chemin, il se dit qu'il aurait mieux valu avoir une seconde paire de chaussettes sur ses chaussures, comme la plupart des passants, pour éviter de glisser sur la glace épaisse.

Revenu au magasin, il expliqua à Seckle Bufman : « Seckle, je voudrais une autre douzaine d'œufs. J'ai fait une chute, et Emma serait très fâchée de me voir revenir les mains vides ».

Puis il se remit en route, tenant prudemment le sac contenant les œufs entre les mains. Mais il n'alla pas plus loin que la neuvième avenue qu'il traversa. A partir de ce moment, le déroulement des faits reste assez confus. Quelques minutes auparavant M. Katze, propriétaire du Café Topsy, faisait route dans sa Buick. Katze demanda à son fils, encore lycéen, de prendre le volant car l'adolescent était plus hardi sur la glace que son père. L'oncle du jeune conducteur assis à l'arrière. Un témoin raconte que Joe Kuhlman était au milieu de la route lorsque la Buick arriva. L'adolescent l'aperçut brusquement, ils voulut l'éviter et fit une embardée, puis dérapa dangereusement et termina son slalom dans le jardin du Dr. Sholle. Les Topsy sautèrent hors de la voiture et se précipitèrent auprès de Joe Kuhlman qui gisait sur le sol. Il avait une fracture au crâne, mais aucune autre blessure visible. Aucun des passagers n'avait ressenti d'impact et le véhicule ne présentait par ailleurs aucune trace de choc. Cependant, personne ne pouvait dire si la voiture avait percuté le vieil homme ou s'il avait glissé et heurté sa tête sur la glace. Il resta deux jours dans le coma et mourut le 30 décembre.

Kathryn, dans sa V-8, traversa le Colorado malgré la tempête de neige, et nous dira plus tard : « Seul Dieu sait à quelle vitesse je roulais sur ces routes verglacées, mais seul le sort de Papa m'importait. Il m'attendait. Papa savait que je viendrais ».

A environ cent cinquante kilomètres de Kansas City, elle s'arrêta pour téléphoner. C'est sa tante Belle, la sœur de sa mère, qui décrocha le téléphone.

« C'est Kathryn, dis à Papa que je serai bientôt à la maison ».

Au bout d'un moment de silence, tante Belle répondit : « Mais, ils ne t'ont pas dit ? »

« Dit quoi ? », rétorqua Kathryn, la gorge serrée d'angoisse.

« Ton papa est mort. Il est mort tôt ce matin »

Les derniers kilomètres semblaient être un cauchemar. Il n'y avait pas d'autre voiture sur la route, et seuls les phares perçaient la blancheur de la neige pendant que les essuie-glaces luttaient vainement contre la pluie glacée qui s'abattait sur le véhicule, semblable à des aiguilles pointues.

En arrivant à la maison, aux petites heures du matin, Kathryn trouva toute la famille réunie dans le salon, autour du cercueil ouvert de son bien-aimé papa. On l'avait veillé toute la nuit comme le veut la tradition de la région centrale des États-Unis. Kathryn refusa de regarder le visage de l'homme qu'elle avait tant chéri. Ces dix dernières années, elle était souvent revenue à la maison ces dix dernières années. Rien n'avait changé. Mais elle savait à présent, qu'elle ne reviendrait plus jamais à la maison avec la certitude que son père l'attendait. Elle savait que sa mère vendrait cette grande maison, qui avait été pour elle un refuge, une sécurité, tout au long de ces années. Aussi, la haine gronda dans son cœur, tel un volcan, envers ceux qui avaient pris la vie de son père.

Lorsque Kathryn racontait cette triste histoire, trente-sept ans plus tard, elle en pleurait encore. Nous étions dans son bureau personnel, de la Carlton House de Pittsburgh. Elle était assise sur le sol, s'appuyant contre le mur, et j'étais installé dans son fauteuil en cuir marron.

« Je m'en souviens encore », me dit-elle en larmes, «aussi clairement que si l'événement s'était produit hier. Nous occupions la première rangée de la petite église baptiste. Je ne parvenais pas à accepter la mort de Papa. Cela ne pouvait être possible. Après l'oraison funèbre, les gens se dirigèrent vers le cercueil et posèrent un regard solennel sur le visage de Papa. Ensuite, l'organisateur des funérailles nous proposa de nous lever et de nous diriger, à notre tour, vers le cercueil. Oncle Herman était le seul frère de Papa encore en vie. Tante Gusty était décédée l'année précédente. Maman, Myrtle, Boy et

Geneva se dirigèrent vers l'allée centrale en direction du cercueil ouvert. J'étais la seule à ne pas vouloir me lever.

Cependant, je ne sais par quel moyen, je me trouvai à l'avant de l'église, mais je fus incapable de regarder son visage. Aussi, je fixai mon regard sur ses épaules, sur lesquelles j'avais si souvent posé la tête lorsque j'avais un chagrin. Papa n'avait aucune vertu de guérison. Je ne suis même pas certaine qu'il fût chrétien. Toutefois, il possédait l'amour. Et cet amour avait la puissance de faire disparaître toute souffrance.

Mes doigts se posèrent avec douceur sur ses épaules. A ce moment précis, quelque chose se produisit. Il me semblait caresser un sac de farine. Ce n'était plus mon papa. Il s'agissait d'un manteau de laine noir recouvrant la dépouille de quelqu'un que j'avais autrefois chéri. Papa n'était plus là. »

Kathryn revint à Denver, enrichie d'une leçon qu'elle avait apprise à travers la haine et la perte d'un être cher. La leçon du pardon. Sa famille, malgré l'opposition de sa mère, insista pour traîner en justice les personnes « responsables » de la mort de Papa. Kathryn ne voulut prendre aucune part à cette action. Finalement, la situation se régla sans poursuite judiciaire.

« La vengeance », me dira-t-elle plus tard, « doit toujours être laissée entre les mains de Dieu. Si j'avais voulu me venger, cela m'aurait porté davantage préjudice qu'à ce jeune homme. J'appartiens à Dieu. J'ai confiance en lui et je sais qu'il accomplit le meilleur pour moi et pour ceux qui me blessent. »

Cette leçon sera très souvent mise à l'épreuve, et plus particulièrement lorsqu'une personne très proches de Kathryn se déchaînera contre elle et provoquera un scandale public. Kathryn ne reviendra jamais sur sa décision : celle de tout remettre entre les mains de Dieu.

Au début de 1935, l'équipe affectée à la recherche d'un nouveau bâtiment de réunions informa Kathryn qu'elle venait de trouver l'endroit idéal pour le tabernacle. Il s'agissait d'un ancien garage qui abritait les camions des magasins Daniel et Fisher. Le bâtiment était situé à l'angle de la West Ninth et d'Acoma streets, et les travaux de rénovation commencèrent le 5 février de la même année. Quatre mois plus tard, le 30 mai, l'immense bâtiment de deux milles places dépassa sa capacité d'accueil lors de la dédicace. Une enseigne de plusieurs mètres se déroulait sur toute la façade et indiquait : « Le Tabernacle de Réveil de Denver ». En dessous, une autre enseigne plus petite annonçait : « Évangéliste Kathryn Kuhlman ». Au sommet du bâtiment, un néon lumineux éclairait un écriteau sur lequel il était indiqué : « La prière change les choses ».

Toutefois, les réunions suivaient toujours le même cours. Le trio Anderson chantait à la plupart des réunions. Hélène Gulliford jouait du piano. Au moment de l'appel, elle parcourait les allées de la salle et invitait les personnes qui avaient levé la main pour qu'on prie pour elles, à s'avancer devant l'autel. Et Kathryn prêchait. A la fin de chaque réunion, cette dernière animait une émission qui s'intitulait « Souriez en toutes circonstances ».

Kathryn, vêtue d'une robe soyeuse, faisait généralement son entrée par l'arrière du bâtiment et traversait l'allée en saluant le public de la main vers le public et serrant des mains sur son passage. Beaucoup tentaient de la toucher, mais elle répondait à leur acte par ces paroles : « Dieu vous aime, Il vous aime vraiment ». Le sourire aux lèvres, elle saluait encore les personnes présentes en montant sur l'estrade, pendant qu'Hélène jouait une douce mélodie au piano. Kathryn commençait souvent la réunion par ces paroles : « C'est formidable d'être chrétien ! Si vous êtes d'accord avec moi, dites de tout votre cœur 'AMEN'. » La salle tout entière s'écriait alors 'AMEN'. Et pendant que les auditeurs s'asseyaient, Kathryn leur racontait une petite histoire.

« Ce matin, je me trouvais dans une petite chambre de l'hôtel St. Francis, la chambre 416. Elle est vraiment très petite. Madame Homquist, que Dieu aime, fait évidemment de son mieux, mais le papier peint se décolle et l'ascenseur est presque toujours en panne. Toutefois, pour 4 dollars la semaine, je me sens presque au paradis. »

Elle s'arrêta un moment pour rire, et permettre à l'audience de cerner son personnage et son style de vie.

« Et, alors que j'étudiais la Parole de Dieu, allongée sur mon lit, quelqu'un frappa légèrement à ma porte. Je m'excusai auprès de Dieu et promis de revenir dans quelques minutes. J'allai ouvrir et là, devant moi, se trouvait un homme de petite taille. Monsieur, si vous êtes dans la salle, levez la main. Ah ! le voilà, au fond de la salle. Levez-vous Monsieur, afin que tous vous voient. Je veux qu'ils sachent que l'histoire est vraie. Vous savez, les serviteurs de Dieu aiment à exagérer leurs récits. J'en ai même entendu embellir certains faits par rapport à la réalité. »

Éclat de rire général. L'homme de petite taille agita sa main avant de se rasseoir. Kathryn poursuivit.

« Devinez quoi », dit-elle en s'appuyant sur le pupitre comme si elle s'adressait à une seule personne. « Ce monsieur sympathique m'a raconté qu'il buvait trois bouteilles de vin chaque soir depuis treize ans. Cependant, il y a trois jours, il est venu à la réunion et Hewitt s'est agenouillé avec lui. Ils ont prié ensemble jusqu'à une heure du matin. Et lorsqu'il s'est relevé, il était libéré de l'alcool ! Il est venu me raconter ce qui lui était arrivé, et le voilà ce soir ici pour prouver au monde entier que Jésus-Christ libère de l'esclavage. »

Sa voix, au départ un doux murmure, montait à présent en crescendo, poussant la foule à se lever et à applaudir, tandis que Kathryn désignait l'homme du doigt et disait : « Demandons tous ensemble à Dieu de le bénir. »

Avant même que le public ne s'arrêtât d'applaudir, Hélène s'était remise au piano et la chorale entonnait un chant. Une nouvelle réunion de réveil commençait !

Au cours d'une de ces réunions de réveil, Kathryn fit une expérience qu'elle appellera plus tard, une des émotions les plus poignantes de cette période de sa vie. Tout comme son mari, Madame Kuhlman, n'avait jamais entendu sa fille prêcher. A présent que Kathryn était installée dans ce grand bâtiment et que son nom était inscrit en lettres capitales sur la façade, elle pensait que le moment était venu d'inviter sa mère à l'une de ses réunions. Le soir où Emma se rendit à la réunion, Kathryn prêchait sur le Saint-Esprit. A la fin de son message, elle invita les auditeurs à s'avancer : « Tous ceux qui désirent faire l'expérience de la nouvelle naissance et connaître la troisième personne de la trinité, le Saint-Esprit, sont invitées à s'avancer et à se rendre dans la salle de prière qui se trouve derrière l'estrade. J'y serai personnellement dans quelques instants, ainsi que d'autres responsables, et nous prierons pour vous. »

Peu après, Kathryn se dirigea ensuite dans la salle arrière et constata que celle-ci était comble. Elle pria pour chaque personne agenouillée. Environ quinze minutes plus tard, alors que le moment de prière était encore intense, une porte latérale s'ouvrit et Emma Kuhlman apparut. Aussitôt, Kathryn lui fit signe de venir la rejoindre.

« Que penses-tu de tout ce qui se passe ici, maman ? » murmura Kathryn. « Qui aurait pu imaginer que ta petite fille parviendrait un jour à accomplir une œuvre pareille ? »

Emma Kuhlman saisit la main de Kathryn et lui répondit : « Mon enfant, je ne suis pas là pour admirer ton succès. Je suis ici parce que tu as dit la vérité ce soir, et que je désire connaître Jésus comme tu Le connais. »

Kathryn se mit tout d'abord à rire, mais elle réalisa très vite que sa mère était très sérieuse. Avant qu'elle pût ajouter un mot, Maman s'était agenouillée sur le sol, et courbait la tête en s'appuyant sur une chaise. Kathryn émue jusqu'aux larmes, posa sa mais sur la tête d'Emma. Dès l'instant où ses doigts la touchèrent, celle-ci se mit à trembler et à pleurer. Et ces pleurs et ces tremblements étaient semblables à ceux que Kathryn avait expérimentés à l'âge de quatorze ans, alors qu'elle se trouvait aux côtés de sa mère, dans la petite église méthodiste de Concordia. Toutefois, la situation était différente cette fois-ci. Au bout d'un moment, Emma leva la tête et se mit à parler, lentement au départ, mais son débit s'accéléra très vite. Les mots qu'elle prononçait n'appartenaient pas à la langue anglaise, mais possédait le son clair et mélodieux d'une langue inconnue.

Kathryn s'agenouilla à ses côtés, pleurant et riant en même temps. Elle mêla sa voix grave à celle de sa mère, et chacune à sa manière se mit à louer et adorer Dieu de concert.

Lorsque Madame Kuhlman ouvrit les yeux, elle saisit Kathryn et la serra très fortement contre elle. C'était la première fois qu'elle enlaçait sa fille. « Kathryn, prêche afin que d'autres puissent recevoir ce que j'ai reçu ce soir », dit elle en pleurant, « prêche et ne t'arrête jamais !»

Kathryn expliqua ce qu'il advint ensuite : « Maman n'a pu dormir pendant trois jours et trois nuits après cette expérience, tellement la joie du Seigneur qui reposait sur elle était intense. Elle était une nouvelle personne. L'amour de Dieu rayonnait tout autour d'elle. Sa joie et Son amour remplissaient son être tout entier, au delà de toute mesure. Puis Maman retourna à Concordia, et connut une douce et merveilleuse communion avec le Saint-Esprit pour le restant de ses jours ».

Ina Fooks, un membre de l'équipe de Denver, rédigea un jour un article sur le ministère de Kathryn : « Miss Kuhlman a la forte conviction que Dieu peut et va utiliser un grand centre d'évangélisation, où l'évangile sera prêché dans sa plénitude glorieuse, et tous seront cordialement invités. Bien qu'être membre d'une église représente généralement une part importante de la vie religieuse, il y a des milliers de gens qui, selon elle, ne sont membres d'aucune église et n'ont pas l'intention de le devenir. Les membres des autres communautés, quant à eux, se rendent au tabernacle lorsqu'ils n'ont pas de réunion dans leur propre lieu de culte, car il y a une réunion chaque soir, à l'exception du lundi. Ceux qui n'appartiennent pas à une église précise se sentent les bienvenus et profitent agréablement de la soirée, car ils ne se sentent pas sollicités, et peuvent se concentrer sur la personne de Jésus. La seule tâche qui incombe au tabernacle est le salut des âmes et l'approfondissement des expériences spirituelles de ceux qui assistent aux réunions ».

Le ministère de Kathryn prit une plus grande ampleur encore. Le nombre d'enfants présents à l'école du dimanche ne cessait de croître. Trois autocars faisaient le ramassage des enfants, habitant dans la périphérie. Une église réservée aux enfants de moins de douze ans se développa rapidement. De nombreuses personnes se joignaient aux groupes d'évangélisation travaillant dans les prisons, les centres correctionnels et autres foyers. Les femmes inaugurèrent la « Société des Femmes », et Kathryn fut invitée dans toute la ville pour prêcher dans les écoles et les églises. Les services de baptême étaient rendus possibles grâce au baptistère prêté par l'église baptiste, et Kathryn assurait les baptêmes par immersion. Bien qu'elle n'eût jamais la prétention d'être pasteur mais seulement évangéliste, elle menait les services funèbres, et célébrait de nombreux mariages dans sa congrégation.

Les travaux de rénovation n'en finissaient pas au Tabernacle de Réveil de Denver. Les murs de briques, le système de chauffage, la plomberie, toute l'installation nécessitait des soins constants. Durant la semaine, les hommes de l'église qui étaient sans emploi, avaient formé des équipes de travail. Les femmes, parmi lesquelles Kathryn et Hélène, leur apportaient de la nourriture, et les plus démunis ramenaient les restes chez eux.

Des prédicateurs étaient invités et certains d'entre eux restaient plusieurs mois au Tabernacle. Wilbur Nelson, de Californie. Harry D. Clarke, responsable du programme musicale de Billy Sunday après la mort de Ira Sankey, vint à plusieurs reprises. L'évangéliste canadien Norman Greenway et la vedette d'opéra Harry Parkes Bond restèrent quelques temps au tabernacle, pour y prêcher et y chanter. Phil Kerr revint plusieurs fois, et quelquefois pour rassembler les fonds nécessaires pour son ministère radiophonique. Kathryn se montrait très généreuse à l'égard de ces serviteurs de Dieu, et encourageait les gens à donner généreusement. Raymond T. Richey vint du Texas pour une campagne de guérison et prêcha le même passage de Jérémie 33 ;3, tous les soirs, pendant trois semaines consécutives ! Kathryn invita même Everett et Myrtle Parrot à mener plusieurs séries de réunions.

Mais aucun d'entre eux ne fascinait le public et Kathryn elle-même autant que le bel évangéliste d'Austin, Texas, Burroughs A. Waltrip. Lorsque ce dernier vint prêcher pour la première fois au tabernacle au début de 1937, personne ne pouvait s'imaginer qu'en l'espace de dix huit mois, il deviendrait celui qui causerait la ruine du ministère prometteur de la jeune évangéliste.

5

Le meurtre de l'égyptien

En 1970, le chroniqueur Lester Kinsolving (prêtre de l'église épiscopale) « dévoila » que trente deux ans plus tôt, Kathryn avait épousé Burroughs A. Waltrip, pour ensuite en divorcer. Toutefois, le rédacteur n'avait pas réalisé que bien que Kathryn tentât d'enterrer ce triste chapitre de sa vie, elle ne se laissait pas lier par la honte. « Dès lors qu'une erreur est confessée, celle-ci est placée sous le sang de Jésus », m'expliqua-t-elle quand l'article parut. « Il est cependant triste de constater que M. Kinsolving ne comprend rien au pardon de Jésus ».

Ce furent les seules paroles que Kathryn laissa échapper, en public et en privé, à propos d'un adversaire agressif. Kinsolving réduisit son don, la parole de connaissance, à un phénomène purement « psychique », et par là, il montrait son ignorance des textes bibliques, de plus il manifesta son mépris à l'égard de son style oratoire, qu'il estimait d'une « incroyable médiocrité ».

Kathryn adressa rapidement à ce prêtre si peu évangélique, une lettre où elle lui disait pardonner ses attaques, bien qu'il n'eût manifesté aucune intention de présenter ses excuses :

« Je me rappellerai toujours deux choses : la gentillesse dont vous avez fait preuve en m'envoyant personnellement un courrier, et votre rire chaleureux (un seul), à un moment de notre entretien. Ces deux éléments m'encouragent à pardonner votre acte ».

« L'article ne m'a pas paru offensif, et je regrette seulement de ne pouvoir manier le vocabulaire avec autant de verve que vous. Mon vocabulaire restera toujours d'une « incroyable médiocrité » ».

L'amour et la franchise de Kathryn arrivaient à désarmer même ses détracteurs. Tandis que le magazine MS, une branche du mouvement de libération de la femme, la traitait avec dédain, d'autres périodiques, tel que le *Time*, menèrent une analyse plus profonde et reconnurent le doigt de Dieu sur sa vie.

En guise de réponse aux critiques émises à son encontre, Kathryn aimait à se souvenir des histoires vécues par son père. « Un jour », dit-elle, « papa se rendit dans un établissement public. En pénétrant par la porte battante, un ivrogne tituba et le bouscula. Un homme qui se trouvait à proximité de Papa lui dit : « Allez-vous laisser s'en sortir comme cela ? ». Et Joe Kuhlman, maire de la ville dont il était par ailleurs le plus riche concitoyen, répondit calmement : « Je peux me le permettre ».

L'attitude de Kathryn était la même. « Je peux me permettre de les laisser partir sans rien leur dire. Jésus ne répondit jamais aux critiques de ses détracteurs. Je fais pleinement confiance à Dieu, et je crois qu'Il est suffisamment puissant pour gérer chaque situation. »

Et pourtant, en 1938, il sembla que même la puissance de Dieu n'était pas suffisante pour venir à bout de Sa servante, cette jeune femme rousse et obstinée. Car, pour une fois, celle-ci était décidée à n'en faire qu'à sa tête, sans tenir compte de la volonté de Dieu et de l'avis de Son peuple.

Burroughs Waltrip quitta sa femme et ses enfants par amour pour Kathryn, et épousa cette dernière. Ce mariage fut bien plus qu'une horrible erreur, car il fut lié, chez Kathryn, au péché particulièrement grave de la rébellion contre Dieu. Comme Moïse, qui, lorsqu'il « tua le garde égyptien » connut l'exil dans le désert de Madian, cette union serait l'événement crucial qui la conduirait à se placer dans une position de parfaite soumission au plan parfait de Dieu pour sa vie.

Il est impossible de parler de Kathryn sans parler de Dieu, car sa vie ne lui appartenait pas. Tout dans son existence laissait entrevoir sa grande destinée : elle avait été choisie et ordonnée par Dieu pour être sa servante, chargée d'une mission particulière. Et Lorsque la jeune femme choisissait de se rebeller contre le plan de Dieu, en laissait ressortir son caractère indocile, alors Dieu devait resserrer les rênes jusqu'à ce que Kathryn se soumette à la volonté de Dieu. En fait, Dieu possède le moyen de transformer notre rébellion, nos péchés et nos désobéissances flagrantes, en une force et une souplesse que nous pourrons utiliser à l'avenir. Aussi, bien que Kathryn eût commis un grave péché, elle comprit à cette occasion que cette marche dans la vallée de l'ombre lui permettait de mieux saisir le sens de la croix et de sa propre rédemption. Car à travers ses expériences, et même lorsqu'elle 'tua l'égyptien' et erra dans le désert aride dans lequel sa désobéissance l'avait conduite, la main de Dieu demeurait sur elle.

Tous les membres de l'église de Denver tentèrent de dissuader Kathryn d'épouser Burroughs Waltrip, mais leurs efforts furent vains. Waltrip vint pour la première fois au Tabernacle du Réveil de Denver en 1937. Il était recommandé par Phil Kerr, l'évangéliste radiophonique, et resta deux mois à Denver. Et comme Kathryn le dira plus tard, c'était « le plus bel homme qui ait jamais existé ». La beauté physique et de bonnes prédications formaient un ensemble fort séduisant, et Kathryn invita Waltrip une nouvelle fois l'automne suivant. Cette fois-ci, son épouse Jessie et leurs deux garçons, âgés de six et huit ans, l'accompagnèrent. Le bruit courait que Jessie n'appréciait pas du tout le temps que son mari consacrait à cette rousse aux longues jambes. Elle voulait rester dans les parages pour les surveiller. Au yeux des gens de Denver, Jessie, femme introvertie et modeste, était idéale pour un prédicateur dynamique tel que Waltrip.

Toutefois, il se passa un événement particulier pendant le séjour de ce dernier à Denver. Les faits demeurent confus. Madame Waltrip retourna avec ses fils à Austin. La rentrée des classes approchait. Un mois plus tard, Waltrip écrivit à son épouse qu'il ne rentrerait pas à la maison. Cependant, selon la version qu'il donna à Denver, c'était sa femme qui le quittait. Il prétendait avoir insisté pour qu'elle vienne le rejoindre et s'être heurté à un refus. Il osa même accuser son épouse d'abandon du domicile conjugal, et il fit route vers Mason City, dans l'Iowa, non loin de la frontière du Minnesota. Les gens de Mason City furent impressionnés par ses prédications et insistèrent pour qu'il commence une œuvre similaire à celle de Kathryn à Denver. Très peu de temps après son installation, Waltrip fit l'acquisition d'un grand bâtiment qu'il rénova et baptisa la Chapelle de la Radio ; il animait en effet une émission quotidienne sur les ondes de la KGLO.

Au début de 1938, Waltrip fit une déclaration publique : il allait jeûner jusqu'à ce qu'il reçoive les 10 000 dollars nécessaires pour achever les travaux de la chapelle. Il forma toute une équipe chargée d'animer des réunions dans le bâtiment presque achevé et de récolter les fonds manquants. Les intervenants étaient Harry D. Clarke à la louange, Hélène Gulliford au piano et Kathryn Kuhlman à la prédication.

Kathryn, annoncée comme « la plus remarquable jeune prédicatrice des États-Unis », attira une foule importante. Son message intitulé « A la recherche d'un homme » attira aussi les journalistes du *Globe Gazette* et le lendemain les titres du quotidien affichaient « Une jeune évangéliste blonde fait son entrée à la Chapelle de la Radio » et les sous-titres poursuivaient : « Elle remplace Waltrip qui poursuit son jeûne pour obtenir la somme de 10 000 dollars ». Les journalistes allèrent droit au but et leur article précisait : « Une jeune et attirante évangéliste blonde d'environ 1.79 mètres, aux yeux rieurs est arrivée à Mason City pour assister l'évangéliste Burroughs A. Waltrip dans sa campagne d'évangélisation qui se tient actuellement à la Chapelle de la Radio.

« Sa présence y est temporaire et exclut toute connotation romantique. Toutefois, Miss Kuhlman fait cette déclaration : « je ne veux pas quitter Mason aussi longtemps que Waltrip a besoin de mon aide ». »

Et plus loin, on pouvait lire dans l'article : « Lorsque le journaliste manifesta sa surprise de constater qu'une jeune femme aussi attirante soit encore célibataire à vingt cinq ans, celle-ci sourit et après un moment de réflexion répondit :

« Il est possible que mon rythme de vie effraye les hommes et que ceux-ci hésitent à envisager un mariage avec une femme aussi active. » Puis elle conclut par un éclat de rire.

A la lecture de cet article du *Globe Gazette* de 1938, on remarque que déjà à cette époque, Kathryn trichait sur son âge. En réalité, elle avait presque trente et un ans, mais le fait de se rajeunir la rassurait par rapport à ses fidèles. Etrangement, elle garda la même attitude concernant son âge, jusqu'à la fin de sa vie. Et même, à soixante ans, Kathryn continuait à insister auprès du présentateur, afin que ce dernier commence son émission par ces mots : « Et maintenant, Kathryn Kuhlman, la jeune dame que vous attendez tous ». Et lorsque les journalistes lui demandaient son âge pour leur article, elle leur répondait : « Indiquez tout simplement « Kathryn a plus de cinquante ans ». Ses proches expliquaient alors qu'après tout, cette attitude était légitime pour une femme.

Kathryn retourna à Denver, mais seulement après avoir formé des plans avec Waltrip pour leur éventuel mariage. Le divorce de ce dernier devenait donc irrévocable, ce qu'Hélène Gulliford pressentait depuis longtemps.

Voici ce qu'elle confia à une amie : « Kathryn commençait à penser que la vie lui filait entre les doigts et qu'elle allait passer à côté de cette joie qu'apportait cette joie qu'apportait la vie avec un homme. »

Hélène voyait Kathryn changer de jour en jour. Ses prédications, autrefois si dynamiques, perdaient graduellement de leur puissance. Pendant quelque temps, sa force de caractère et son magnétisme permirent de tromper son public. Toutefois, les membres les plus perspicaces de la communauté réalisèrent que « leur Kathryn » n'était plus la même. Son obstination et sa détermination la mèneraient dans des voies qu'elle s'était tracée seule, même si cela signifiait la destruction de son ministère.

Kathryn n'avait pas la même vision des choses que ses amis et ses fidèles. Elle s'entretenait souvent avec A. C. Anderson, le père des trois choristes du trio et passa l'Action de grâces, Noël et la plupart de ses vacances avec la famille Anderson. Elle avait beaucoup d'affection pour Madame Anderson. Quant à Monsieur Anderson, il joua auprès de Kathryn, un rôle affectif important et remplaça le père qu'elle avait perdu. Mais, personne ne put lui faire entendre raison concernant sa décision d'épouser Waltrip. Elle se justifiait en affirmant que l'épouse de Waltrip avait déserté le foyer conjugal, et que ce dernier était dès lors libre de se remarier. Un des amis de Waltrip leur prêta un livre qui soutenait la théorie suivante : Un homme et une femme ne sont mariés aux yeux de Dieu, que s'ils s'aimaient le jour de leur mariage. Fort de cette étrange doctrine, Waltrip prétendit n'avoir jamais été marié aux yeux de Dieu (même s'il avait deux enfants) et se déclara donc libre de se remarier avec Kathryn. Il avançait même qu'il avait vécu « dans le péché », puisqu'il n'avait jamais aimé sa femme ! De plus, il affectait de se repentir et de mettre sa vie en ordre devant Dieu. Ce raisonnement lui permettait de se replacer dans le plan de Dieu et d'épouser la jolie rousse élancée de Denver.

« Tu vas au devant de nombreux ennuis », dit A.C. Anderson à Kathryn après la visite de Burroughs. Mais Kathryn n'écoutait personne, ni les Anderson, ni Hélène ni même E.F. Hewitt, qui la suppliait de ne pas s'engager avec Waltrip.

Les Anderson se déplacèrent également pour tenter de raisonner Waltrip. A leur arrivée, ils découvrirent que personne à Mason City ne savait que le prédicateur avait été marié. Waltrip rencontra les Anderson à leur hôtel et ils discutèrent jusqu'à deux heures du matin, de façon plus ou moins animée et tendue. Waltrip finit par s'exclamer : « Si je parviens à convaincre les Anderson, je pourrais convaincre toute l'église de Denver ! »

Ni les Anderson, ni le gens de Denver ne purent accepter l'idée que le mariage faisait partie du plan de Dieu. Ils ne pouvaient que prier, afin de voir Kathryn retrouver tout son bon sens, afin de l'empêcher d'accomplir un acte qui détruirait le ministère qu'ils avaient ensemble établi avec beaucoup de difficultés.

Kathryn choisit d'agir en franc-tireur. Elle refusa tout conseil prodigué par son entourage. Le fait de se soumettre à un homme ou à un groupe d'hommes lui était totalement étranger. « Chaque chrétien devrait entendre Dieu lui parler directement », disait-elle . « La religion vous plonge dans la servitude, mais la foi chrétienne vous libère. Se soumettre aux hommes est accepter un lien. Je veux être libre et laisser Dieu me parler directement ».

La grande faiblesse de Kathryn, au cours de sa longue et fructueuse carrière, ce fut justement le refus de se soumettre aux conseils des chrétiens consacrés qui l'entouraient. Moïse luimême s'était soumis à des anciens. Et l'apôtre Paul enseignait aux chrétiens à se soumettre « les uns aux autres ». Mais pour une raison qui nous échappe, elle se sentait menacée par l'idée même de la soumission.

Kathryn ne comprit jamais que l'écoute de l'autre ne signifiait en aucune façon la perte de ses droits devant Dieu, et ne ferait pas d'elle une marionnette qui ne bougerait que lorsque d'autres l'actionneraient. Si elle avait accepté cette soumission, elle y aurait trouvé le secours et l'équilibre nécessaires pour sa vie personnelle. Si elle s'était soumise en 1938, elle n'aurait pas détruit son ministère d'alors. Mais son entêtement et son caractère indépendant la firent foncer, tête baissée, déterminée à n'en faire qu'à son gré.

Cette page pénible de son histoire révéla, néanmoins, une vérité extraordinaire, difficile à comprendre. Très souvent la volonté de Dieu est entravée par la désobéissance de l'homme ; alors un second plan doit être conçu par les mains talentueuses du Dieu Tout-Puissant, et ce second plan s'avère souvent meilleur que le dessein original. Il fallut de nombreuses années pour que le moulin de Dieu vienne à bout des grains de rébellion présent en Kathryn et les réduise en une poudre compacte. Toutefois, le travail fut mené à son terme, et « lorsque le grand poisson la ramena sur la berge », et que la voix de Dieu se fit entendre du buisson ardent, l'enjoignant de reprendre sa mission du départ, Kathryn fut fin prête à reprendre la route.

En attendant ce jour, il fallut toutefois traverser le désert, les profondeurs de la mer, la séparation ténébreuse d'avec Dieu ; et Kathryn mangea délibérément du fruit défendu.

Le dimanche 15 octobre, Kathryn annonça à sa congrégation, que Dieu lui avait révélé un nouveau plan : associer son ministère à celui de Waltrip. Le siège commun serait à Mason City, dans l'Iowa, et les deux évangélistes assureraient à tour de rôle les réunions entre les deux communautés, qui se trouvaient à mille deux cents kilomètres l'une de l'autre. « Ensemble, nous pouvons accomplir bien plus que chacun de nous séparément », proclama-t-elle ce matin-là.

Bien que le mot « mariage » ne fût point mentionné, tous les assistants semblaient déjà au courant. Un silence glacial se fit dans la salle. Toutes ces rumeurs qu'ils avaient entendus, à propos du divorce de Waltrip et de son intention d'épouser Kathryn étaient donc vraies. Quelques femmes se mirent à pleurer, des choristes se levèrent et quittèrent la salle. Les hommes laissaient entrevoir leur consternation et regardaient Kathryn, incrédules. Comment pouvait-elle agir ainsi ? Cette femme, qui prêchait des messages dynamiques sur la pureté et la sainteté, cette femme qui avait été le modèle même de la décence et de la compassion divine, toutes ses paroles étaient-elles purement théorie ? N'était-elle pas capable de suivre ce

Dieu qu'elle avait tant encouragé à suivre, ces cinq dernières années ? Où était sa force intérieure ? Où était sa puissance ? D'autres pouvaient tomber dans le péché, et s'éloigner de Dieu, mais pas leur dirigeante ! Puisqu'elle avait donné beaucoup, il lui était demandé beaucoup. Elle avait choisi une vie difficile, personne n'en doutait. Tous étaient conscients des sacrifices qu'elle avait fait : le renoncement au mariage, les enfants. Et tout cela pour bâtir l'œuvre de Denver. Mais pouvait-elle tout abandonner, tout rejeter pour un homme divorcé qui avait quitté sa femme et ses deux enfants ? Cela n'en valait pas la peine.

« Non Kathryn, ne parle pas de cette façon, n'agis pas comme cela, s'il te plaît ! » Ainsi suppliait la voix d'Hélène Gulliford, se tenant près du piano, le visage pâle et les yeux remplis de larmes.

Earl Hewitt, directeur administratif de Kathryn et prédicateur intérimaire, enfouit sa tête dans ses mains, brisé et sans voix. Monsieur Anderson demeurait silencieux sur sa chaise. Ce qu'il craignait était donc arrivé.

Kathryn agita ses mains de façon théâtrale et tenta de minimiser la gravité de la situation. « Vous ne comprenez pas », dit-elle presque joyeusement, « Je ne vous quitte pas. Je reviens bientôt ».

Mais c'était Kathryn qui ne comprenait pas. Les gens voyaient au-delà de sa personne, et ils savaient que si elle s'entêtait dans ce plan, son ministère perdrait de son rayonnement. Au même moment, ils virent l'onction de Dieu la quitter sans qu'elle ne le réalise. Exactement comme Samson qui sortit pour défier les Philistins sans se rendre compte qu'on lui avait coupé les cheveux et que Dieu l'avait quitté.

La réunion se termina dans la débâcle. Kathryn quitta la salle par une porte latérale. Le lendemain, elle prit le premier train pour Des Moines, où Waltrip l'attendait et ils se rendirent à Mason City. Ils remplirent les papiers administratifs concernant leur mariage, et sur le formulaire, la jeune femme affirma qu'elle allait avoir vingt six ans, bien qu'en réalité, elle en eût trente et un. Le 18 octobre 1938, le révérend L.E. Wordle de Swaledale procéda à la cérémonie de mariage de Kathryn et Waltrip à la Chapelle de la Radio.

Deux personnes seulement du Tabernacle du Réveil de Denver assistèrent à la cérémonie de mariage, Ina Fooks et Earl

Hewitt. Avant la réunion, Hewitt informa Kathryn des derniers événements : Hélène Gullifford avait démissionné. Elle resterait à Denver pour continuer l'œuvre avec les fidèles qui s'étaient retirées du Tabernacle. Il lui proposa de racheter sa part du bâtiment. Elle accepta et lui remit les clés de l'œuvre. Semblable à une personne possédée, Kathryn ne semblait pas pouvoir arrêter ce qu'elle avait déclenché, bien que le poids des événements semblât déjà plus lourd que ce qu'elle était capable de porter.

Au milieu de la cérémonie, elle s'évanouit. Waltrip l'aida à revenir à elle et la soutint jusqu'au moment des vœux. « L'égyptien » était à présent « mort », et devant elle, se profilait le désert de Madian, un désert qui la ferait errer pendant huit longues années.

6

Le buisson ardent

À l'instar d'autres serviteurs de Dieu qui ont erré dans le désert de leur péché, Kathryn fut bientôt oubliée par ceux qu'elle avait laissés derrière elle. La douleur du souvenir était bien trop vive pour ceux qui l'avaient aimée et suivie. Il était bien plus facile de l'effacer de la mémoire. Aussi, la plupart de ses anciens fidèles laissèrent s'estomper son souvenir et vaquèrent à de nouvelles activités.

Hewitt invita William Watson, un des évangélistes préférés du Tabernacle, à prêcher la semaine suivante. Mais, le dimanche matin, on apprenait que Watson s'était enfui la veille ! Hewitt prêcha, mais sans vigueur. Le troupeau était dispersé. Certains restèrent avec Hewitt, et d'autres rappelèrent Watson et fondèrent leur propre église. Un autre groupe rejoignit finalement un jeune pasteur pentecôtiste du nom de Charles Blair. Mais beaucoup retournèrent dans le monde, égarés, désillusionnés, et perdus pour le Royaume.

Kathryn revint plusieurs fois seule à Denver. Bien qu'elle fût toujours la bienvenue chez les Anderson, quand elle leur rendait visite, elle ne mentionna jamais le nom de Waltrip, comme si elle ne s'était jamais mariée.

Ina Fooks, une de ses plus ferventes supporters, vint, à plusieurs reprises, lui rendre visite à la Chapelle de la Radio. « Kathryn s'assied sur l'estrade derrière son mari et pleure. C'est tout ce qu'elle fait », rapporta Ina à son retour à Denver.

Lorsque les gens de Mason City découvrirent que Waltrip avait menti sur son mariage, ils leur tournèrent également le dos.

La chapelle fut fermée. Burroughs et Kathryn plièrent bagages et filèrent dans le désert de la nuit. On entendit parler d'eux à Kansas, en Oregon, en Arizona et même à Concordia. Mais la jeune femme était devenue une inconnue pour le public, au même titre que Moïse le devint aux yeux des Egyptiens et des hébreux, lors de son passage au désert du Sinaï.

Deux événements qui eurent lieu pendant leur exil dans le désert et méritent d'être relatés, car ils influencèrent l'avenir de Kathryn. Celle-ci gardait le désir d'accepter quelques invitations à prêcher seule. Cela contrariait Waltrip qui désirait toujours l'avoir à ses côtés. Toutefois, il se rendait bien compte que Kathryn était avant tout prédicatrice et seulement ensuite femme au foyer. Aussi, il accepta qu'elle prenne quelques engagements seule. Une de ces invitations parvint de Pittsburgh, en Pennsylvanie. Au début de 1943, Jack Munyon, le pasteur d'une grande église interdénominationnelle, invita Kathryn à tenir trois semaines de réunions. Ce fut la première visite de Kathryn à Pittsburgh et elle y fut bien accueillie. Munyon pensa qu'il valait mieux ne pas informer les gens de son mariage. Aussi, bien que Waltrip l'ait accompagné à l'hôtel, Kathryn consentit à se montrer seule en publique, en occultant la présence de son mari en ville. Le fils de Munyon, âgé de cinq ans, vendit presque la mèche, lorsqu'un soir quelqu'un, ayant demandé à son père où logeait Kathryn, le petit garçon répondit : « Oh, elle vit à l'hôtel avec un monsieur ». Munyon rattrapa la maladresse de justesse.

Au cours de ce voyage à Pittsburgh, Kathryn se lia rapidement d'amitié avec Maggie Hartner, solide directrice d'une compagnie de téléphone et membre de l'église de Munyon. Elle entama une correspondance durable avec Kathryn et deviendra plus tard sa secrétaire et sa meilleure amie.

Le second événement à mentionner se passa à Portland, dans l'Oregon, peu après que Kathryn ait quitté Pittsburgh. La culpabilité que lui inspirait son mariage la minait intérieurement. A plusieurs reprises, lorsque la presse la insistait pour obtenir des réponses, elle niait tout bonnement être mariée, ajoutant qu'il s'agissait d'une rumeur provenant d'anciens ennemis de Denver. Myrtle, sa sœur, parla de Kathryn à son pasteur de Portland, dans l'Oregon en omettant également de mentionner que Kathryn était mariée à un homme divorcé. Le pasteur fut fortement impressionné par la jeune prédicatrice, et l'invita à revenir prêcher dans sa grande église, pour une série de réunions. Or, avant la réunion du dimanche, le pasteur reçut un appel téléphonique d'un des anciens de l'église.

« Savez-vous que l'évangéliste que vous avez invitée, est mariée à un homme divorcé ? ».

Le pasteur en fut choqué. « Et ce n'est pas tout», poursuivit l'informateur, « cet homme a abandonné sa femme et ses jeunes enfants, pour épouser Kathryn. Cette histoire a détruit son ministère à Denver et est une source de problème partout où elle se rend. »

Cet après-midi-là, le pasteur se vit contraint de passer un coup de téléphone désagréable à Kathryn qui venait d'arriver à Portland. Il lui dit : « Si j'avais été mis au courant plus tôt... A présent, je n'ai pas d'autre choix que d'annuler les réunions, car vous confier cette mission détruirait aussi mon ministère ».

Ces paroles blessèrent Kathryn au plus profond d'elle-même. En remontant dans sa voiture, elle roula dans les rues de Oregon City, les larmes aux yeux. Elle passa six heures au volant, pleurant toutes les larmes de son corps. Quel serait son sort pour le restant de ses jours ? Dieu ne l'avait-Il pas appelée à prêcher ? Comment pouvait-elle accomplir sa mission si les rumeurs la poursuivaient dans tout le pays, poussant les églises à lui fermer leur porte au nez ? Elle savait en son for intérieur qu'attendre ne changerait en rien sa situation. Il fallait agir d'une manière plus radicale si elle voulait s'en sortir, car le poids de la culpabilité dépassait les limites du supportable.

Personne ne semble connaître le moment exact de la séparation des deux époux. Dans une interview donnée par le *Denver Post*, elle expliquera : « Il m'accusa, à juste titre, de ne pas vouloir vivre avec lui. Et je ne l'ai pas revu depuis bientôt huit ans ».

Cette indication ramène vraisemblablement à 1944 la date de leur séparation. Ils vécurent donc six ans ensemble. Elle me confia, au cours d'un de ces rares moments où elle accepta d'évoquer son passé avec nostalgie : « Je devais faire un choix. Servirai-je l'homme que j'aimais ou le Dieu que j'aimais ? Je savais que je ne pouvais servir Dieu et vivre avec Monsieur. (C'est ainsi qu'elle l'appela dès leur première rencontre). Personne ne connaîtra jamais l'intense douleur que l'on ressent à mourir à soi comme je l'ai ressenti, car je l'aimais plus que j'aimais la vie elle-même. Et pendant un certain temps, je l'ai aimé plus que Dieu Lui-même. J'annonçai finalement à Monsieur que je le quittais. Dieu ne m'avait jamais libéré de mon premier appel. Non seulement, j'avais vécu avec lui, mais également avec ma conscience, et la conviction du Saint-Esprit était presque insoutenable. J'étais lasse d'essayer de me justifier. Lasse !

« Un après-midi », poursuivit-elle, alors que ses yeux se remplissaient de larmes, « je décidai de sortir prendre l'air. J'habitais alors dans la périphérie de Los Angeles, et je me retrouvais donc à marcher le long d'une route bordée d'arbres. Le soleil faisait des clins d'œil à travers le feuillage au-dessus de ma tête. Au bout de la rue, j'aperçus un panneau de signalisation routière qui indiquait tout simplement : « Rue sans issue ». L'immensité et l'intensité de mon chagrin étaient telles que les mots ne suffisaient pas pour exprimer la douleur de mon cœur. Si vous pensez qu'il est facile d'aller à la croix, c'est parce que vous n'y êtes jamais allés. Quant à moi, j'y suis allée. Aussi, j'en connais la souffrance. Et je devais m'y rendre seule. J'en avais oublié la merveilleuse expérience du Saint Esprit et la puissance de la troisième personne de la Trinité qui était disponible pour tous. J'étais alors consciente d'une seule chose : il était quatre heures de l'après-midi et j'étais arrivée à un moment de ma vie, où j'étais prête à tout abandonner, même Monsieur, et à mourir.

Aussi, je déclarai à haute voix : ‹ Cher Jésus, j'abandonne toutes choses. Je Te donne tout ce qui m'appartient. Prends mon corps. Prends mon cœur. Tout est Tien à présent. Je place tout entre Tes merveilleuses mains.› »

Kathryn savait qu'elle s'était volontairement aveuglée, ces six dernières années, cherchant la bénédiction de Dieu, sans vivre selon ses préceptes. En tant d'occasions, elle s'était tenue aux côtés de Waltrip, derrière la chaire, prêchant la repentance tout en sachant pertinemment qu'ils vivaient dans la désobéissance et ne s'en étaient pas repentis. Ils avaient été le canal par lequel d'autres avaient bu de l'eau de la vie, mais leur propre bouche était scellée et ils n'avaient pu étancher leur soif en buvant de cette eau qu'ils offraient à d'autres. De nombreuses personnes étaient venues à Christ. Certaines avaient été guéries. Car Dieu avait promis que « Sa parole ne retourne point à Lui sans effet, mais en ayant exécuté Sa volonté et accomplit

Ses dessein ». Et c'est avec une infinie tristesse, que Kathryn constata qu'elle était devenue semblable à ces lions de pierre qu'elle avait vus en Europe, de la bouche desquels une eau jaillissait. Ils étaient capables de donner de l'eau à ceux qui avaient soif, mais eux-mêmes ne pouvaient en boire, car ils étaient faits de pierre. Son cœur était devenu comme ces lions de pierre.

Depuis plusieurs mois, chaque fois qu'elle ouvrait sa Bible, ses yeux étaient attirés par le livre des Proverbes.

« Comme une ville forcée et sans muraille, ainsi est l'homme qui n'est pas maître de lui-même » (Prov. 25 ;28).

« Le pain du mensonge est doux à l'homme, et plus tard sa bouche est remplie de gravier » (Prov.20 ;17).

« Celui qui cache ses transgressions ne prospère point, mais celui qui les avoue et y renonce obtient miséricorde » (Prov. 28 ;13).

L'envers du proverbe suivant s'appliquait, lui parfaitement à Burroughs, : « Le juste marche dans l'intégrité. Heureux ses enfants après lui ». Or Ses enfants, devenus de jeunes adolescents, avaient grandi sans leur père.

Une étude approfondie de la Parole de Dieu et sa propre expérience prouvaient à Kathryn que Dieu était un Père aimant, et qu'il pouvait prendre un mariage impossible, né du péché et de la rébellion et le transformer en union pure et sainte, sans pour autant détruire la relation concernée. Elle en avait très souvent été témoin autour d'elle. Elle avait vu d'autres couples agir comme eux, et elle avait pu remarquer que, suite à leur cri, leur confession et leur appel au pardon, Dieu leur avait donné un nouveau cœur et Il avait permis à ces couples de demeurer ensemble. Ces exemples avaient nourri l'espoir de Kathryn et de Burroughs, et ils espéraient que Dieu les traiterait de la même manière. Cependant, ils avaient commis une erreur fondamentale. Ils avaient regardé à l'action de Dieu dans la vie des autres, au lieu de rechercher quelle était la volonté parfaite de Dieu pour leur propre vie. Kathryn avait oublié qu'elle était unique aux yeux du Seigneur et qu'à celui ou celle à qui Dieu a beaucoup donné, il sera beaucoup demandé.

Dès l'âge de quatorze ans, Kathryn sut que sa destinée serait différente des autres. Elle était destinée à s'occuper des affaires de son Père et ce sentiment ne la quitta jamais. Alors, comment pouvait-elle poursuivre une relation qui, non seulement déplaisait à Dieu, mais l'empêchait littéralement d'accomplir le plan de Dieu pour sa vie.

Elle passa en revue chaque moment du passé avec Waltrip. Elle se souvenait des petits-déjeuners pris ensemble, alors que le lit dans la pièce à côté était encore chaud de la nuit. Elle se rappelait ces matins où ils priaient Dieu de bénir le repas, sachant qu'Il ne pouvait bénir leur couple. Ils avaient joué le jeu pendant six ans, mais à présent, la jeune femme ne se sentait plus la force de continuer. Il fallait faire un choix.

Se repentir signifie se détourner de sa voie fautive. C'est ce que fit Kathryn Kuhlman, ce samedi après-midi-là, dans une des rues bordées d'arbres de Californie. Elle mourut ce jour-là à elle-même et accepta de devenir cette graine plantée et enterrée dans le sol. Aveuglée par les larmes, elle rebroussa chemin et reprit la même route qui l'avait menée dans cette rue sans issue.

Trois jours plus tard, alors qu'elle se tenait sur le quai de la gare de Los Angeles, complètement vidée de ses larmes, elle posa un dernier regard sur Monsieur. Il se tenait calmement à ses côtés. Sa chevelure couleur ébène laissait paraître quelques cheveux gris autour des tempes, et son visage, autrefois si hâlé et si doux, était à présent usé. Elle laissait une partie importante de sa vie derrière elle et n'emportait ni bien, ni témoin de ce chapitre de son histoire. Son seul bien consistait en un billet aller-simple à destination de Franklin, en Pennsylvanie, où elle était invitée à animer deux semaines de réunions. Les deux époux se tenaient les mains maladroitement, et s'accrochaient aux dernières minutes qu'il leur restait, attendant la phrase fatidique du conducteur : « A bord ». Enfin, Kathryn monta dans la lourde machine qui l'emporterait loin de Monsieur, et se rappela le jour où, à Concordia, Myrtle et elle avaient pris le train vers Kansas City. Seulement, cette fois-ci, elle n'avait pas de sœur aimante à ses côtés. Elle s'en allait seule.

« Quelle sera ta destination après Franklin ? » demanda Burroughs nerveusement, conscient d'interrompre une réflexion dont il ne ferait désormais plus partie.

« Je ne sais pas », répondit Kathryn qui fixait désespérément les grosses roues du train. « Je sais seulement qu'il faut que je m'en aille. Je dois Le suivre ».

Burroughs serra ses mains avec douceur. Il le savait aussi. Il savait qu'ils s'étaient voilé la face durant toutes ces années. Enfin, il savait que Kathryn n'était plus sienne. L'avait-elle jamais été ? A présent, ils étaient arrivés à l'heure de vérité, heure à laquelle chacun devait reprendre sa liberté. Kathryn avait pris sa décision trois jours plus tôt, en rentrant à la maison, et lui avait dit qu'elle s'en allait. Et lui ? Allait-il retourner à Austin et rejoindre sa famille ? Il secoua la tête. S'il fallait errer dans le pays comme un bateau fantôme qui n'aborde jamais, s'enfonçant dans les bancs de brouillard pour échapper aux gardes-côtes, si tel était son sort, il scellerait son cœur et marcherait vers son destin. Car, en dépit de tout, Burroughs Waltrip était un homme de Dieu, et il reconnaissait la main de Dieu sur cette femme qui, encore quelques jours auparavant, était sa femme. Il savait aussi qu'elle était différente des autres gens. Il le savait depuis le début, mais il avait espéré pouvoir suivre son propre plan et gagner la partie. Aussi, ces deux êtres qui se tenaient côte à côte sur le quai sale de la gare de Los Angeles, avaient compris qu'ils n'appartenaient pas l'un à l'autre. Ils appartenaient à un Autre.

A présent le Seigneur lui demandait d'honorer la promesse qu'elle Lui avait faite dans cette rue « sans issue ». Le train siffla. Le couple qui se tenait à leur côté, sur le quai, s'enlaça et s'embrassa avant que l'homme ne saute dans le train.

« Si tu montes dans ce train, tu ne me reverras plus jamais », dit Burroughs avec douceur. « Je n'interférerai jamais dans ta vie, ni dans ton ministère ».

Ce que Kathryn lui répondit reste le secret de Dieu, car jusqu'à ce jour, personne ne sait ce qu'il advint de Burroughs A. Waltrip. Lorsque la jeune femme monta dans le train, Burroughs disparut de sa vie. Il tint sa promesse. Du moins, jusqu'au jour où une lettre arriva sur le bureau de Kathryn.

En effet, elle n'entendit plus parler de lui. Excepté une fois. J'étais à son bureau de la Carlton House en 1970, la semaine qui précédait la Saint Valentin. Elle referma la porte derrière elle et se dirigea vers son bureau. Très lentement, elle sortit une carte de la Saint Valentin du tiroir supérieur, la tenant comme un parchemin sacré. Elle s'appuya sur le bord du bureau et me remit la carte.

« Regardez », murmura-t-elle d'une voix rauque.

Il s'agissait d'une simple carte de Saint Valentin, illustrée par deux cœurs unis l'un à l'autre par une flèche d'or sur laquelle il était indiqué « Sois ma Valentine ». Et à l'intérieur de celle-ci, trois mots écrits à l'encre : « Avec amour, Monsieur ».

Je me tournai vers Kathryn. Elle avait relevé le visage, et gardait les yeux fermés. Quelques larmes se glissèrent entre les stries de ses rides et arrêtèrent leur course sur ses joues âgées. « Personne ! » murmura-t-elle, « Personne ne saura jamais ce que ce ministère m'a coûté. Seul Jésus le sait ».

Si j'étais resté dans la pièce, j'aurais dû retirer mes chaussures, tellement la présence de Dieu était forte. Je me faufilai dehors, vers les bureaux, le hall et l'ascenseur pour me retrouver dans le hall d'entrée. Si telle était la croix que Kathryn devait porter, quelle serait la mienne ? Je n'étais alors pas du tout prêt à me poser cette question pour ma propre vie.

Toutefois, après la décision douloureuse qu'elle avait prise en Californie, la route fut loin d'être facile. Kathryn voyagea seule avec pour destination Franklin, l'Ohio, l'Illinois, l'Indiana, et enfin la Virginie de l'Ouest. Elle rencontra la même hostilité à peu près partout où elle se rendit. Les gens connaissaient son histoire avec Waltrip, ainsi que le scandale de Denver. Dans certaines contrées, lorsqu'un chasseur tue un albatros, il est obligé de porter la carcasse du grand oiseau autour du cou, et l'odeur le poursuit très longtemps. Et comme écrivait Thoreau, aucune odeur n'est aussi fétide que celle qui se dégage de la bonté corrompue. Alors, Kathryn tenta sa chance dans le sud et de nouveau en Virginie, puis en Caroline et finalement, elle échoua à Colombus, en Géorgie en 1945. La situation était partout la même. Sa technique n'avait pas changé. Seulement, Kathryn avait maintenant atteint l'âge mûr, ce qui rendait les choses plus difficiles. Elle louait une salle, insérait une annonce publicitaire dans le journal, achetait un temps de passage à la radio et annonçait ses réunions. Les gens de Colombus répondirent à l'appel. Le troisième soir, l'auditoire de la ville afficha salle comble. Cependant, quelqu'un « sentit l'odeur de l'albatros ». Un coup de fil donné fut à Denver et à Mason City. Quelqu'un alerta les journaux, et un journaliste vint interviewer l'évangéliste harassée par cette lutte sans fin. Kathryn réagit avec agressivité, ce qui était la dernière attitude à adopter face à la presse. Les journalistes, flairant le drame, se mirent au travail. Aussi, l'hospitalité ne fut-elle guère chaleureuse dans le sud cet automne-là.

Néanmoins, le temps de sa traversée du désert arrivait à sa fin. Et même si Kathryn devrait encore affronter quelques batailles, elle se trouvait à l'aube d'une percée fulgurante, qui dépasserait ses rêves les plus audacieux et ses visions les plus élevées. Et comme Moïse en exil, prenant soin de moutons et de chèvres, son orgueil et son ego avaient été brûlés par la chaleur du désert, le buisson de Kathryn était sur le point de s'embraser. Le temps où Kathryn entendrait la voix de Dieu au travers de la flamme d'un miracle, lui donnant les instructions nécessaires pour l'étape suivante de sa vie, était à la porte de sa vie.

Cela se passa à Franklin, en Pennsylvanie, une ville d'environ 10 000 habitants, dans le nord-ouest de l'état entre Pittsburgh et Erie. Il faisait glacial en ce jour de février, et la neige s'abattait sur les rues de la ville, lorsque Kathryn descendit de l'autocar et tenta de se frayer un passage vers la cabine téléphonique pour joindre Matthew J. Maloney. Ce dernier était responsable du Tabernacle de l'Evangile et avait été impressionné par Kathryn lors d'une réunion qu'elle avait tenue, quelques temps auparavant, dans la salle qui avait accueilli le célèbre évangéliste Billy Sunday. Il avait alors invité cette dernière pour une série de réunions, dans le bâtiment situé à Otter & Twelf, près du centre de la ville.

La raison exacte pour laquelle Kathryn revint à Franklin restera un des nombreux mystères de sa vie. Peut-être était-ce un des rares lieux où personne ne lui avait posé de question sur son mariage. Ou encore, la ville était-elle si reculée que personne ne pourrait découvrir ce coin caché de sa vie. Enfin, il se peut que Dieu lui ait indiqué directement cette destination. Personne ne semble le savoir. Dans tous les cas, au début de 1946, deux ans après que Kathryn eût quitté Waltrip, ce fut dans cette ville précise qu'elle choisit d'ouvrir les pages du chapitre suivant de sa vie.

Les choses se déroulaient plutôt bien. L'ancien tabernacle accueillit 1 500 personnes et la salle fut pleine dès le premier soir. Encouragée par cet accueil favorable, Kathryn décida d'élargir sa tente et la radio était le meilleur moyen d'y parvenir.

En automne 1946, Kathryn, vêtue d'une élégante robe noire, les mains gantées, et la tête recouverte d'un chapeau signé Hattie Carnegie, pénétra dans les bureaux de la station de radio WKRZ, située à Oil City. Elle déclara à la réceptionniste, qu'elle désirait voir le directeur du programme, Frank Shaffer. Elle fut escortée au bureau de ce dernier, et d'un ton poli mais ferme, elle lui annonça son désir d'acheter un temps d'écoute sur les ondes. Selon les dires de Clarence Pelaghi, Shaffer avait la fâcheuse habitude de tester la patience de ses invités. Il prenait lentement sa pipe, la remplissait scrupuleusement et la portait délicatement à sa bouche, et essayait de l'allumer en prenant évidemment tout son temps. Pendant qu'il procédait à ce rituel, il demeurait dans le silence le plus complet, ignorant la personne en face de lui pour se concentrer entièrement sur sa pipe.

Kathryn, debout de l'autre côté du bureau, endura ce supplice pendant un moment et tout à coup, elle s'adressa à cet homme de radio nonchalant : « Jeune homme, voulez-vous me vendre un temps de radio, oui ou non ? Je n'ai pas de temps à perdre. Et n'essayez pas votre test sur moi, car cela ne pourrait que vous faire du tort ».

Shaffer, surpris, releva la tête. Il n'avait pas l'habitude d'une telle réaction, tout particulièrement de la part d'une femme, qui, en outre, venait solliciter du temps pour une émission religieuse. La plupart de ces religieux étaient si timorés qu'ils partaient, ou bien ils acceptaient un temps de passage à une heure impossible. Shaffer baissa la main, posa sa pipe sur le cendrier, prit son tableau des horaires et se mit au travail.

Le personnel de la radio observa cet entretien avec beaucoup de plaisir. Bien qu'ils ne pussent entendre la conversation, car celle-ci se déroulait dans une cabine de contrôle, ils pouvaient comprendre au travers de la vitre que Shaffer avait rencontré plus fort que lui.

Kathryn posa plusieurs questions pertinentes, portant sur la puissance de la radio, sa situation géographique et le nombre d'auditeurs. Elle insista pour passer à une certaine heure chaque matin. Et ce privilège lui fut accordé. Elle quitta Shaffer sans même s'inquiéter du coût. Si Dieu lui avait dit de passer à la radio et lui avait accordé le temps de passage, elle ne s'inquiéterait donc pas du prix. Elle adopta ce même procédé tout au long de sa vie.

Au début, Kathryn faisait la route chaque matin entre Franklin et Oil City. Le studio était au troisième étage du Veach Building. Avant de passer sur les ondes, Kathryn avait pris l'habitude de discuter avec Ruth Lytle, la secrétaire et comptable de la radio, et d'autres membres de la station. Toutefois, elle se gardait bien de parler de son passé.

Kathryn appréciait tout particulièrement Ted Finnecy, de Rousseville. Elle aimait la manière dont il introduisait son programme avec ces mots : « La jeune dame que vous attendez tous » . Elle insistait pour qu'un enregistrement de son introduction soit tenu en réserve, s'il venait à s'absenter. Car elle préférait passer un enregistrement introduit par Finnecy qu'avoir recours à un remplaçant. Ce technicien, de confession catholique, faisait toujours le signe de la croix avant de commencer l'émission. Mais son sérieux s'arrêtait là, car il se tenait de l'autre côté de la vitre pendant toute l'émission, imitant les gestes et les mimiques de Kathryn Kuhlman d'un air taquin, cherchant ainsi à la faire rire. Ce manège amusait Kathryn, et les autres membres du personnel riaient de concert en regardant de loin le face à face de Finnecy et Kathryn .

Le côté théâtral de Kathryn lui valut toutefois quelques ennuis. Le seul micro disponible était un micro de table. Quelquefois, Kathryn se laissait tellement aller dans le feu de son message, qu'en s'approchant du micro, on avait l'impression qu'elle allait le mordre. Cela obligeait le technicien à faire des manœuvres acrobatiques pour augmenter le volume du son. Le problème fut résolu en changeant le micro de place et en le vissant solidement. Plus tard, la station acheta un micro plus adapté à la prédicatrice si douée pour la gestuelle théâtrale de Franklin.

Au cœur de l'été, la célébrité de Kathryn s'était étendue et elle lança une émission de radio à Pittsburgh. Ce nouveau succès attira son lot de problèmes. Les gens qui voulaient s'approcher d'elle et qui n'y étaient pas arrivés au tabernacle, se rendaient à la radio. Ils s'asseyaient dans le salon annexe et regardait Kathryn animer son émission de l'autre côté de la vitre. Bientôt, le salon fut à ce point encombré que le personnel de la radio se vit dans l'impossibilité de poursuivre correctement son travail. Lorsque certaines personnes présentes réagirent avec émotivité, voire hystérie, et crièrent à Dieu en confessant leur péché, sous le poids de la conviction, la station fut contrainte d'interdire l'accès aux visiteurs.

Un autre problème fut posé par l'abondance du courrier. Celui-ci arrivait à la station par sacs entiers. Finnecy, qui aimait à taquiner « Katie » à propos de ses jolies jambes, lui disait souvent que sa place était sur les planches et non derrière une chaire. Très souvent, ouvrant quelques lettres au hasard, il trouvait de l'argent dans l'enveloppe.

Lorsqu'un jour, elle annonça sur les ondes qu'elle venait de filer sa dernière paire de bas nylon (le nylon était un luxe à la fin de la guerre), la station fut inondée de bas nylon envoyés par des auditeurs reconnaissants. Le même incident se produisit, lorsque Kathryn laissa échapper qu'elle avait perdu son parapluie. Aussi, les membres du personnel de la radio furent soulagés, lorsqu'elle se décida à déplacer son émission à Pittsburgh. Ils pourraient enfin retrouver un climat de travail normal. Ils étaient toutefois conscients qu'aucune émission n'était aussi efficace que celle de Kathryn Kuhlman.

Or, avant que Kathryn ne déménage pour Pittsburgh, elle aurait encore des obstacles à franchir à Franklin et des miracles à expérimenter. Plus d'une fois, Kathryn avait prêché sur la « guérison ». Et il se passait des choses ! Elle terminait toujours ses réunions par un appel, invitant les personnes à faire l'expérience de la « nouvelle naissance ». L'autel à l'avant du bâtiment était invariablement bondé de personnes agenouillées, sans compter la foule qui tentait de se frayer un chemin dans les allées. Le nombre de ceux qui s'avançaient pour la prière de guérison, était tout aussi important. Kathryn recrutait son équipe parmi ces serviteurs itinérants qui prêchaient la guérison divine. Après avoir invité les gens à s'avancer, elle procédait à l'imposition des mains et demandait à Dieu de les guérir. Si le résultat n'était pas spectaculaire, il n'en existait pas moins. Quelques personnes étaient guéries, et la première à en être surprise était Kathryn elle-même. Elle était déterminée à en apprendre davantage sur cette manifestation physique de la puissance de Dieu.

« Je savais que mon cœur était porté vers ce type de miracle », dit-elle, « J'en avais vu la preuve parmi les personnes qui avaient été guéries, réellement guéries. Mais quelle était la clé de la guérison ? ».

Etait-ce la foi ? Si tel était le cas, qu'était-ce la foi ? Etait-ce quelque chose que l'on pouvait former, ou faire grandir en travaillant sur soi ? Etait-ce quelque chose que l'on obtenait par sa bonté et ses qualités morales ? Etait-ce quelque chose que l'on pouvait se procurer en servant Dieu en exerçant une forme de bénévolat ? Et, qui devait avoir la foi ? La personne malade ou celui qui menait la réunion de guérison ? La foule qui les entourait ou les trois ? Une chose était certaine, rien n'était laissé au hasard. Si Jésus guérissait tous ceux qui lui étaient amenés, comme le dit la Bible, et s'il avait commandé à ses disciples de faire de plus grandes choses que lui, alors pourquoi n'y avait-il pas plus de guérisons ?

Aussi, lorsque Kathryn vit l'annonce suivante : « Evangéliste, pratiquant la guérison divine », elle décida de se rendre à Erie, où devait se tenir cette réunion sous chapiteau. Bien que Kathryn eût de fortes réticences au sujet du sensationnalisme, très souvent de mise lors de telles réunions, elle savait qu'elle ne serait fixée qu'après avoir assisté à une telle réunion. Peut-être les organisateurs avaient-ils découvert le secret qui permettait de libérer la puissance de guérison de Dieu, pour soulager les malades et les mourants ?

Ce fut une des expériences les plus éprouvantes de toute sa vie. Elle se rendit seule à Erie, afin de rester dans l'anonymat. Le chapiteau géant était situé dans la partie sud de la ville. L'enseigne, à l'entrée du parking indiquait : « REVEIL MIRACULEUX. LA VUE POUR LES AVEUGLES ! LES SOURDS ENTENDENT ! LA PUISSANCE QUI MENE A LA PROSPERITE ! »

Kathryn s'installa à la dernière rangée et attendit le début de la réunion. L'évangéliste fit son apparition avec fracas, évoquant ainsi le bruit d'un canon. Tout à coup, il sauta sur le long banc qui se trouvait derrière la chaire. Un peu plus tard, il fit un bond sur la chaire elle-même, entraînant ainsi la foule dans une frénésie et une excitation intenses. Celle-ci criait et hurlait, et avait presque perdu toute maîtrise de soi. Kathryn décrira cette expérience comme un « cauchemar devenu réalité ».

Pendant la réunion, l'orateur mit aux enchères des bouts de toiles ayant appartenu à son ancien chapiteau, et les remit aux plus offrant, leur promettant qu'ils apporteraient santé et prospérité à tous ceux qui les placeraient sur leur corps ou en dessous de leur oreiller. Alors que la réunion était sur le point d'atteindre son point culminant, le prédicateur annonça au public en hurlant qu'il sentait une présence « magique » envahir la salle, et il précisa qu'il s'agissait de « l'onction de l'Esprit » qui lui permettrait d'imposer les mains aux malades et ceux-ci seraient guéris. Une foule de gens s'avança dans les allées en se balançant d'un côté et de l'autre. Lorsque la réunion atteignit son climax, une file se forma pour bénéficier de la prière de guérison. La file en question contredisait la spontanéité apparente du déroulement de la réunion, car ceux qui la formaient avaient reçu, à l'entrée, un billet portant un numéro. Kathryn remarqua avec consternation que certaines personnes attendaient depuis plusieurs jours que leur numéro sorte. Après tout, l'évangéliste ne pouvait prier que pour un nombre limité de personnes par soirée.

Les personnes s'alignèrent donc, selon leur numéro, et attendirent leur tour. L'évangéliste vérifia les tickets avant d'administrer une pression vigoureuse sur leur tête et de leur commander « SOYEZ GUERIS ! » Beaucoup s'agenouillèrent sur le sol. Certains tremblaient et criaient. Toutefois, Kathryn ne put s'empêcher de remarquer que les patients les plus malades étaient discrètement acheminées vers la tente des « invalides », loin du regard inquisiteur du public. Si certaines personnes étaient réellement soulagées, voire même guéries, la grande majorité de ceux qui avaient brisé leurs béquilles, étaient toujours incapables de marcher et quittaient la tente, soutenus par des âmes aimantes et compatissantes. Le prédicateur affirmait alors à ces pauvres gens, qu'ils n'avaient pas encore suffisamment de foi pour obtenir leur guérison et qu'ils devraient revenir le lendemain soir.

En parlant de cette soirée, Kathryn dira, « Je me mis à pleurer et rien ne put m'arrêter. Ce regard de désespoir et de déception sur le visage de ceux à qui l'on avait dit que leur manque de foi empêchait l'intervention de Dieu me hanta pendant plusieurs semaines. Etait-ce cela le Dieu rempli de miséricorde et d'une compassion infinie ? Je quittai le chapiteau et, le visage inondé de larmes, je regardai vers le ciel et criai : ‹ Ils ont enlevé mon Seigneur et je ne sais où ils l'ont mis › ».

Quelques années plus tard, Kathryn dira : « Je ne reconnaissais pas la signature de Dieu dans ce zèle superficiel. Par contre, je constatai avec tristesse, les dégâts que provoquaient cette théorie de « manque de foi » dans l'âme de ceux qui n'avaient pas été guéris. Intérieurement, j'étais effondrée, car mon cœur me disait que la capacité de Dieu n'était pas limitée. Je souffrais de voir que certains, par ignorance spirituelle, en étaient arrivés à incriminer, au-delà des personnes, un don sacré, merveilleux et accessible à tous. Je n'avais pas besoin qu'un prédicateur me dise que la puissance de Dieu était réelle.. J'en étais convaincue à la lecture de la Parole de Dieu. La Parole avait été donnée, la promesse était dispensée. La pensée de Dieu n'avait certes pas changé, et ces promesses étaient loin d'être annulées. Je pense que personne n'a jamais recherché la vérité avec autant d'ardeur et d'avidité que moi. »

Cependant, Kathryn n'avait pu trouver la vérité qu'elle recherchait sous le chapiteau où s'était déroulé cette désastreuse réunion de « guérison ». Il fallait entreprendre des recherches plus poussées.

Heureusement, le passé lui avait déjà enseignée une leçon salutaire. Elle avait appris que le seul moyen de trouver la vérité consistait à venir en toute sincérité devant le Seigneur et à Le laisser nous conduire dans Sa vérité à partir de Sa Parole. Aussi, elle puisa de plus belle dans la Bible pour y recueillir les réponses.

« Lorsque Jésus est mort sur la croix et a crié : « Tout est accompli ! », Il est mort non seulement pour nos péchés, mais également pour nos maladies », me dit-elle. « Il m'a fallu plusieurs mois pour le réaliser, car je n'avais jamais reçu d'enseignement sur le fait que la guérison du corps était contenue dans la rédemption de Christ. Or, je parcourus le livre d'Esaïe et découvris qu'« Il était blessé pour nos péchés, brisé pour nos iniquités, et que c'est par ses meurtrissures que nous sommes guéris ». Je fus dès lors contrainte d'admettre que Jésus avait non seulement ouvert la route qui mène au ciel, mais qu'Il avait également pourvu à la guérison.

« Je savais que je pouvais vivre et mourir sans voir un seul des miracles relatés dans le Livre des Actes et dont les apôtres avaient été témoins, sans que l'absence de telles expériences n'affecte la véracité de la Parole de Dieu », poursuivit-elle. « De toute façon, Dieu l'a dit. Il l'a inclus dans la rédemption acquise à la croix du calvaire. Et le fait de le voir de mes propres yeux ou non, ne changeait aucunement la réalité des faits ».

Fortifiée par cette nouvelle forme de foi qui croit en Dieu et non en la guérison, Kathryn se mit à prêcher avec un zèle renouvelé et concentra son enseignement sur le Saint-Esprit. Elle avait le sentiment que le Saint-Esprit poursuivait l'œuvre de Christ sur terre.

Le dimanche 27 avril 1947, Kathryn entama une série d'enseignements sur le Saint-Esprit. Elle ancra sa conviction dans une vérité qu'elle prêcha toute sa vie.

« Je m'imagine les trois personnes de la Trinité assis devant une imposante table de conférence, avant la création de la terre. Dieu, le Saint Père, informant les autres que bien qu'il voulût créer l'être humain, afin que ce dernier ait une communion d'amour avec lui, ce dernier pécherait et briserait cette communion. Comme personne d'autre ne pouvait payer pour ses péchés, l'homme serait condamné à vivre sans bonheur, dans la maladie, à affronter la mort et finalement l'enfer.

Après l'explication du Saint Père, Son Fils Jésus prit la parole, « J'irai. Je prendrai une forme humaine et je descendrai sur la terre pour payer le prix. J'accepte de mourir sur une croix, afin que l'homme puisse retrouver cette communion parfaite avec nous.

Jésus se tourna ensuite vers le Saint-Esprit et Lui dit, « Toutefois, je ne peux y aller sans Toi, car tu possèdes la puissance ».

Le Saint-Esprit Lui répondit, « Va de l'avant, et quand le temps sera venu, je te rejoindrai sur la terre ».

Ainsi, Jésus vint sur la terre, naquit dans une étable et arriva à la stature d'un homme adulte. Or, bien qu'il demeurât le Fils de Dieu, il n'avait aucune puissance. Vint alors le moment merveilleux du Jourdain, lorsque Jésus sortit des eaux du baptême, et regardant vers le ciel, vit le Saint-Esprit descendre sur Lui sous forme de colombe. Ce fut probablement un des moments les plus émouvants que Jésus ait connus, lors de Son passage sur terre. Et j'entends presque le Saint-Esprit murmurer à Son oreille, « Me voici. Nous sommes exactement dans les temps. A présent, nous allons réellement voir de grands événements se passer ».

Et ce fut le cas. Jésus, rempli de l'Esprit, fut soudain revêtu de puissance pour guérir les malades, donner la vue aux aveugles et même ressusciter les morts. C'était le temps des miracles. Le Seigneur Jésus et le Saint-Esprit firent équipe pendant trois ans, au terme desquels la Bible nous dit que Jésus « remit Son esprit » entre les mains du Père, et, à ce moment-là, l'Esprit retourna auprès du Père.

« Après que Jésus eût passé trois jours dans les régions inférieures, la troisième personne de la Trinité, le puissant Saint-Esprit, descendit une nouvelle fois. Jésus fut ressuscité dans Son corps glorifié. Il n'accomplit plus d'autres miracles durant son court séjour sur terre (sauf pour le filet de Pierre qui se remplit), mais il fit cette grande promesse à ses fidèles, la plus grande promesse de la Bible : Il déclara que le même Saint-Esprit qui avait habité en Lui vivrait en ceux qui seraient désireux d'ouvrir leur cœur à Sa puissance. Et ses fidèles accompliraient ainsi, les mêmes œuvres que Jésus avait accomplies sur terre, car, à présent, le Saint-Esprit ne serait plus limité à un seul corps, mais aurait la liberté de demeurer dans les cœurs de tous ceux qui l'accueilleraient. »

Kathryn fit une pause. Elle n'avait jamais prêché de la sorte auparavant ; il s'agissait d'une nouvelle révélation, une nouvelle vérité. Or, celle-ci provenait directement de la Bible. Elle poursuivit en tremblant : « Souvenez-vous des dernières paroles que le Seigneur a dites avant de partir : « Et vous recevrez une puissance, le Saint-Esprit, survenant sur vous ». Dieu le Père lui en avait fait le don, et à présent, Il le transmettait à l'église. Chaque église devrait faire l'expérience de la Pentecôte. Chaque église devrait voir les guérisons du Livre des Actes. Ce don est pour nous tous ».

Complètement bouleversée par ce qu'elle-même venait de s'entendre dire, Kathryn quitta la salle de réunion à la fin de sa prédication, laissant les serviteurs de Dieu présents prier pour les personnes qui s'étaient avancées. Elle resta éveillée toute la nuit, dans sa petite chambre mansardée, au troisième étage du bâtiment abritant le Club des Femmes d'affaires. Elle fit les cent pas, pria et se plongea dans la lecture de la Bible. Il lui sembla se tenir aux côtés de Pierre, lorsque Jésus lui déclara : « Ce ne sont pas la chair et le sang qui t'ont révélé cela, mais c'est mon Père qui est dans les cieux ».

Le lendemain soir, elle retourna au tabernacle. La salle était remplie et l'on pouvait lire sur le visage des personnes présentes une certaine expectative. Chaque siège était occupé. Les chants joyeux emplissaient l'atmosphère tout entière, lorsque Kathryn pénétra dans la salle. Le public était venu nombreux et s'attendait à vivre un miracle.

Au moment où Kathryn se leva pour prêcher, un mouvement se fit dans la salle. Une femme s'avança, les bras levées vers le ciel : « Kathryn, puis-je dire quelque chose ? »

Kathryn regarda cette femme rondelette d'une cinquantaine d'années. Elle était vêtue de tweed gris et coiffée d'un chapeau de paille noir orné d'une délicate fleur blanche. Elle portait son sac de la main droite, et levait la main gauche. « Bien sûr ! Venez ma chère sœur ».

La femme s'approcha de l'estrade et se retrouva en face de Kathryn ; entre elles se dressait l'autel agrémenté d'un petit rideau. Elle parla lentement :

« Hier soir, pendant que vous prêchiez, j'ai été guérie ».

Kathryn s'y reprit à deux fois pour tenter de prononcer quelques mots, mais en vain. Elle parvint finalement à murmurer d'une voix étouffée :« Où étiez-vous ? »

« J'étais assise dans la salle », répondit-elle en souriant.

« Comment savez-vous que vous êtes guérie ? » Si cette conversation venait de Dieu, cette femme pourrait soutenir l'interrogatoire, se disait Kathryn.

« J'avais une tumeur », expliqua la dame timidement. «Le médecin avait diagnostiqué une tumeur. Pendant que vous prêchiez, quelque chose s'est produit dans mon corps. J'en étais à tel point persuadée, que je me rendis chez le médecin dès le lendemain matin, afin que celui-ci m'ausculte. La tumeur avait disparu ».

Cette femme ne s'était pas retrouvée dans la file de prière. Personne ne lui avait imposé les mains. Le miracle s'était opéré simplement, alors que cette femme était assise à sa place et écoutait Kathryn prêcher sur la puissance du Saint-Esprit.

Il fallut une semaine entière à Kathryn pour comprendre ce qu'il s'était passé. Mais, le dimanche suivant, un miracle encore plus spectaculaire se produisit. En 1925, Georges Orr, un vétéran de la première guerre mondiale, avait été blessé dans un accident, alors qu'il travaillait à l'usine. Un éclat de métal fondu avait endommagé la cornée de son œil avec une telle gravité qu'il fut déclaré aveugle. Son ophtalmologue, le Dr. C.E. Imbrie, de Butler, en Pennsylvanie, déclara que son œil était définitivement perdu, et que la cicatrice qui resterait sur la cornée était trop profonde et par conséquent, inopérable. Dans le cas d'une opération, les chirurgiens se verraient obligés de retirer le globe oculaire.

En mars 1947, Orr et sa femme assistèrent à une des réunions qui se tenaient au Tabernacle, à Franklin. En l'espace de deux mois, ils vinrent écouter Kathryn plusieurs fois. Le 4 mai, ils quittèrent Butler pour se rendre à la réunion du matin, accompagnés d'un couple, également impressionné par le ministère de Kathryn. Au cœur de sa prédication sur le thème du Saint-Esprit, alors que Kathryn relatait la guérison de la dame, guérie une semaine plus tôt, quelque chose d'inhabituel se passa en Georges. Il priait : « Seigneur, je t'en supplie, guéris-moi », lorsqu'il perçut une curieuse sensation dans son œil. Il semblait que quelque chose le traversait. Des larmes coulèrent de l'organe malade et Georges fut très embarrassé, car il ne pouvait en contrôler le flux. Son œil était noyé de larmes au point que sa veste fut très rapidement inondée.

Après la réunion, il n'osa parler de cette expérience à personne, et il se précipita dans sa voiture. Sur le chemin du retour, il ne cessa de cligner l'œil qui continuait à répandre des larmes. Et lorsque George et son épouse franchirent la colline, expliquera-t-il plus tard, le soleil apparut dans toute sa gloire. Posant sa main sur l'œil sain, il cria :« Je vois ! Je vois tout ! ».

George Orr, qui percevait depuis très longtemps une pension d'invalidité à cause de son œil aveugle, revint à la réunion de Franklin ce mardi soir-là et témoigna de sa guérison.

Le buisson ardent de Kathryn avait commencé à brûler.

7

Pittsburgh

Sans l'ombre d'un doute, Kathryn entrevoyait que des difficultés allaient se profiler avec M. J. Maloney, propriétaire du Tabernacle de l'Evangile et administrateur financier. Il organisait le ministère et le gérait comme une réelle entreprise. La gestion du Tabernacle rapportait gros, tout particulièrement lorsque le propriétaire du bâtiment recevait un pourcentage sur les offrandes.

De toute l'histoire du Tabernacle, personne, même pas Billy Sunday, n'avait attiré une foule aussi dense que Kathryn, dès l'instant où les miracles commencèrent à avoir lieu. Et il va sans dire, que le montant des offrandes augmentait avec le nombre de participants. En outre, le volume du courrier adressée à Kathryn avait triplé de volume, grâce aux émissions radiophoniques et aux échanges précédent de courrier. Suzan Miller, une jeune secrétaire s'était portée volontaire pour dépouiller le courrier. Les lecteurs demandaient une prière, une photographie ou encore le petit livre de Kathryn intitulé « Dieu touche et guérit ». Maloney insista pour stipuler dans le contrat qu'un pourcentage lui serait versé sur toute source de revenu, y compris le ministère radiophonique et le courrier ! Kathryn, pressentant des manœuvres malhonnête, s'y opposa. Maloney menaça de la poursuivre en justice. L'épreuve de force ne faisait que commencer.

En réponse à cette menace, Kathryn répliqua : « Il ne vaut guère mieux que Simon le magicien. Aussi longtemps que les offrandes avaient un montant normal, il se satisfaisait de sa rémunération. Dès lors que celles-ci avaient fortement augmentées, il réclama une plus grande part des profits. Eh bien ! S'il veut me traîner au tribunal, qu'il le fasse. On verra bien quel parti Dieu choisira ! »

Or, Maloney était bien trop rusé pour lui intenter un procès d'emblée. Il commença par ôter les enseignes publicitaires annonçant les réunions de Kathryn Kuhlman et verrouilla les portes du Tabernacle. Il avait certes conclu un contrat avec cette dernière, lui garantissant l'usage exclusif de la salle, mais après tout, il restait le propriétaire des lieux. En apprenant que les hommes de main de Maloney montaient la garde devant les portes du Tabernacle et refoulaient les gens, Kathryn ne put contenir sa colère.

« Nous avons signé un contrat », répondit-elle aux quelques personnes qui lui annoncèrent la nouvelle. « Nous avons légalement le droit d'utiliser les locaux de ce bâtiment. Nous aurons notre réunion ce soir et nous forcerons les portes s'il le faut ».

La Pennsylvanie du nord-ouest est une région minière, pétrolière et industrielle. Les hommes ont pour ancêtres des ouvriers polonais et irlandais, pour qui la bagarre était aussi naturelle que manger et boire. En fait, les coups de poings n'étaient nullement considérés comme immoraux, excepté lorsque l'on s'y dérobait. Lorsque les fidèles de Kathryn comprirent que quelqu'un tentait de profiter de leur « prédicatrice », leur sang ne fit qu'un tour.

« Une parole de votre part, Miss Kuhlman », dit un homme solidement bâti que peu de personnes aurait oser défier, « et nous vous ouvrons la salle ».

Kathryn était passée maître dans l'art de la relation avec les hommes. Elle percevait rapidement leur état d'âme et savait se montrer coriace en affaires ou sortir toutes ses armes féminines, selon la circonstance, et enfin apparaître comme une âme en peine qui recherche désespérément du secours.

« Ecoutez, les gars. Il est vrai que la constitution de la femme nous limite dans certaines circonstances. Par contre, si j'étais un homme... »

« N'en dites pas plus, ma petite dame », dit un homme d'environ soixante ans, à l'estomac et aux bras généreux.

« Venez à l'heure habituelle ce soir. Le bâtiment sera ouvert ».

Kathryn, anxieuse, ne bougea pas de son appartement et se tint dans la prière jusqu'à l'heure de la réunion. Si seulement elle pouvait voir ce qui se passait au Tabernacle, au moment crucial, pensait-elle. En fait, une bagarre sanglante éclata entre la « bande Kuhlman » qui remporta au premier round, et la « bande Maloney » qui prit la poudre d'escampette, en voyant quelques-uns de ses membres sur le tapis. Les partisans de Kathryn s'emparèrent de pinces à levier, sous les acclamations de la foule qui avait assisté au règlement de compte (et attendait l'ouverture de la salle). Enfin, entouré d'une mer de mouchoirs agités par la foule environnante, l'énergique équipe fit sauter les verrous de la porte d'entrée. Ce soir-là, on dépassa la capacité d'accueil, et on renforça l'équipe de surveillance qui patrouilla dans toute la salle, au cas où d'éventuels ennemis auraient réussi à s'infiltrer dans le camp.

Kathryn donna l'ordre à ses dévoués supporters, d'acheter de nouveaux verrous, et de monter la garde autour du bâtiment pour refouler tout émissaire de Maloney.

Ce dernier contre-attaqua par le moyen des tribunaux. Le 4 juin 1948, il fit parvenir 500 dollars avec accusé de réception au tribunal, et le Juge Lee McCracken signa une première injonction, sommant Kathryn à se retirer du Tabernacle de l'Evangile de Franklin. Le samedi 5 juin, on pouvait lire à la une du *News-Herald* de Franklin : « LE TRIBUNAL ASSIGNE MISS KUHLMAN EN JUSTICE. L'ACCES AU TABERNACLE EST DESORMAIS INTERDIT A L'EVANGELISTE . »

Une fois de plus, Kathryn faisait la une des journaux.

L'acte judiciaire sommait les « intimés », à savoir Kathryn Kuhlman et les autres (parmi lesquels Georges Orr, de Butler), de remettre les clés des nouveaux verrous à M.J. Maloney et aux administrateurs du Tabernacle. Ils avaient, par ailleurs, reçu l'ordre de ne plus tenir de réunions dans le bâtiment, jusqu'à ce que le tribunal eût achevé l'étude du dossier et fait comparaître les « agents qui, par la force, les menaces et l'intimidation, avaient occupé l'intérieur du tabernacle et organisé une équipe de patrouille. »

« Nous obéirons à la loi », déclara Kathryn. « Nous avons utilisé le bâtiment aussi longtemps que la loi nous le permettait.

A présent, nous attendrons l'autorisation de réintégrer les locaux ; nous nous battrons jusqu'au bout. »

Et Kathryn s'en alla en guerre. Elle fit appel à deux éminents avocats de Pittsburgh, J.R. Heyson et Jason Richardson, pour sa défense. Et bien qu'elle se fût toujours interdite de poursuivre quiconque en justice, elle fit une exception à la règle. Ses avocats exigèrent que Maloney présentât un relevé de compte de toutes les dîmes et les offrandes perçus par le Tabernacle et par leur cliente, du 5 février 1940 à ce jour. Leur intention était de prouver que l'accusateur traîna Kathryn en justice, à partir du jour où les offrandes s'étaient mises à augmenter. L'évolution de l'affaire fut portée en première page des journaux de la ville.

Durant cette période, les deux mille fidèles se réunirent au Sugar Creek Auditorium, et s'engagèrent à donner dix mille dollars pour la construction d'un nouveau tabernacle à Franklin. A ses apports s'ajoutèrent deux mille cinq cent dollars offerts par la Hammond Company. Un nouveau comité administratif fut également constitué.

Maloney acheta une page entière du *News-Herald* pour relater sa version des faits. Il affirmait que Kathryn avait perçu un « salaire » de 60 680,32 dollars du Tabernacle, en deux ans de ministère. Il maintint que le solde des offrandes lui revenait.

Le jour de l'audience, Maître Richardson demanda à Maloney s'il avait demandé vingt cinq pour cent de la totalité des offrandes et fermé le bâtiment, lorsque Miss Kuhlman avait refusé sa proposition. Maloney prêta serment devant la cour et ensuite répondit « Non ». L'audience apprécia son intervention.

Maloney acheta une nouvelle page de journal ; il y soutint que Kathryn s'était enrichie sur le compte des pauvres gens de Franklin et qu'à présent, elle avait l'intention de déménager vers Pittsburgh. Il savait de source sûre qu'elle avait conclu un contrat avec le Carnegie Auditorium de Pittsburgh pour y conduire une série de réunions.

Kathryn expliqua dans un communiqué de presse, que, compte tenu du succès de ses émissions radiophoniques à Pittsburgh, elle jugeait opportun d'y mener une série de réunions, du 4 juillet au 1er août. Mais cela ne signifiait en aucun cas, qu'elle voulait quitter Franklin. En fait, ajouta-t-elle, elle avait le projet d'y faire construire un nouveau tabernacle. Elle poursuivrait ses réunions à Franklin, même si le mois de juillet devait être particulièrement consacré à Pittsburgh. Elle avait reçu au moins cent cinquante invitations à s'établir dans différentes régions du pays, mais elle avait préféré racheter la propriété de l'avocat, John L. Nesbit.

La lutte se poursuivit avec rage jusqu'au mois de juin. Maloney organisa une réunion de ses partisans dans le tabernacle, mais seul soixante quinze personnes s'y rendirent. Les seuls sympathisants de Kathryn, quant à eux, achetèrent l'ancienne patinoire de Sugar Creek, à sept kilomètres de Franklin. La construction était belle et le plancher de bonne qualité. Seul le toit était défectueux. Les poutres étaient anciennes et montraient des signes de pourriture. Cependant, les hommes les fidèles décidèrent de traiter ce problème plus tard et s'attaquèrent en priorité à la rénovation du vieux bâtiment qu'ils transformèrent en tabernacle. Comme il existait déjà un tabernacle à Franklin, ils décidèrent d'appeler ce nouveau lieu de réunion : « L'Église de la Foi ». La capacité d'accueil était presque deux fois plus importante que celle du tabernacle, et pourtant, dès le premier soir, tous les sièges furent occupés.

Une semaine plus tard, Kathryn entendit quelqu'un frapper à la porte de son appartement. C'était le shérif de la ville.

« Ce matin, j'ai reçu des documents au bureau, et on m'a demandé de vous les transmettre. Il s'agit d'une demande de divorce de la part d'un certain Burroughs A. Waltrip. Le document stipule que vous êtes l'intimée. «

Kathryn, la tête courbée, resta silencieuse. Le spectre du passé la rattrapait juste au moment où tout semblait bien recommencer pour elle.

Le shérif lui serra doucement le bras. « Mon bureau de police fait généralement paraître les noms des personnes divorcées dans le journal, mais j'ai assisté à vos réunions, et je crois que Dieu vous a envoyé dans cette ville, où sévissent le crime et la violence dans un but bien précis. C'est la raison pour laquelle je vous apporte personnellement les documents. Il est inutile d'en informer le public. A part vous et moi, personne n'est au courant de ce courrier. Que Dieu vous bénisse pour ce que vous accomplissez parmi nous ! Je reste à votre service ».

Il voulut s'en aller, mais Kathryn lui saisit le bras. Leurs regards se croisèrent pendant quelques instants. Il sourit et elle hocha la tête : « Je vous serai reconnaissante pour le restant de ma vie », dit-elle doucement.

Il faudra attendre sept ans avant qu'un journal d'Akron, dans l'Ohio, apprenne son divorce et y consacre la première page de son journal. Toutefois, le ministère de Kathryn, serait à cette date solidement établi, et aucun scandale du passé ne pourrait venir l'ébranler. Si ce miracle ne s'était pas produit en 1948, la discrétion si bienveillante de ce shérif, cette histoire l'aurait anéantie à jamais. A chaque anniversaire du shérif, Kathryn lui envoya des fleurs, jusqu'à sa mort, vingt trois années plus tard. Elle n'oublia jamais.

Lorsque Kathryn avait déménagé à Franklin, elle avait installé son logement au troisième étage du bâtiment abritant le Club des Femmes d'affaires. Très vite, elle y rencontra deux femmes qui auraient une profonde influence sur sa vie : Jesse Vincent, et Eve Conley. Elles étaient toutes deux veuves. Jesse était employée de banque et Eve, dont le mari pharmacien venait de mourir, vivait avec cette dernière. Ni l'une ni l'autre n'étaient chrétiennes, mais elles étaient si fascinées par le ministère et la personnalité de Kathryn, qu'elles assistaient à presque toutes ses réunions au tabernacle.

Eve était un cordon bleu, et les deux femmes décidèrent d'inviter Kathryn chez elles pour la fête de l'Action de grâces. Après le dîner, Kathryn leur dit : « Vous pensez m'avoir invitée chez vous, mais c'est Dieu qui m'a poussée à accepter l'invitation de deux merveilleuses femmes. Il m'a envoyée ici, afin de vous parler de Lui et je ne serai apaisée que lorsque je vous verrai confesser vos péchés et demander, à genoux, que Dieu vous accorde la nouvelle naissance. »

« Parlez-nous de votre Jésus », dit Eve sérieusement.

Pendant vingt minutes, Kathryn leur parla de la Bible, et leur démontra par les divers passages, que Jésus-Christ était le Messie promis, le Fils de Dieu. « Il n'y a pas d'autre chemin qui mène à Dieu », dit Kathryn doucement. « Jésus est le seul chemin. Êtes-vous prêtes à présent à l'accepter dans votre vie ? »

Elles acquiescèrent de la tête et glissèrent de leur chaise sur la moquette. Kathryn s'agenouilla également et fut témoin de leur entrée dans le Royaume de Dieu.

Peu après ce soir-là, Kathryn vint s'installer avec elles. Jesse Vincent, celle-ci légua à Kathryn ses biens qui consistaient surtout en bijoux. Ce legs fut le début pour Kathryn d'une collection de bijoux précieux et d'objets d'antiquité, et ce qui devait constituer une raison de plus pour alimenter les titres des journaux, quelques années plus tard. De nombreux fidèles faisaient des dons importants à Kathryn, et lui léguaient une partie de leur héritage. Une femme reconnaissante résuma le sentiment de milliers de personnes. « Si je n'avais pas été guérie, lors d'une réunion de Kathryn, j'aurais certainement payé d'énormes factures pour mes visites médicales et mes multiples hospitalisations. Alors, pourquoi ne lui donnerai-je pas une partie de mes biens ? » L'argument était légitime, mais cela n'apaisa pas les nombreuses personnes qui accusaient Kathryn d'être trop « riche ». Eve Conley continua à travailler avec Kathryn en qualité de secrétaire personnelle et de confidente ; elle fut assistée de Susan Miller, qui consacrait une partie de son temps au dépouillement du courrier.

Pendant tout ce temps, Kathryn entretenait une correspondance suivie avec Maggie Hartner, qu'elle avait rencontrée à Pittsburgh, quelques années plus tôt. Etant donné son poste auprès de la compagnie de téléphone de Pittsburgh, Maggie bénéficiait de tarifs réduits pour ses appels téléphoniques, longue distance. Elle téléphonait presque chaque soir à Kathryn et l'encourageait à revenir à Pittsburgh pour y tenir quelques réunions. « Toutes les personnes que je connais, écoutent ton émission sur WPGH », dit Maggie. « Il te suffit d'annoncer que tu viens à Pittsburg pour une série de réunions, et la salle sera comble ».

Kathryn finit par en accepter l'idée. Elle se rendit au Carnegie Hall. M. Buffington, le concierge, lui fit visiter les lieux.

« Je voudrais qu'on ajoute des chaises sur l'estrade, car cette salle sera très vite remplie. »

« Mais, Madame Kuhlman, nous ne parviendrons jamais à remplir l'auditorium », rétorqua le concierge. « Même les vedettes d'opéra ne parviennent jamais à remplir la salle ».

« Oh ! Que Dieu vous aime ! Vous vous faites du souci pour moi, n'est-ce pas ? Eh bien, vous verrez, nous aurons la plus grande réunion de toute l'histoire du Carnegie Hall ».

Elle avait raison. La première réunion eut lieu le 4 juillet 1948. La salle était à ce point pleine qu'il fallut organiser une seconde réunion, le même soir, et là aussi, l'assistance dépassa la capacité d'accueil de la salle.

Tout de suite, il y eut des miracles. Le journal de Pittsburg rédigea un article complet sur l'événement, illustré par une parodie de ce que Kathryn appelait désormais, des « réunions de miracles ». Voici un extrait de l'article :

« Miss Kuhlman n'est affiliée à aucune église reconnue et prétend être un porte-parole de la doctrine prêchant la foi en Dieu. Or, soir après soir, elle attire une foule supérieure à la capacité d'accueil du Carnegie Music Hall. A l'extérieur de la salle, des centaines de personnes s'entassent dans le couloir pour saisir quelques bribes du message, sans compter les centaines d'autres refoulées à l'entrée... On retrouve en elle l'oratrice et l'actrice, le chantre et l'évangéliste... Sa voix s'élève avec clarté au dessus des chants et prières de louanges... »

Depuis sa collaboration avec Hélène Gulliford, la musique avait joué un rôle capital dans le ministère de Kathryn. A son arrivée à Franklin, elle contacta Jimmy Miller, l'ancien pianiste de Jack Munyon à Pittsburgh. Miller accepta avec empressement sa proposition. Plus tard, l'organiste de Munyon, Charles Beebee, intégra également son équipe de musiciens. Tous deux accompagnèrent Kathryn lors de la première réunion de Pittsburgh en 1948, et ils restèrent à ses côtés jusqu'à sa mort.

A son retour à Franklin, Kathryn élargit son ministère radiophonique à l'Ohio, la Virginie de l'ouest et Washington DC. A Franklin, les réunions à l'Église de la Foi se poursuivaient, mais l'expansion du ministère de Kathryn l'obligeait à se déplacer dans les villes voisines de New Castle, Butler, Beaver Falls et Youngstown. Elle se sentait chaque jour plus attaché à la ville de Pittsburgh et se rendit de plus en plus fréquemment au Carnegie Hall.

Les miracles continuaient à se manifester. Paul R. Gunn, un jeune policier de Pittsburgh, avait été transporté d'urgence à l'hôpital, le 28 septembre 1949, pour une pneumonie virale accompagnée d'une forte douleur dans les poumons. Les radios et le bronchoscope avaient permis de diagnostiquer un cancer.

En octobre, il commença à assister aux réunions du Carnegie Hall. Au cours de la quatrième réunion, il eut l'impression que ses poumons brûlaient comme une feuille de papier à laquelle on aurait mis le feu. En décembre, un conseil de médecins le déclara apte à reprendre le travail et en janvier 1950, il réintégra son poste.

James W. McCutcheon reçut également une guérison miraculeuse. Trois ans plus tôt, alors qu'il se trouvait perché sur un arbre, un bulldozer heurta ce dernier et James fut projeté au sol. La chute provoqua l'écrasement des articulations de la hanche. Le jeune homme subit cinq opérations chirurgicales sans succès. Les médecins suggérèrent encore une nouvelle opération. Le 5 novembre 1949, James entra au Carnegie Hall en s'appuyant sur ses béquilles. Sa fille s'installa à ses côtés et lui posa la main sur le genou. Elle expliqua plus tard, qu'elle avait ressenti un courant électrique provenant du genou de son père, qui parcouru tout son bras pendant la prédication de Miss Kuhlman. A ce moment-là, James se leva de sa chaise sans s'aider de ses béquille. Il fut instantanément guéri.

Le journal de Pittsburgh rapporta d'autres miracles similaires. Et bien qu'il consacrât évidemment beaucoup d'encre à l'évocation de ceux qui n'étaient pas guéris, il mentionnait avec exactitude les miracles qui s'étaient opérés.

« Chaque soir, certains participants s'élèvent au-delà de ce monde visible, écrivit un journaliste dans le *Pittsburgh Press*. « Vendredi, au cours de la soirée de guérison, une femme de Canton, dans l'Ohio, s'avança pour témoigner de sa guérison. Elle souffrait d'un écartement des vertèbres. Elle monta sur l'estrade et s'agenouilla près de l'organiste et fit monter une prière de reconnaissance.

Un jeune garçon de cinq ans, paralysé de naissance, regagna sa place en se tenant sur ses deux jambes.

Une femme qui était dans une chaise roulante depuis douze ans marcha sur l'estrade et pleura au micro. Son mari se tenait à côté d'elle, le visage baigné de larmes...

Certes, pour chaque guérison, il y a bon nombre de malades qui s'en retournent aussi misérablement qu'ils sont arrivés. Mais la plupart des participants reviennent.

Un de ceux qui revinrent cinq mois consécutifs avant de voir sa guérison fut Charles C. Loesch. Quatorze ans plus tôt, Il avait été blessé dans un accident, qui avait entraîné la calcification de sa hanche. Cet handicap le forçait à marcher le dos voûté et le mouvement de sa hanche rendait sa démarche ridicule. Il avait une jambe plus courte que l'autre, et devait porter une chaussure orthopédique. Et surtout, il souffrait en permanence depuis son accident.

Les enfants de M. Loesch encouragèrent ce dernier à assister aux « réunions de miracles » qui se tenaient à Pittsburgh et Franklin. Rien ne sembla se modifier dans son organisme, et de retour chez lui, il jeta ses bouteilles d'alcool et ses cigarettes à la poubelle et n'y toucha plus jamais. Sans se décourager, il continua à assister aux réunions de miracles. Plus il y assistait, plus il en venait à oublier ses propres soucis, et priait pour ceux qui se trouvaient dans un état bien pire que le sien.

Or, un après-midi, alors qu'il était assis avec un groupe d'hommes dans les gradins de l'Église de la Foi, il sentit sa jambe vibrer pendant que Miss Kuhlman prêchait. Le talon de sa chaussure se mit à marteler le sol sous la pression des vibrations. Miss Kuhlman s'arrêta immédiatement et regarda autour d'elle.

« Qu'est-ce qu'il se passe ? » demanda-t-elle.

Loesch, embarrassé, se courba et tint vigoureusement sa jambe, pour l'empêcher de trembler.

« Dieu est en train de vous guérir, Monsieur », s'exclama Miss Kuhlman. Et se tournant vers le public, elle déclara : « La puissance de Dieu repose sur cet homme ».

Il s'agissait en effet de la puissance de Dieu. Après la réunion, Loesch découvrit que sa jambe s'était rallongée et que son dos avait retrouvé toute sa souplesse.

Pour Loesch, ce fut le début de vingt huit années de fidèles et loyaux services rendus à Miss Kuhlman, au cours desquelles il abandonna tout pour la suivre. Il devint son homme à tout faire et son chauffeur.

Pendant la semaine, Kathryn et Eve Conley résidaient au Pick Roosevelt Hotel de Pittsburgh, et retournaient à Franklin pour la réunion du dimanche. Maggie Hartner qui consacrait à présent deux jours par semaine à Kathryn, continuait à presser Kathryn de déménager à Pittsburgh.

« Je ne peux pas, Maggie », lui répondait Kathryn. « Je ne peux tout simplement pas. Tu ne peux pas comprendre. Ces personnes m'ont accueillie, aimée et acceptée au moment où tout le monde m'avait rejetée. Je leur dois la vie. Non, il faudra que le toit de l'Église de la Foi s'écroule avant que je ne croie que Dieu désire que je me déplace à Pittsburgh ».

La dernière semaine de novembre, la Pennsylvanie de l'ouest connut les plus fortes neiges de toute son histoire. L'Église de la Foi avait organisé une grande soirée pour la fête de l'Action de grâces, mais le temps paralysa toute la circulation de la région. Même si les routes avaient été praticables, il n'y aurait pas eu de réunion. Le poids de la neige sur le toit eut raison des vieilles poutres pourries. Le jour de la fête l'Action de grâces de 1950, le toit de l'Église de la Foi s'écroula.

Trois semaines plus tard, Kathryn achetait une maison à Fox Chapel, dans la périphérie de Pittsburgh. Elle y résiderait jusqu'à sa mort.

8

Chapiteaux et Églises

A Pittsburgh, Kathryn continua à alimenter le feu des controverses. Au début de 1951, des pasteurs et quelques responsables d'églises incitèrent leurs fidèles à boycotter ses réunions au Carnegie Hall, car ils l'accusaient de « voler les brebis » de leurs églises locales.

Kathryn contre-attaqua en déclarant qu'elle ne volait aucune brebis, mais qu'elle nourrissait le troupeau d'agneaux affamés.

Cette attitude ferme attisa encore davantage la colère des responsables d'église, plus décidés que jamais à en terminer avec cette « concurrente ». Ils déposèrent une plainte auprès du maire de la ville, dans laquelle ils accusaient Kathryn d'avoir mené des réunions tous les soirs, depuis six mois, dans un auditorium de la ville et profitait dès lors du régime privilégié de taxation d'une propriété publique, alors qu'elle avait transformé ce lieu en véritable église. Or, le maire de Pittsburgh, David Lawrence, de confession catholique romaine (plus tard élu gouverneur), était un des plus dévoués amis et supporters de Kathryn. En réponses aux attaques, il fit donner des instructions accordant à celle-ci l'autorisation de rester au Carnegie Hall aussi longtemps qu'elle le désirerait. Elle y resta vingt ans. Cependant, la controverse ne fit que s'intensifier.

La journaliste Emily Gardner O'Neal du magazine *Redbook* (qui participa plus tard à la rédaction du livre *Je crois aux miracles*), fut chargée de mener une enquête. Le résultat de cette enquête acquit à Kathryn une notoriété à l'échelle nationale. La rédactrice rédigea une préface sans précédent dans l'histoire de Redbook, préludant à un article de sept pages :

C'est avec une grande prudence que les rédacteurs de *Redbook* envisagèrent la rédaction de l'histoire extraordinaire de Kathryn Kuhlman. Les doutes en tout genre, qui entourent les « guérisons par le moyen de la foi », ne peuvent toutefois pas l'emporter sur la réalité : des choses étonnantes se produisent à Pittsburgh, durant les réunions d'évangélisation de Miss Kuhlman. Des rédacteurs et des enquêteurs de *Redbook* ont passé quatre mois à enquêter sur ces guérisons. Ils ont commencé leurs recherches avec beaucoup de scepticisme. Or, au fur et à mesure qu'ils avancèrent dans leur enquête, interrogeant les gens et étudiant chaque cas, l'incrédulité première des éditeurs se transforma graduellement en une ferme conviction et ils décrétèrent que la réalité des faits exigeait la publication de ce travail...

Les déclarations des médecins furent évidemment difficiles à obtenir, car bien que ceux-ci acceptent généralement de décrire l'amélioration de l'état de santé de leurs patients, ils refusaient en revanche de qualifier ce rétablissement physique de « guérison par le moyen de la foi », par égard pour le corps médical...

Ce magazine contient les documents confidentiels suivants : vingt témoignages de personnes déclarant avoir été guéries ; quatre déclarations de membres du clergé qui soutiennent le ministère de Miss Kuhlman ; deux lettres de fonctionnaires ; quatre rapports d'indemnités perçues par quatre ouvriers ; deux déclarations de personnes qui exercent une fonction médicale, six rapports médicaux et six radiographies..

C.M. Clark, expert de Pittsburgh qui participa à l'enquête, fit la déclaration suivante : « Nous avons réellement été témoins des miracles de guérisons divines : citons le cas de cette sourde-muette qui, pour la toute première fois de sa vie, parvint à répéter des mots, utilisant ses cordes vocales comme jamais auparavant et produisant des sons qu'elle n'avait jamais entendus ».

Aussi, *Redbook* invite chaque lecteur à lire attentivement le rapport, dont la véracité a été scrupuleusement vérifiée, car nous sommes convaincus que toute personne qui possède en elle la foi ou l'espérance, y trouvera un message d'une profondeur capable de nous transformer.

En dépit des déclarations du *Redbook*, et les preuves qui venaient confirmer les nombreuses guérisons, les critiques acerbes lancées contre Kathryn se firent encore plus virulentes. Pour la première fois de toute sa carrière, les attaques visaient sa doctrine théologique et non sa personnalité. Une nouvelle guerre était déclenchée.

L'attaque la plus méchante éclata au cours de l'été 1952. Kathryn se rendit à Akron, dans l'Ohio, pour y mener une série de réunions organisées par Rex et Maude Humbard, évangélistes itinérants de l'Arkansas, qui avaient dressé un grand chapiteau sur le Triplett Boulevard, à proximité de l'aéroport. La famille Humbard avaient gagné une certaine notoriété dans l'Ohio. En effet, le père et la mère de Rex prêchaient depuis bientôt quarante ans, et Clément, son frère, était aussi un prédicateur hors pair. Quant à Kathryn, elle était déjà une célébrité dans la région, grâce à ses émissions radiophoniques et les nombreuses réunions qu'elle avait menées au Stambaugh Auditorium, près de Youngstown.

Or, Kathryn était loin de se douter qu'elle venait de franchir le territoire du prédicateur le plus fondamentaliste du nord, Dallas Billington, membre de la très riche église baptiste d'Akron. En 1924, Billington avait été ordonné ministre du culte dans une petite église baptiste du sud, à Murray, dans le Kentucky. Un peu plus tard, ce prédicateur impétueux et quelques serviteurs tels que John R. Rice et J. Frank Norris de la Première Église Baptiste de Ft. Worth, au Texas, conspirèrent et menèrent une attaque dévastatrice contre la Convention Baptiste du Sud, accusant celle-ci d'être devenue libérale. Au fur et à mesure que le conflit s'aggravait, certains pasteurs se retirèrent de la PEB et formèrent une nouvelle ligue des églises baptistes indépendantes, dont l'objectif initial visait à attaquer les libéraux, les catholiques, les prédicateurs de la guérison par la foi, et les femmes prédicatrices. Un des livres les plus célèbres lancés par cette ligue, et le plus répandu, fut *Epouses autoritaires, cheveux colorés et femmes prédicatrices*. Quant à Billington, ancien ouvrier, il obtint un diplôme de théologie et un doctorat en Bibliologie (conféré par la Première Église Baptiste de Ft. Worth, au Texas). En 1925, il alla s'installer dans la ville prospère de Akron où il fonda une nouvelle église Baptise. A vingt sept ans, il avait aussi érigé sa propre dynastie sur laquelle il régnait en monarque absolu. L'arrivée de l'énorme chapiteau de la famille Humbard, qui pouvait accueillir plus de 15 000 personnes, et de cette « femme prêchant la guérison », équivalait à ses yeux, à l'énorme écharpe rouge que le matador brandit devant un taureau en furie. Kathryn, elle, faisait face à la bataille de sa vie. Seulement, cette fois, l'attaquant n'était pas un amateur comme M.J. Maloney, mais le roi dévastateur, Dallas Bullington.

Ce dernier ne perdit pas de temps et organisa sa stratégie offensive. Il ferait tout ce qui est en son pouvoir pour éjecter cette femme du parc où se tiendrait les réunions. Et s'il parvenait à se débarrasser des Humbard par la même occasion, il pourrait faire d'une pierre deux coups.

Le dimanche 10 août 1952, Kathryn fit sa première apparition et prêcha devant une foule de plus de 15 000 personnes, entassée sous le chapiteau. De nombreuses personnes étaient arrivées à cinq heures du matin, afin d'avoir un siège pour la réunion de neuf heures, qui se prolongea jusque dans l'après-midi.

Le 15 août, Billington contre-attaqua. Ce prédicateur au tempérament explosif fit une offre publique de 5 000 dollars, annoncée en première page du *Beacon Journal*, à toute personne, homme ou femme, qui prétendrait pouvoir guérir quelqu'un par le moyen de la prière.

« L'objectif de mon offre vise à mettre l'accent sur la plus grande arnaque de tous les temps, bien plus grave que les courses hippiques et autres, celle des soi-disant prédicateurs de la guérison divine qui rôdent actuellement dans notre pays. Une classe entière de sourds et muets assistent aux réunions du dimanche. Si Kathryn Kuhlman vient à l'église dimanche prochain, ouvre leurs oreilles et délie leurs langues afin qu'ils entendent et parlent, je la laisserai prêcher gratuitement une fois par mois dans mon église pendant un an ».

Billington qui accusait publiquement Kathryn d'avoir puisé ses enseignements les écrits d'Aimée Semple Mc Pherson, ajouta : « Nulle part dans la Bible, on ne trouve une femme investie de la puissance de guérison divine. Les femmes ont leur place dans l'église, mais certainement pas derrière une chaire ; cela n'est pas scripturaire ».

Billington suivait la ligne de pensée fondamentaliste pure et dure, qui avait fait de lui un des prédicateurs les plus célèbres et puissants de sa génération. En apparence, rien ne semblait indiquer que l'attaque visait Kathryn personnellement, mais avant la fin de la bataille, il dévoila du haut de sa chaire que celle-ci était une femme « divorcée ». Il pensait avoir reçu un mandat divin pour faire sonner le clairon dans la ville et prévenir le troupeau qu'un loup rôdait aux alentours de la ville.

Alors Kathryn se rappela la victoire remportée à Franklin, et forte du succès de son ministère à Pittsburgh et à Youngstown, ainsi que des encouragements de milliers de personnes, elle dégaina et arrêta net la course de la balle qui lui était réservée.

« Cela fait sept ans que je suis sur le terrain, et j'estime que ma vie et mon ministère parlent d'eux-mêmes », déclara-t-elle à un journaliste. « Je n'ai jamais dit à quiconque, que j'avais un jour guéri quelqu'un. C'est la puissance de Dieu seule qui agit. Publiez tout ce que M. Billington vous demande, mais vous verrez, il prépare par là une division dans sa propre église ».

La réponse ne se fit pas attendre. Le département de distribution du journal de la ville, déclara qu'une demande supplémentaire d'exemplaires avait été enregistrée, et le nombre était de peu inférieur à la demande enregistrée lors de l'événement annuel, le « Soap Box Derby » qui se déroulait dans la ville d'Akron. Les bureaux du quotidien, ainsi que celui de Kathryn à Pittsburgh, furent inondés par des milliers de lettres.

Rex Humbard, qui n'aurait jamais pensé qu'un « frère en Christ » pût agir de façon si mesquine, fut abasourdi par la tournure que prenaient les événements. Il téléphona à Kathryn pour la libérer de ses obligations qui comprenaient la prédication du dimanche matin.

« J'ai horreur de laver mon linge sale en public », répondit-elle. « Tenons ferme. Je serai plus que jamais présente dimanche matin ».

Non seulement elle-même fut présente, mais plus de 20 000 personnes se rendirent également sur les lieux. Ainsi, Billington avait involontairement contribué à faire une publicité « du tonnerre » en faveur de Kathryn et de la famille Humbard.

A son retour à Pittsburgh, Kathryn prépara sa défense. Maggie Hartner, qui travaillait à présent à temps plein pour elle, fut assistée par deux chrétiennes, Ruth et Maryon. Comme beaucoup d'autres, Ruth et Maryon étaient auparavant des chrétiennes marginales. Elles assistèrent à leur première réunion de miracles en 1950, et lorsque Ruth fut guérie de fortes douleurs à la colonne vertébrale qui lui avaient valu de nombreuses hospitalisations, les deux femmes se consacrèrent davantage à Dieu et au ministère de Kathryn. Ruth assistait Maggy dans la salle, pendant les réunions publiques, et Maryon fut engagée en qualité de dactylo (Ruth la rejoignit plus tard).

Entre les réunions qui se tenaient à Akron, Kathryn tenait aussi des « réunions de miracles » à New Castle, Youngstown et Butler, ainsi que des études bibliques à Pittsburgh, tous les mardis soirs, et enfin, sa réunion de miracles habituelle le vendredi au Carnegie Hall. Ruth et Maryon qui étaient musiciennes ressentirent le besoin de former une chorale pour soutenir les réunions. Elles réunirent un groupe de femmes dans la cave de Ruth, et répétèrent en vue des différentes réunions publiques. Kathryn, consciente de l'utilité des chœurs, fit appel à l'éminent directeur de la chorale de Mendelssohn à Pittsburgh. Elle parvint à le convaincre de prendre la direction de la chorale du Carnegie Hall. Ce fut une des meilleures décisions de toute sa vie. Le Professeur Metcalfe consacra vingt trois années de sa vie au ministère de Kathryn Kuhlman avant de succomber à une crise cardiaque, l'année qui précéda la mort de Kathryn.

Un autre membre important de l'équipe de Pittsburgh fut Walter Adamack, le comptable de Kathryn. Il approchait de l'âge de la retraite et, par bien des aspects, il rappelait le père de l'évangéliste. Il se méfiait des prédicateurs et des institutions religieuses. Lorsqu'il apprit les menées hostiles de Billington, il fut conforté dans le choix qu'il avait fait de servir le ministère de Kathryn. Il était chamailleur et pouvait user d'un langage très terre à terre envers tous ceux qui portaient atteinte à un de ses amis. Il était l'antithèse de Billington. Kathryn l'appréciait parce qu'il agissait sans détour, et quelquefois même avec une certaine impertinence. Il devint le gardien vigilant de ses finances. Plus tard, il participa à la création de la Fondation Kathryn Kuhlman et de quelques associations annexes. Il fut l'un des plus sûrs amis et conseillers de Kathryn ; son aide fut inestimable lors du conflit qui opposa celle-ci à Billington.

C'est ainsi que, soutenue par une équipe de confiance et des milliers d'amis qui se manifestaient au travers du courrier et des coups de téléphone qu'elle avait reçus, Kathryn s'élança dans le deuxième round du match qui opposait une partie de l'église traditionnelle au chapiteau.

Le dimanche matin, elle se rendit à l'Église Baptiste Akron en compagnie d'une série de personnes, qui acceptèrent de témoigner de leur guérison. Kathryn annonça aux journalistes, entassés devant l'estrade, que deux des témoins présents suffiraient à apporter à Billington, les preuves de la guérison par la foi. Il s'agissait de Mr et Mme Hess, nés sourds et muets et alors âgés de soixante six ans. L'audition et le langage de Mme Hess avaient été partiellement rétablis. Monsieur Hess, quant à lui, parvenait à émettre des sons audibles. Grâce à l'aide de leur fille adoptive de treize ans, ils expliquèrent que Dieu les avait guéris lors d'une réunion de miracles. Margaret Richarson, une amie des Hess âgée de soixante et onze ans, déclara qu'elle avait grandi avec eux et pouvait certifier de la transformation réelle de leur état, ainsi que de leur guérison.

Puis, Priscilla Boyko, fonctionnaire au Département des Affaires Religieuses de Pittsburgh âgée de trente huit ans, déclara qu'elle était handicapée de naissance. Le corps médical de l'hôpital de Pittsburgh certifiait qu'elle marchait à présent normalement.

Kathryn demanda ensuite à la foule de se tenir par la main et d'adresser une prière à Dieu en faveur de Billington. Elle pria Billington d'honorer sa promesse et de lui remettre les 5 000 dollars, placé sur un compte spécial jusqu'à la délibération impartiale des membres du clergé et des laïcs sollicités pour la circonstance, si elle remportait la victoire. Si tel était le cas, elle en ferait don au Fonds de Solidarité d'Akron.

Or, Billington fit une contre-proposition. Il revint sur ses déclarations féroces du début, et déclara aux citoyens d'Akron qu'il croyait en la guérison divine. Son accusation visait plus précisément, précisait-il, les <u>prédicateurs</u> de la guérison divine ; il insista donc pour que Kathryn jure devant la cour que les guérisons étaient le fruit de ses prières.

Cette requête mit cette dernière dans l'embarras, car elle n'avait jamais prétendu que <u>ses prières</u> apportaient la guérison.

Mais l'essentiel était là : la preuve avait été donnée que la guérison par la foi existait, et que Kathryn était un de ses instruments. Mais au moment où elle remportait cette victoire, une équipe de journalistes fouilla dans son passé et découvrit qu'elle avait épousé un évangéliste divorcé, quelques années auparavant. Cette histoire fit la une du journal d'Akron.

La colère de Kathryn explosa. Combien les journalistes étaient injustes ! Il y avait bientôt sept ans que ce scandale était enterré, et voilà qu'il remontait à la surface au moment où elle sentait arriver la victoire.

Lorsque Robert Hoyt du *Beacon Journal* l'interviewa, Kathryn nia avoir jamais été mariée.

« Nous n'avons jamais été mariés. Je n'ai jamais prononcé les vœux », déclara-t-elle les yeux pétillants. « Vous savez ce qu'il s'est passé ? Je me suis évanouie juste avant de prononcer les promesses ».

Elle agita la main devant le jeune journaliste et cria : « C'est la vérité, alors Seigneur, aide-moi ».

Mais Hoyt insista : « Nous avons une copie du formulaire de demande de mariage »

« Si j'ai signé un document, je n'en ai aucun souvenir. En outre, je ne crois pas que le fait d'avoir été ou non mariée changerait la situation. Je n'en dirai pas plus ».

Mais, choses bien plus regrettable que ce combat devenu public, le conflit ne se déroulait plus sur le terrain de la doctrine théologique mais était axé sur une question de personne, sur la personnalité de Kathryn. Ce spectre du passé, dont elle avait toujours désespérément cherché à se débarrasser, réapparaissait çà et là dans sa vie et venait la hanter.

Quelques années plus tard, Kathryn m'expliqua la raison pour laquelle elle avait nié avec une telle véhémence, le fait d'avoir été mariée à Waltrip. Elle avait décidé depuis longtemps, que le meilleur moyen d'affronter une situation déplaisante était tout simplement de prétendre que celle-ci n'avait jamais existé et de passer à autre chose.

« Un jour, je fus invitée à prêcher dans une petite église de New Jersey », me partagea-t-elle. « Des membres de l'église m'hébergèrent. Je m'en souviens très bien, car c'était la semaine des élections, l'année où Franklin Roosevelt se portait candidat à la présidence (en 1940) ».

« Anna, mon hôtesse, avait une amie plus âgée qu'elle et assez forte de taille. Cette dernière était folle de rage de voir Roosevelt se représenter aux élections. Aussi, s'était-elle lancée dans une campagne pour tenter de l'arrêter dans sa course. Son mari était très riche et elle avait dépensé des milliers de dollars pour soutenir sa propre action contre Roosevelt.

« Le soir des élections, elle se trouva exténuée physiquement et mentalement. Aux environs de 19 heures, son mari lui suggéra d'aller se coucher : « Je t'appellerai lorsque les derniers votes auront été enregistrés ».

« Elle se retira dans sa chambre avec la ferme conviction que Roosevelt perdrait les élections et qu'elle se réveillerait pour célébrer la victoire de son action.

« Bien sûr, Roosevelt fut élu à la grande majorité. Le téléphone sonna dans la chambre d'Anna. Le mari de son amie, alors assoupie l'appelait à l'aide : « Anna, venez vite. Roosevelt a remporté les élections, et cette nouvelle pourrait bien tuer mon épouse. Elle risque une crise cardiaque fatale. Venez vite m'aider à lui annoncer cette nouvelle».

Anna s'excusa donc auprès de Kathryn : « Kathryn, je m'absente pour un moment. Je ne sais pas quand je serai de retour ».

« Mon hôtesse me raconta plus tard, ce qu'il s'était passé lors de sa visite. Il était deux heures du matin et Anna pénétra sur la pointe des pieds dans la chambre, tenant dans ses mains des sels. Elle avait pris toutes les précautions nécessaires, afin d'éviter que son amie si passionnée ne s'effondre complètement.

A son réveil, la militante aperçut Anna au pied de son lit. « Anna, que s'est-il passé ? Avons-nous gagné ? »

Anna, les sels à la main s'approcha de son amie et lui dit : « Je suis désolée, mais Roosevelt a été réélu ».

La forte femme se redressa sur son lit et, relevant la tête, dit : « Anna, nous allons agir comme si rien ne s'était jamais passé ».

Elle ne parla plus jamais à personne de sa triste déception, jusqu'à sa mort : elle n'avait jamais appris que Roosevelt avait été réélu ; rien ne s'était jamais passé. Son cœur continua à battre et pas un seul de ses nerfs n'en fut affecté ».

Kathryn, au terme de son histoire, s'approcha de moi et me déclara : « C'est une des plus grandes leçons que j'aie reçue de ma vie. Il ne se passe pas une semaine sans qu'un événement ne surgisse qui pourrait m'affecter profondément. J'en sortirais brisée en mille morceaux. Être chaque jour confrontée à de nombreuses vies humaines est une des tâches les plus difficiles qui soit, et c'est la raison pour laquelle j'ai choisi d'agir comme cette dame. Je me suis dit : « Kathryn, agis comme si rien ne s'était jamais produit. C'est le meilleur moyen au monde pour accepter les blessures et les déceptions. »

Cette histoire m'aida à comprendre, dans une certaine mesure, la raison pour laquelle Kathryn se sentait en droit de dire qu'elle ne s'était jamais mariée, et de se rajeunir de quelques années. (Elle avait également dit au journaliste d'Akron qu'elle avait à peine la trentaine, alors qu'elle venait de célébrer son quarante quatrième anniversaire). Selon son raisonnement, elle avait en quelque sorte la trentaine. Et en suivant la même logique, elle affirma n'avoir jamais été mariée. Et comme l'amie d'Anna, elle prétendit n'avoir jamais vécu ces événements.

Bien que Billington eût mentionné le divorce de Kathryn publiquement, il ne s'attarda pas sur cette question. Il ne voulait pas se comporter comme un joueur malhonnête. Il lui semblait pouvoir gagner la partie sans fouiller dans l'intimité des autres. Le 28 août, il fixa une date limite à laquelle il remettrait la somme de 5 000 dollars à quiconque parviendrait à prouver que les prières de Kathryn guérissaient les malades.

« A la date fatidique du vendredi 29 août, je retirerai mon offre et laisserai le public trancher dans cette affaire, à savoir lequel de nous deux est l'imposteur dans le débat sur la guérison divine », déclara-t-il dans un communiqué de presse.

Kathryn réalisa que les règles du jeu avaient changé. Elle n'avait jamais prétendu que ses prières guérissaient. Dieu seul produisait le miracle. Elle ne faisait qu'expliquer ce que le Saint-Esprit accomplissait durant ses réunions. Elle en discuta avec la famille Humbard et décida qu'elle n'avait d'autre choix que d'aller de l'avant et de jouer son joker.

Le vendredi 29 août à 11 heures 05, elle fit diffuser une émission de radio enregistrée par Bill Burns de la Radio KQV de Pittsburgh, dans laquelle Mme Hess expliquait qu'elle avait été sourde et muette toute sa vie, jusqu'en 1948. A cette date, elle assista régulièrement aux réunions de miracles de Kathryn. A la troisième réunion, elle constata qu'elle pouvait entendre et parler.

Quant à Maggie Hartner, elle se rendit au cabinet du Dr. B.E. Nickles ; ce dernier lui remit une lettre adressée à Robert Hoyt du *Beacon Journal* d'Akron, dans laquelle il déclarait que Priscilla Boyko, handicapée de naissance, avait subi plusieurs interventions chirurgicales et marchait avec une prothèse orthopédique jusqu'au jour où elle fut guérie au cours d'une réunion de miracles de Kathryn Kuhlman. Le médecin expliqua qu'il avait examiné Priscilla plusieurs fois, depuis 1950, mais n'avait jamais réussi à traiter la jambe, en raison de l'impossibilité physique de manipuler ce membre soumis continuellement à des spasmes musculaires involontaires. Il rendit le témoignage : « J'ai pu constater que son pied, sa cheville et sa jambe, jusque-là sans mouvement, pouvaient à présent parfaitement se mouvoir, et que la circulation de son sang s'était nettement amélioré ».

Le Dr. Nickles demanda qu'on ne mentionne pas son nom dans le journal, pour des raisons professionnelles, mais il accepta toutefois de rencontrer les opposants si cette confrontation s'imposait.

Maggie remit cette lettre en main propre au journal d'Akron, avant la date arrêtée par Billington.

Le lendemain, Billington déclara : « Madame Kuhlman (il insistait pour l'appeler Madame) prouve en acceptant les 5 000 dollars qu'elle reconnaît avoir des dons de guérison par le moyen de la foi. J'ai fixé cet ultimatum dans le seul but de la voir sortir de ses retranchements et s'afficher publiquement ».

Le pasteur en conclut qu'il avait atteint son objectif et retirait à présent son offre financière. « J'ai prouvé que les prédicateurs de la guérison divine sont de plus grands escrocs que les diseuses de bonne aventure » déclara-t-il.

Personne ne remporta la victoire. Billington battit en retraite et Kathryn resta sur la touche. Chaque fois que les chrétiens entreprennent de régler des différents d'ordre spirituel, devant un public d'incroyants, le conflit se termine toujours par un fiasco.

« Je ne visais pas l'argent », expliqua Kathryn à Rex Humbard. « Je voulais simplement prouver à Billington que l'évangile qu'il prêche est réel et que le Dieu qu'il aime est miraculeux et surnaturel ».

La semaine suivante, Kathryn, qui avait réalisé la futilité de son combat, tenta de réparer les dégâts. Le dimanche après-midi, elle se rendit à l'église baptiste et chez Billington pour lui exprimer son amour fraternel et lui dire combien elle regrettait les événements conflictuels des dernières semaines. Il refusa de la rencontrer.

« En ce qui me concerne, je n'ai gardé aucune rancune vis-à-vis de Billington », me dit-elle : « Il m'a mise au défi et, j'ai voulu protéger mon ministère ».

Lorsque John Waters, du journal d'Akron l'interviewa, Kathryn déclara en ces termes : « Toute cette histoire n'aurait jamais dû se produire. Toutes ces escarmouches sont ridicules. Un homme ou une femme ferme dans la foi peut prendre connaissance de toute cette histoire sans changer, mais je crains que les gens plus fragiles ne risquent de perdre la foi et d'être perdus éternellement. Deux personnes qui prétendent être ministres de l'évangile et prêchent à partir de la même Bible ne devraient jamais alimenter un conflit comme ce fut le cas dernièrement, car cet affrontement est opposé à la foi chrétienne ».

John Waters lui demanda également la raison pour laquelle elle avait accepté l'offre de Billington. Kathryn, après un moment d'hésitation, lui répondit : « J'hésite à vous répondre, car cette histoire a déjà engendré de tels dégâts, mais si vous insistez, je vous répondrai ceci : je n'étais pas la seule à être mise en cause, mais des milliers d'autres chrétiens, de différentes dénominations qui pratiquaient la guérison divine, étaient eux aussi mis sur la sellette. Si j'avais refusé le défi de Billington, ma dérobade l'aurait conforté dans l'idée que je ne pouvais fournir aucune preuve de guérisons ».

Elle termina par cette réflexion frappante : « Vous savez, si Billington insufflait la foi dans le cœur de ses fidèles, son église assisterait aux mêmes miracles que ceux qui se produisent durant mes réunions ».

Malgré sa bataille malheureuse, la conclusion que tira Kathryn de cette page troublée, demeura inchangée. Ce dimanche-là, sous le chapiteau de la famille Humbard, plus de quatre cents personnes s'avancèrent à l'appel et déclarèrent qu'elles voulaient suivre Jésus-Christ. A l'église baptiste d'Akron, quatre auditeurs s'avancèrent.

L'échec de Kathryn et de ses amis resta limité. Une des nombreuses remarques de Billington joua en effet en sa défaveur. « J'ai remarqué que ces prédicateurs de la guérison par le moyen de la foi opèrent toujours loin de chez eux et ne s'établissent jamais dans une œuvre à long terme ». Relevant le défi, Rex et Maude Aimee Humbard décidèrent de s'installer à

Akron, et fondèrent l'Église du Calvaire et plus tard la Cathédrale de Demain. Parce qu'ils avaient su reconnaître la puissance du Saint Esprit qui guérit et sauve, leur communauté est devenue une des églises les plus grandes et les plus dynamiques au monde.

9

Le jardin secret

Kathryn Kuhlman compte parmi les rares personnes célèbres qui ont su préserver le secret autour de leur vie privée, bien qu'elle prétendit toujours avec la plus grande grâce que sa vie était un livre ouvert.

« Je réponds à toutes les questions que l'on me pose », disait-elle souvent, « Je ne connais pas beaucoup de membres des milieux religieux, qui soient aussi honnêtes que moi dans leurs réponses. Vous pouvez me croire ».

Or, lorsqu'il s'agissait de son âge, de sa santé, de sa vie de prière personnelle, ou encore de sa richesse personnelle, sa réponse était toujours à peu près celle-ci : « Tout le monde me connaît. On sait tout de moi. Lorsque je prends un taxi, le conducteur se retourne et me demande : « Êtes-vous Kathryn Kuhlman ? Mon épouse et moi regardons votre émission chaque semaine ». Pas plus tard que la semaine dernière, le pilote de l'avion dans lequel je me trouvais vint me rejoindre à ma place pour me dire que son épouse avait été guérie au cours d'une réunion qui s'était tenue au Shrine. Vous voyez, je n'ai aucun secret. Tout le monde me connaît ».

Alors, son interlocuteur s'en allait, le sourire aux lèvres. Mais quelques temps plus tard, en repassant en mémoire la conversation, il constatait que Kathryn avait volontairement gardé le silence et avait répondu de telle manière que son interlocuteur avait eu le sentiment d'être mis dans la confidence.

Il était vrai que le monde entier la connaissait, et pourtant, très peu de gens possédaient des informations sur sa vie privée et personne ne la connaissait vraiment. Même Maggie Hartner, sa plus proche amie au cours des trente dernières années, dont l'habillement et la façon de parler rappelaient de plus en plus Kathryn, admit qu'il y avait une partie du jardin secret de Kathryn à laquelle elle n'eut jamais accès.

Kathryn voulait qu'il en soit ainsi, et malgré ces paroles délibérément naïves : « Je n'ai aucun secret », elle en avait cependant de nombreux. Elle était apparemment une femme d'affaire adroite, lorsqu'il s'agissait de divulguer des informations personnelles ou financières, même à un de ses proches collaborateurs. Elle connaissait la nature humaine mieux que quiconque, et avait constaté que la curiosité était souvent mue par une motivation impure. Dès lors, elle se protégeait par ses réponses. Elle apprit très tôt dans son ministère, qu'un rideau de fumée n'incommode personne s'il est agrémenté de parfum.

Toutefois, sa gestion des affaires au sein des bureaux de la fondation déconcertait même ses partisans les plus convaincus.

Lors de ma première visite dans les bureaux de la Carlton House de Pittsburgh, en 1968, je fus abasourdi de constater un mode de fonctionnement qui me semblait « inefficace » : bien que Kathryn reçût des milliers de lettres chaque semaine (le volume de son courrier était le plus important de la ville, après celui de la U.S. Steel Company), elle refusait d'utiliser un ouvre-lettre automatique. Ses secrétaires, dont les bureaux étaient recouverts d'une montagne de lettres, ouvraient chaque lettre avec un coupe-papier manuel. Il me fallut plus d'une semaine pour découvrir que derrière une pile de lettres posées sur une table hexagonale se trouvait une jolie secrétaire, Connie Siergiej. Connie était préposée au téléphone et recevait les appels extérieurs. Un jour, je reconnus sa voix qui venait du fond de la pièce. Jetant un coup d'œil furtif au-dessus du tas de lettres, je l'observai tandis qu'elle ouvrait avec rapidité d'exécution le courrier, à l'aide d'un couteau inoxydable et qu'elle vérifiait son contenu avant de l'empiler soigneusement sur le sol, à côté de son bureau.

Lorsque je proposai naïvement de suggérer à Kathryn l'achat d'un ouvre-lettre automatique, Connie grimaça et répondit : « Mais chaque employé ici est une machine. Nous ne pensons pas, nous travaillons. Miss Kuhlman appuie sur notre bouton et nous nous exécutons ». Plus tard, je dus, malgré moi, admettre que cette confidence était exacte. J'eus l'occasion de discuter avec plusieurs personnes qui avaient visité les bureaux de la fondation, et tous me firent la même remarque : « Des robots, tous ceux qui travaillent là sont de véritables robots. Ils parlent comme Miss Kuhlman. Ils rient comme Miss Kuhlman et ne sont pas autorisés à exprimer leurs problèmes personnels, ou encore à avoir une vie privée. Ils sont à tel point programmés qu'elle n'a pas besoin de leur donner ses instructions. Ils ne pensent pas. Leur comportement est tout simplement dicté par un schéma qu'elle a programmé en eux. ».

Seuls ceux qui travaillèrent avec elle pourraient nous dire si ses détracteurs avaient su faire la différence entre la servitude automatisée ou l'extrême loyauté. Quant aux dirigeants de la fondation, ils faisaient sans aucun doute preuve de loyauté envers Kathryn. Ses désirs étaient pour eux des ordres. Lorsque Maggie Hartner eut envie de changer sa coupe de cheveux, une seule parole négative de Kathryn l'amena à conserver le chignon qu'elle portait depuis bientôt vingt ans.

La même loyauté persista, même après la mort de Miss Kuhlman. « Il ne faut rien modifier », déclara Maggie en parlant du travail de la fondation, « Nous allons continuer comme si elle était encore parmi nous ».

Une des secrétaires m'expliqua, les larmes aux yeux, qu'ils avaient tous accompli les mêmes tâches depuis tant d'années, que s'il leur arrivait de vouloir en changer le déroulement, ils se sentiraient coupables d'agir autrement que Kathryn ne l'avait voulu. « En fait », dit-elle, « nous nous attendons tous à voir Miss Kuhlman surgir dans la pièce à tout moment, et nous n'aimerions pas être surpris à faire quelque chose qui lui déplairait ».

Cette conversation eut lieu six mois après sa mort.

A son décès, Maggie, Maryon, Walter Adamac et les autres continuèrent l'œuvre de la fondation. Or, vu de l'extérieur, celle-ci ressemblait à une locomotive sans ingénieur qui traversait les sentiers, franchissait les ponts et filait sur les rails, alors que les voitures attendaient sagement, au passage à niveau, que le feu passe au vert. Toutefois, les « successeurs » de Kathryn ne connaissaient ni la destination, ni la manière dont ce train allait s'alimenter en carburant. Et cela, simplement parce que l'ingénieur avait oublié de laisser des instructions avant de quitter la cabine des commandes.

David Verzilli, « le pasteur associé » de Kathryn, qui prêchait à Youngstown lorsque celle-ci s'absentait, remarqua qu'il n'y avait personne pour appuyer sur l'accélérateur et détacha les wagons restants des passagers qui se réunissaient chaque semaine au Stambaugh Auditorium. Cette séparation des fidèles qui avaient un jour appelé Kathryn « pasteur », d'avec la fondation fut douloureuse, mais vraiment nécessaire. En fait, Kathryn avait, de son vivant, préconisé cette séparation.

Un des aspects qui semblait caractériser la fondation était « une routinière immuabilité ». Un jour, Kathryn me confia qu'elle avait toujours maintenu la même structure dans la gestion, dans son bureau comme dans sa pensée théologique. « J'ai trouvé ce qui fonctionne et je n'y changerai rien ».

Au début de son ministère, elle était connue pour sa souplesse et son désir de changement. Plusieurs de ses collaborateurs de l'époque affirmèrent que la grandeur de Kathryn résidait dans son aptitude à maintenir une certaine souplesse dans sa théologie. « Elle voulait toujours apprendre un nouvel aspect des choses de Dieu », déclara l'un d'eux , « mais à la fin de sa vie, elle devint plus conservatrice ». « Mes opinions théologiques n'ont pas changé en vingt ans », me dit-elle un jour , « Pourquoi les changer maintenant ? »

Une bonne question à laquelle j'étais incapable de répondre.

Lorsque je lui fis remarquer que j'avais assisté à une mini-réunion de miracles chez Richard et Rose Owellen, et que celle-ci était identique aux « réunions de miracles » de Kathryn, à l'exception de l'intensité et du nombre de participants, elle éclata de rire avant de me répondre : « J'ai enseigné à Dick et Rose tout ce qu'ils connaissent sur l'action du Saint-Esprit, c'est la raison pour laquelle leur théologie est authentique ».

David Wilkerson compara un jour Miss Kuhlman au Général William Booth, fondateur de l'Armée du Salut, qui était un homme emporté et impatient envers ceux qui ne pensaient pas comme lui et ne voulaient pas accomplir l'œuvre de Dieu à sa manière. Kathryn mena son ministère et sa fondation avec la même intensité. « Je ne changerai ni ma théologie, ni mes méthodes », répétait-elle de façon dogmatique.

« Je veux en conserver le cachet personnel », me dit-elle lorsque je lui touchai un mot sur l'ouvre-lettre automatique.

« Au début, j'ouvrais tout mon courrier personnellement, mais je n'en ai plus le temps à présent. Aussi, je veux que les gens qui envoient du courrier à Kathryn Kuhlman (elle parlait souvent d'elle à la troisième personne), sachent que leurs lettres sont ouvertes par des personnes, et non par des machines.

Cette réponse était pour le moins étrange et pas très cohérente, car bien que le courrier fût ouvert à la main, les réponses étaient écrites à la machine. Dans une salle arrière de la fondation, de nombreuses secrétaires adressaient des lettres-types, dictées par Kathryn aux personnes qui posaient des questions qui revenaient régulièrement. Maggie Hartner, Maryon Marsh et quelques autres collaboratrices répondaient à la majeure partie du courrier, mais Miss Kuhlman répondait personnellement à un certain nombre de lettres.

Elle mettait également un point d'honneur à faire coller les timbres à la main et aussi incroyable que cela paraisse, elle signait tout le courrier expédié.

Elle sollicita plus d'une fois l'aide des visiteurs pour coller les timbres et ouvrir les enveloppes, car quelquefois la masse de courrier était trop importante. Je revois encore ce sympathique musicien, Arthur Metcalf, assis sur la moquette dans un coin de la pièce, humecter de sa langue les timbres et les coller sur les enveloppes.

« C'est un effort d'équipe », dit-il en affectant de sourire, « lorsque la charge devient trop lourde, on la porte tous ensemble ».

Cette même autorité quasi mystique exercée par Kathryn se retrouvait dans d'autres situations. La première fois qu'elle prêcha à Charlotte, en Caroline du Nord, ce fut à la suite d'une invitation lancée par le Chapitre des Hommes d'affaire pour animer la convention régionale. La réunion se tenait dans la salle des fêtes du White House Inn, et plus de mille cinq cent personnes y assistaient. Après avoir mené la louange, Alfred Garr, un des pasteurs organisateurs vint s'installer sur un siège à côté de Kathryn. Al Garr était pasteur d'une des plus grandes églises pentecôtistes de la Caroline du Nord, église qui portait le nom de son père, qui avait introduit le pentecôtisme dans la région du Piémont. C'était un membre très respecté du clergé de Charlotte. Mais Kathryn ne faisait acception de personne. Elle commença son message en déclarant : « Je voudrais le silence dans cette grande salle. Je ne veux même pas entendre un murmure. Que tout le monde se taise afin de laisser le Saint-Esprit parler !» Toutes les têtes s'inclinèrent et Al Garr se mit à prier tout bas, très bas (en fait, il priait si bas que les autres personnes assises sur l'estrade ne pouvaient l'entendre). Or, Kathryn n'hésita pas à interrompre le déroulement de la réunion pour le reprendre. Sans se retourner, elle pointa le doigt vers lui et dit : « Monsieur, j'ai dit pas même un murmure ! »

Et ce fut le silence complet ! Les personnes en position d'autorité ne l'étaient plus en présence de Kathryn Kuhlman. Et bien que ses méthodes aient semblé inhabituelles, personne ne doutait de sa sincérité ou ne mettait en doute son autorité spirituelle.

L'autorité spirituelle de Kathryn était sans nul doute reconnue, mais le mystère planait toujours autour de sa vie de prière et de son culte personnel. Personne, semblait-il, n'avait accès à ce domaine de son existence. Bien qu'elle crût que la Bible était la Parole de Dieu et se plaçât parmi les fondamentalistes (et parmi les pentecôtistes : « Je suis aussi pentecôtiste que la Bible »), on l'a très rarement aperçue devant une Bible. Elle s'était imprégnée de celle-ci pendant quarante ans, et selon son ami Dan Malachuk, elle faisait ses propres études bibliques en public, en raison du rythme de vie frénétique qu'elle mena après 1972.

« Étant donné qu'elle n'avait pas le temps d'étudier la Bible avant les réunions, elle se fortifiait spirituellement sur l'estrade avant d'exercer son ministère ».

Au début de ce ministère, elle utilisait des notes exhaustives, preuves d'une étude approfondie de la Bible, et s'appuyait sur elles pour prêcher. Plus tard, Maryon Marsh dactylographia ces notes sur des cartes que Kathryn conservait dans le vieil attaché-case qu'elle transportait avec elle à toutes les réunions.

Kathryn clamait souvent haut et fort qu'elle ne lisait aucun autre livre que la Bible. Cela fut probablement vrai les trois dernières années de sa vie. Toutefois, son bureau était recouvert de livres d'Andrew Murray et Jessie Penn Lewis, dans lesquels elle avait souligné des passages sur le sujet de la prière, de l'obéissance spirituelle et du combat spirituel. Et plus intéressant encore, furent les sermons photocopiés de Norman Vincent

Peale que je découvris dans le fond de son tiroir. Or, Peale était l'antithèse de Kathryn ; pourtant celle-ci semblait admirer ce célèbre pasteur duquel elle puisa quelques conseils, exprimé de surcroît avec de grandes qualités littéraires.

Même Maryon Marsh admit que durant les sept dernières années, Kathryn ne préparait pratiquement aucune étude et utilisait inlassablement les mêmes notes, se répétant et ressassant les mêmes sujets. La différence de style était frappante, lorsque l'on considérait les prédications stimulantes et dynamiques du début de son ministère, qui attiraient même les chrétiens les plus exégètes de la ville.

Cependant, personne ne semblait se lasser de ses discours à rallonge. Et même si elle se ressourçait spirituellement en silence durant la première heure de réunion, personne ne se plaignait, car cela valait l'attente.

Durant les deux dernières années de sa vie, ses « prédications » (en fait, il ne s'agissait plus de prédications, au sens d'homélies) s'allongeaient pour atteindre quelquefois une heure trente. Un exemple classique fut sa toute dernière prédication qui se déroula au Shrine Auditorium de Los Angeles, trois jours après son retour d'Israël. Kathryn, épuisée physiquement, n'avait pas eu le temps de dormir et encore moins de prier.

« Je ne prêcherai pas aujourd'hui », annonça-t-elle à la foule présente, « Je ne parlerai que durant dix minutes et laisserai immédiatement place à la réunion de miracles ».

Or, elle prêcha pendant plus d'une heure. Bien entendu, personne dans la salle ne se doutait que Kathryn était gravement malade. En réalité, elle était mourante. Toutefois, les auditeurs constatèrent qu'elle n'osait pas commencer la réunion avant que l'onction de Dieu ne soit descendue dans la salle. Aussi, prêchait-elle sur la puissance de Dieu et priait-elle pour que cette puissance se manifeste, jusqu'à ce que l'onction descende dans la salle.

Ainsi, les dernières années de sa vie, les études bibliques et la vie de prière de Kathryn occupaient en apparence une place très réduite. A ceux qui osaient lui poser la question, Kathryn répondait qu'elle était tout le temps en prière.

« J'ai appris le secret de Paul, qui consiste à prier sans cesse », dit-elle à un journaliste qui eut le courage de lui demander pourquoi elle ne se retirait jamais pour prier. « J'ai appris à rester en communion avec mon Seigneur tout au long de la journée, en tout lieu. J'emporte ma chambre haute dans l'avion, dans la voiture et partout où je me déplace. Je prie en tout temps. Ma vie est une prière. Ne le comprenez-vous pas ? »

Très peu comprirent cela mais Ruth Fisher, une des plus anciennes collaboratrices de Kathryn l'avait compris. C'était une femme d'une réelle profondeur spirituelle et qui consacrait une grande partie de son temps à la prière et à l'étude de la Bible. Elle savait que Kathryn ne correspondait pas à l'idée conventionnelle que l'on se faisait de la consécration personnelle. Elle me raconta un jour, une histoire que Kathryn lui avait racontée et qui me permit de cerner le raisonnement de cette dernière à ce sujet.

« Un jour, j'ai rêvé de trois personnes agenouillées. Ils attendaient tous que Jésus passe devant eux. Lorsque le Seigneur arriva, Il s'arrêta et enlaça la première personne. En passant devant la deuxième personne, Il s'arrêta et lui posa gentiment la main sur ses épaules, mais lorsqu'il passa devant la troisième personne, Il sourit et poursuivit sa route.

Quelqu'un dit au Maître : « Tu dois aimer la première femme que tu as enlacée plus que les deux autres personnes ».

« Non, tu ne comprends pas », répondit-il avec douceur. « Celle que j'ai embrassée, avait besoin de mes encouragements. Elle est faible dans la foi. La personne que j'ai tenue par les épaules, est plus forte. Et la dernière des trois, je lui ai souri, car elle forte. Je ne dois pas me faire du souci à son sujet, car elle est toujours avec moi ».

Kathryn était certes constamment en prière, mais il lui arrivait parfois de se retirer et de se répandre, corps et âme, dans la prière. Je suis convaincu qu'elle priait chaque soir avant de se coucher, aux côtés du Saint-Esprit. Toute personne qui s'était trouvée avec elle dans les coulisses du Shrine, du Carnegie Hall de Pittsburgh, ou de bien d'autres lieux, avant son entrée en scène, savait qu'elle était une véritable femme de prière. Selon Maggie Hartner et d'autres, lorsqu'elle rentrait chez elle, exténuée par la réunion, elle se jetait sur le sol et s'effondrait en larmes.

La toute première réunion à laquelle j'assistai, eut lieu en 1968. Après un rude combat pour me frayer un passage au milieu des deux mille personnes qui s'étaient entassées dans le

Carnegie hall, je me faufilai par une porte qui menait à l'estrade. Je me retrouvai coincé dans un couloir étroit qui s'étendait sur toute la largeur du bâtiment. A l'autre extrémité du couloir se trouvait Kathryn, et ses collaborateurs assuraient sa protection. Elle faisait les cent pas, levant et abaissant la tête, les bras en mouvement derrière le dos. Ses yeux étaient remplis de larmes, et alors qu'elle se rapprochait du lieu où je me trouvais, je l'entendais répéter : « Cher Jésus, ne me retire pas le Saint-Esprit ».

Je rebroussai rapidement chemin et m'enfuis avec le sentiment d'avoir fait intrusion dans la plus intime des conversations entre deux amoureux, et ma présence me semblait être un sacrilège.

Plus tard, après l'avoir rencontrée à différentes occasions, je réalisai que ma présence et celle des autres ne l'intimidaient guère. Quelquefois, elle s'arrêtait au beau milieu de sa prière, bavardait gaiement avec ceux qu'elle rencontrait sur son passage, ou encore donnait quelques instructions concernant la chorale ou les jeux de lumière, et reprenait immédiatement sa conversation avec le Seigneur.

En 1975, j'eus le privilège de l'accompagner à Tel Aviv, en Israël, à un meeting dans le gigantesque stade sportif. C'était son avant-dernière apparition publique. Malgré sa maladie et sa grande fatigue, elle passa plus d'une heure et demie dans le couloir sombre qui menait à l'estrade, marchant d'un bout à l'autre et les yeux baignés de larmes, elle priait les yeux tantôt ouverts, tantôt fermés. La musique et les chants se répandaient dans toute la salle et parvenaient jusqu'à elle. Dans la salle, des milliers de personnes venant du monde entier et des groupes linguistiques internationaux participaient dans un brouhaha général. Et par dessus tout, il y avait Israël, une nation en prise au tourment et à l'affliction, luttant pour survivre dans un environnement hostile. La police israélienne avait posé beaucoup de questions, trop de questions. Aussi, par la prière, Kathryn tentait désespérément de toucher le bas de son vêtement, car, Lui avait-elle dit, elle ne voulait pas monter sur scène sans Lui. Elle savait pertinemment bien, dans son for intérieur, que tout ce qu'elle avait dit à propos d'elle-même, était la vérité. Elle n'était rien, absolument rien.

Il est vrai que sa vie de prière défiait toute tradition, et pourtant, tous ses proches savaient que sa vie, son sommeil et sa nourriture étaient imprégnés de prières. Le fait de ne pas se retirer, comme d'autres, pour attendre et écouter à genoux ou prostrée, ne signifiait pas qu'elle n'était pas une femme de prière. Kathryn avait sa façon particulière de prier, mais n'était-elle pas singulière dans tout ce qu'elle entreprenait ?

La situation devint critique, lorsque Kathryn voulut imposer à ses collaborateurs et autre ministères de marcher dans la même consécration qu'elle. Semblable au Général Booth, elle se montrait extrêmement impatiente avec ceux qui ne parvenait pas à vivre à son rythme.

Le problème se faisait plus ressentir dans les bureaux de Pittsburgh que partout ailleurs. A l'inverse des autres associations chrétiennes, où le personnel se retrouve tous les matins dans la prière avant de commencer la journée, les employés de la fondation arrivaient le matin et se mettaient tout de suite au travail. Kathryn Kuhlman priait rarement avec son personnel. Elle s'attendait à ce que ce dernier demeure intérieurement dans la prière tout au long de la journée.

Kathryn refusait également d'écouter les problèmes personnels de ses employés. Une secrétaire qui traversait une période conflictuelle au sein de son foyer, ou encore, faisait face à des difficultés financières, ne pouvait en parler au bureau. « Je n'ai tout simplement pas le temps de m'impliquer dans la vie personnelle de mon personnel », me dit-elle.

Toutefois, à la fin de sa vie, quelques semaines avant d'être transportée de force à l'hôpital, cette philosophie prônée tant d'années porta ses fruits amers. Elle apprit qu'un de ses plus anciens employés était accusé de graves manquements sur le plan moral.

Kathryn, qui avait toujours exigé une moralité sans faille de la part de son service d'accueil, de ses musiciens et des volontaires dans l'œuvre (dans le passé, elle avait souvent refusé une personne ou une autre ayant une réputation douteuse), ne put gérer la situation. Ses collaborateurs étaient horrifiés de voir la faiblesse de Kathryn devant cette situation, car si elle n'avait pas été aussi malade et préoccupée par les nombreux événements qui s'étaient succédés dans le second semestre de 1975, elle n'aurait jamais toléré ces abus flagrants. Elle tourna tout simplement le dos au problème et refusa d'en discuter, (elle fit comme Anna : ce problème n'avait jamais existé).

Personne ne sembla comprendre la gravité de l'état de Kathryn, au cours des derniers mois de 1975. Si elle avait été en bonne santé, il y aurait eu de nombreuses choses qu'elle n'aurait pas permises. Extérieurement, Kathryn semblait conserver son image de marque : l'exigence et la perfection. Malgré la douleur dans la poitrine et la fatigue grandissante de son corps, elle se lança corps et âme dans l'action, acceptant plus de réunions que jamais, maintenant son programme télévisé et laissant croire à tout un chacun que son corps mourant était plus sain que jamais.

Or, peu avant son hospitalisation, il devenait de plus en plus clair qu'elle connaissait un grand désarroi. Le voyage en Israël lui ôta ses dernières forces. Et lorsque, en Israël, elle découvrit qu'un de ses employés s'éclipsait, la nuit, hors de l'hôtel pour se rendre à un rendez-vous secret, cela fut plus qu'elle ne pouvait supporter. Elle tourna le dos et ne voulut pas en discuter.

Et plus le ministère se faisait intense et occupait tout son temps, plus Kathryn s'éloignait de ses proches, pour finir en véritable recluse, se plongeant complètement dans son ministère public, et quand elle se retirait n'admettant qu'une ou deux personnes proches à ses côtés. Et à la fin, elle rejeta même ses plus proches amis, et remit sa vie entre les mains de gens qu'elle connaissait à peine. Une triste sortie.

Tout le monde fut déconcerté de voir que Kathryn délaissait la masse de courrier qui arrivait chaque semaine. Et bien contrairement au passé, elle ne fit aucun effort pour répondre à ces nombreuses requêtes de prières. N'en éprouvait-elle plus la nécessité ? Était-elle trop occupée ou élevait-elle une prière générale pour l'ensemble des sujets de prières ? Cela resta un mystère.

Le fait demeure que de nombreuses personnes qui avaient envoyé leur requête de prière à Kathryn Kuhlman étaient guéries et souvent, en l'espace d'une semaine. D'autres pensèrent qu'une aura particulière entourait le ministère de Kathryn, et que ceux qui touchaient le bord de son vêtement se verraient guéris. Kathryn rejetait cette hypothèse, répétant inlassablement qu'elle ne possédait aucune vertu de guérison. D'autres encore affirmaient que seule la machine à écrire à elle seule suffisait déjà à transmettre l'onction de guérison. Enfin, certains pensaient que l'équipe qui entourait Kathryn et priait pour ceux qui avaient adressé des requêtes, produisait une telle onction qu'elle apportait la guérison. Et quelques-uns se demandèrent même si la prière en elle-même était encore nécessaire pour qu'il y ait guérison.

Personne ne semblait connaître la réponse.

La seule réponse qui me vient à l'esprit, est celle de la miséricorde d'un Dieu de compassion, qui vit la souffrance de Son peuple, et connaissait les faiblesses des serviteurs et servantes de Dieu qu'Il avait mis à part et par lesquels Il répondait à ces besoins, et intervenait souvent souverainement en répondant aux désirs du cœur de Son peuple. Et au-delà de toute compréhension humaine, ces lettres et ces coups de téléphone adressés à Kathryn devenaient à leur tour de réelles prières. Aussi, Kathryn était-elle ce catalyseur qui projetait les prières du peuple vers le ciel, dont les cris avaient atteint le cœur de Dieu, qui répondait à leur supplication.

Et lorsque Kathryn prêchait sur ces messages puisés au fond de son cœur, sur ce Dieu jaloux qui ne partageait sa gloire avec personne, elle se prêchait alors à elle-même. Elle savait que ce message lui était vital et qu'elle devait le mettre en pratique dans sa vie personnelle. Aussi, se prêcha-t-elle ce message encore et toujours, car s'il y avait une personne au monde, depuis l'époque des Apôtres, qui pouvait être exposé à la tentation de s'attirer la gloire, c'était bien Kathryn.

Alors, si un admirateur rempli de gratitude s'avançait sur l'estrade pour lui dire « Oh ! Merci ! Merci ! » après avoir reçu une guérison miraculeuse, Kathryn refusait systématiquement les remerciements et, agitant la main, elle répondait : « Ne me remerciez pas, car je n'y suis pour rien. Remerciez Dieu ».

Les gens la remerciaient cependant, en dépit de sa résistance. La fondation reçut des millions de dollars. Cet argent provenait des riches qui lui léguaient une partie de leur héritage et des pauvres qui donnaient leurs précieux francs dans la corbeille à offrandes. Et tout cela sans qu'elle ait fait d'appel spécial à la générosité des participants. Elle ne sollicitait qu'une offrande à chaque réunion avec parfois, une offrande spéciale pour le ministère radiophonique. Mais cela se produisait rarement. Aucune méthode sophistiquée n'était mise en place pour obtenir des fonds. Aucun courrier n'était distribué. Elle détestait les méthodes utilisées par certaines organisations qui, lors des réunions, exerçaient une pression financière sur les participants. « C'est une manière d'agir selon la chair. S'ils laissaient Dieu s'en charger, Il aurait de bien meilleurs résultats qu'eux ! »

Kathryn remettait toute la question financière à Dieu, et eut par conséquent, et au grand étonnement de tous, des rentrées d'argent colossales. Beaucoup la critiquèrent, mus par un sentiment de jalousie, car elle recevait énormément d'argent. Kathryn, en revanche, savait qu'elle était une hôtesse du Seigneur, et que s'il lui venait à l'idée de faire un mauvais usage de Ses finances, Il l'en tiendrait pour responsable.

Non seulement, l'argent lui arrivait de toute part, mais des bijoux lui parvenaient également. Certaines femmes lui envoyaient des objets de fantaisie trouvés lors de leurs emplettes. Elle recevait des centaines de colifichets, envoyés par courrier ou remis après les réunions. Ces objets étaient généralement mis sur la table du bureau en faveur des membres du personnel. Quelquefois, Kathryn les distribuait à ses amis, compagnons dans le ministère, car elle ne savait que faire des centaines de boîtes à bijoux, ou des soixante dix broches en forme de colombe, ou encore des trente bracelets en cristal de roche.

On lui envoyait des Bibles. Après l'avoir vue à la télévision, portant sa vieille Bible abîmée, complètement décousue et dont les pages se détachaient, ses fans se précipitaient dans une librairie pour lui acheter la plus jolie Bible du magasin. Certains allaient même jusqu'à graver son nom sur la couverture. Or, elle ne se sentait à l'aise qu'avec sa vielle Bible tordue et salie par le temps, qu'elle avait emportée partout avec elle, toutes ces années. Celle-ci était placée sur la chaire tel un geste sacré avant que Kathryn n'apparaisse sur l'estrade et ne la saisisse précieusement avant d'en proclamer les vérités et de prêcher son message.

Toutefois, les cadeaux ne se limitaient pas à des objets de fantaisie et des Bibles. La valeur de certains présents, tel que des peintures ou des objets provenant d'Europe, était élevée, sans parler des sculptures italiennes et sud-américaines, des tapis de Perse et d'Orient, et des bijoux précieux du monde entier. A cela venaient s'ajouter les manteaux de fourrure de grands couturiers et les reliques d'Israël. Sa maison de Fox Chapel se transforma en véritable musée.

Tout cela posait un sérieux problème, car bien que Kathryn aimât tout ce qui était cher, elle cherchait pourtant toujours à faire une bonne affaire. Il n'était pas rare qu'elle se rendît dans une des boutiques « select » de Wilshire Boulevard et y dépensât 3 000 dollars le même jour. Le train de vie qu'elle menait, l'obligeait à se constituer une large garde-robe. En fait, après sa mort, je découvris une énorme pile de factures émises par Profils du Monde, une boutique située sur le Wilshire Boulevard de Beverly Hills, représentant l'achat d'une douzaine de robe en mousseline de soie, dont les tons variaient de champagne à orange et jaune, en passant par le bleu et le vert eau. La recherche d'objets anciens était un de ses passe-temps préférés (elle dépensait de grosses sommes dans l'achat d'antiquités pour ses amis proches et elle-même), mais à chaque fois qu'elle achetait un objet ou l'autre, un sentiment de culpabilité montait en elle en pensant à ceux qui vivaient avec de maigres revenus. Kathryn n'était pas liée à ces objets et pouvait soit les prendre, soit les laisser sans regret. S'asseoir sur le sol de son bureau, les pieds nus, ou sur un magnifique sofa ne lui importait guère. A ma connaissance, elle avait surmonté la tyrannie qu'exercent sur nous les richesses et était parvenue à avoir le contrôle sur elles. Elle les considérait comme des moyens mis à sa disposition et non des convoitises personnelles. Sa sagesse intérieure lui avait permis de réaliser que la plupart des gens ne comprenait pas cette maturité spirituelle et, dès lors, elle était constamment confrontée à ces objets de valeur et se demandait le sort qu'il fallait leur réserver.

Quelques objets d'art furent donnés à la fondation de Pittsburgh, mais en très petite quantité, car elle connaissait le danger qu'il existait à les exhiber, même s'il s'agissait de dons. Par exemple, lorsque Kathryn se vit offrir un vase de la Dynastie Ming, elle l'enferma tout d'abord dans une des armoires de son bureau et le fit ensuite transporter dans sa résidence, où seuls ses amis les plus intimes étaient autorisés à venir lui rendre visite. D'autres objets de décoration étaient acheminés dans son luxueux appartement de Newport Beach, en Californie. Dans ses moments d'intimité, elle se demandait parfois si tout cela était la récompense de ses nombreuses années de service. Elle en connaît à présent la réponse.

Il en était de même pour toute la gloire et l'adulation dont elle faisait l'objet. Comment conserver l'équilibre entre donner toute la gloire à Dieu et rester courtoise envers les personnes que ne comprenaient pas sa résistance face à toutes ces louanges qui lui étaient adressées ?

« Parfois », me confia-t-elle, « dans toute ma faiblesse, j'accepte les louanges et les remerciements. A d'autres moments, je me sens si lasse et les paroles de gratitude m'encouragent à persévérer. J'ai alors l'impression que Dieu me permet cet écart, afin de poursuivre ma mission. Mais le soir, lorsque je me retrouve seule dans ma chambre, je lève les mains vers le ciel et dit : « Cher Jésus, tu sais ce qu'ils ont dit à mon sujet aujourd'hui. A présent, je te remets tous ces éloges. Je ne suis rien, et personne ne sait aussi bien que moi, que je n'ai aucune vertu guérissante. Rien en moi n'attire le regard. Précieux Jésus, Tu es la plénitude de toutes choses et aujourd'hui, les gens ont tout confondu. Je n'ai pas eu la force de rectifier ces erreurs, mais je sais que tu me comprends. Aussi, je te donne tout ce qu'ils m'ont donné. Je ne te demande qu'une seule chose, ne me retire pas Ton Saint-Esprit, car sans Lui, je mourrai ».

La Grande Destinée de Kathryn Kuhlman

Joe Kuhlman avec sa famille en 1911. De gauche à droite : Earl, surnommé "Boy", Joe, Emma (la mère), Kathryn et Myrtle.

Un portrait classique de Kathryn (les années d'or à Pittsburgh).

Kathryn en Suède. "Nous portons ce trésor dans des vases de terre, afin que cette grande puissance soit attribuée à Dieu, et non pas à nous." (2 Cor. 4:7).

La jeune évangéliste au début de son ministère.

Kathryn et Helen Gulliford (8 Juillet 1938 à Denver)

"Monsieur"–
Burroughs Waltrip.

M. et Mme Burroughs
Waltrip en Géorgie le
8 Juillet 1939.

Marie Madeleine.

10

La sagesse de l'attente

Un bon dirigeant doit pouvoir reconnaître le meilleur dans chaque responsable et le motiver dans ses entreprises. Kathryn était passée maîtresse en la matière. Elle attendait toujours que Dieu envoyât la personne appropriée et parvenait à discerner le moment qui convenait le mieux pour la faire entrer en scène. Rencontrer la personne idéale qui accomplirait sa vision la réjouissait profondément et, dès lors, elle laissait celle-ci agir en toute liberté dans le domaine qui lui était confié. Par exemple, Gene Martin, un serviteur des Assemblées de Dieu, était responsable du travail missionnaire. Dick Ross, qui avait produit plusieurs films de Billy Graham avant de s'installer à Hollywood, était son producteur pour les émissions télévisées, et je me vis accorder la responsabilité de la publication des livres.

Kathryn refusait d'apposer sa signature au bas d'un livre, d'un programme de télévision et d'autres documents - s'ils n'étaient pas de toute première qualité. « Dieu exige le meilleur de nous-mêmes et Il le mérite. Après tout, Il nous a donné le meilleur en envoyant Son fils sur la terre. Il nous faut dès lors, Lui donner le meilleur de nous-mêmes en retour ».

Elle visionnait personnellement chaque émission enregistrée dans les studios de CBS. Si une prise de vue était imparfaite, elle l'effaçait et la recommençait. Elle montrait la même exigence pour les livres. Nous passâmes trois jours entiers à chercher un titre pour un petit livre qui relatait l'histoire d'une infirmière et de ses trois enfants. Toute la famille avait été guérie durant la même réunion de miracles. Exaspéré je baissai les bras et dis : « Kathryn, Dieu n'est-Il pas suffisamment puissant pour nous trouver un titre ? »

Elle applaudit, me répondit en riant : « Notre Dieu est puissant ». Nous avons trouvé notre titre.

Ce même sentiment perfectionniste marquait chacun de ses mouvements. Son rouge à lèvres était toujours parfaitement appliqué, ses ongles parfaitement limés et ses tailleurs toujours étudiés dans les moindres détails. Durant ses réunions, Kathryn s'arrêtait au premier gémissement d'un enfant, et faisait signe à un membre du service d'accueil de s'en occuper. Une chaise mal placée, la cravate d'un choriste de travers, un membre du personnel vêtu dans une couleur autre que celle requise ce jour-là ; elle remarquait tout et n'était pas satisfaite aussi longtemps que ces détails n'étaient pas réglés. Ce perfectionnisme la préservait de foncer trop rapidement dans un nouveau projet, car elle voulait d'abord s'assurer que chaque détail fût réglé avant de s'y lancer. C'est ainsi qu'elle attendit plusieurs années avant de s'engager dans le ministère télévisé, de mener sa première réunion au Shrine Auditorium de Los Angeles, d'écrire son second livre et d'accepter certaines invitations à prêcher dans d'autres villes. Pendant un certain temps, elle sembla ne pas désirer élargir son ministère et préférer se limiter à Pittsburgh. Or, l'insistance de ses amis proches et les portes que Dieu semblait ouvrir, la persuadèrent de faire ce pas en avant et de quitter « sa tanière » pour de nouveaux horizons. Pourtant, elle restait convaincue qu'il valait mieux poursuivre dans une voie jalonnée de succès, plutôt que de risquer l'échec d'une nouvelle aventure. Ce fut la raison pour laquelle elle dut revenir sur certaines de ses affirmations, comme la volonté de ne jamais écrire son autobiographie.

« Attends que je sois morte, Jamie », me disait-elle, l'air grave, « et alors, tu pourras tout raconter ».

Or, une année avant sa mort, elle se mit à me parler de son autobiographie. Et lorsque nous nous rendîmes ensemble à la merveilleuse réunion de miracles du City Auditorium, en 1975, elle se fit encore plus insistante. Consciente de mon hésitation à écrire un ouvrage d'une telle importance, elle triompha de mes dernières défenses en m'expliquant qu'il fallait se mettre au travail sans plus tarder.

Alors que nous étions installés sur le sofa, elle nous donna toutes les raisons pour lesquelles je devais écrire l'histoire de sa vie. « Vous êtes le seul qui osera raconter toute la vérité sans détours ». Clignant les yeux, elle poursuivit : « Vous savez, il y a beaucoup de choses bizarres qui se passent à l'heure actuelle au nom du Seigneur. Vous voyez ce que je veux dire ! » Je ne voyais pas du tout, mais je savais que si elle était au courant de quelque chose, je n'aurais pas de répit avant d'avoir découvert ce dont elle voulait parler. « Mais le livre doit être rédigé pour la gloire de Dieu. Rappelez-vous cela. Non pour marquer des points, mais pour la seule gloire de Dieu ».

Une des bonnes raisons qu'elle ne put me donner à ce moment-là, parce qu'elle n'en avait pas encore pris connaissance, ne fut révélé que deux mois plus tard. A l'insu de Kathryn, son pianiste et confident, Dino Kartsonakis, et le beau-frère de ce dernier, Paul Bartholomew, qui était également son administrateur, avaient préparé un manuscrit intitulé «Kate la grande », dans lequel ils dévoilaient les aspects les moins sympathiques de Kathryn et dont ils comptaient inonder le marché du livre. Ce projet ne vint au grand jour qu'en juillet 1975, lorsque Bartholomew porta plainte contre Kathryn qui les avait licenciés, auprès du tribunal de Los Angeles. Celui-ci interdit la publication d'informations sur la vie de Kathryn avant dix ans. Mais en mai, cette dernière n'avait pas encore pris connaissance de cette conspiration, et j'en conclus qu'en lui donnant ce désir de commencer la rédaction de son autobiographie, Dieu la mettait en garde et voulait la prévenir, afin qu'elle écrive son histoire, sinon quelqu'un d'autre s'en chargerait et salirait son nom et son ministère.

Ce soir-là, nous décidâmes donc d'entamer la rédaction. Cependant, nos activités mobilisaient la majeure partie de notre temps et nous étions loin de nous douter que celui-ci nous était compté. Kathryn s'entretint avec sa sœur Myrtle et enregistra quelques événements de son enfance sur cassette, mais la mort interrompit bientôt notre projet. Aussi, son souhait s'accomplit en partie, en ce sens qu'une biographie fut publiée en lieu et place d'une autobiographie.

Toute cette affaire démontra sa sensibilité à la direction du Saint-Esprit qui lui vint alors en aide. Beaucoup lui reprochaient son impatience, et particulièrement envers ses collaborateurs. En revanche, lorsqu'il s'agissait d'élargir son ministère, elle avait appris la douloureuse leçon qui consistait à attendre que la personne idéale soit mise sur sa route, et que le temps de Dieu lui permette d'agir.

Le meilleur exemple est le début de son ministère au Canada. Celui-ci commença par une guérison miraculeuse. Kenneth May, un fermier de Forester's Fall, Ontario, âgé de soixante-deux ans, avait apprit le verdict des médecins : il se mourait d'un cancer des glandes lymphatiques. Son histoire est relatée en détail dans le chapitre intitulé « L'Aurore Canadienne », du livre *Dieu agit encore*. Il avait été transféré à l'hôpital d'Ottawa où il subit un traitement au Cobalt, qui s'avéra inefficace. Les radiographies montrèrent une multiplication des nodules. Les médecins, conscients que ses jours étaient comptés, l'autorisèrent à se rendre à Pittsburgh pour y rendre visite à sa fille, avant de lui faire subir un traitement radical. Or, avant le départ de M. May et de son épouse, leur voisin leur dit : « Oh, j'espère que vous aurez l'occasion de vous rendre à l'une des réunions de Kathryn Kuhlman pendant votre séjour là-bas», et il leur remit un exemplaire du livre *Je crois aux miracles*. Après avoir lu ce livre, Kenneth se demanda pour la toute première fois, si Dieu pouvait guérir quelqu'un d'un cancer arrivé au stade terminal.

Le 1er avril 1968, M. et Mme May assistèrent à l'étude biblique que Kathryn donnait régulièrement à la Première Église Presbytérienne. Ils en furent si impressionnés qu'ils restèrent après la réunion pour discuter avec les habitués. Ceux-ci, lorsqu'ils apprirent l'état de santé de M. May, l'encouragèrent à se rendre au Carnegie Hall, pour y assister à la réunion de miracles du vendredi soir.

« Savez-vous que Dieu peut vous guérir ? », lui demanda quelqu'un.

Peu après, Madame May retourna au Canada, et M. May resta auprès de sa fille. Bien qu'il éprouvât de terribles douleurs, il s'accrocha au mince espoir qui lui restait : « Savez-vous que Dieu peut vous guérir ? »

Le vendredi matin, il se rendit avec sa fille au Carnegie Hall, mais il fut près de perdre le peu d'espoir qui lui restait en voyant la foule entassée devant les portes, déjà quelques heures avant le début de la réunion. Il allait abandonner tout espoir, lorsque les personnes qu'il avait rencontrées le lundi soir le reconnurent et vinrent l'encourager à rester. Une inconnue s'approcha de lui et lui dit : « Vous avez un cancer, n'est-ce pas ? »

May fut frappé par ce discernement, et avant qu'il ait pu lui répondre, l'inconnue lui saisit le bras et se mit à prier pour lui. Bien qu'embarrassé, il baissa la tête et dit à haute voix : « Je t'appartiens Seigneur, fais ce qu'il te plaira ».

Au même instant, il éprouva une sensation particulière qui parcourut tout son corps et sentit la douleur le quitter : il était guéri ! Il attendit l'ouverture des portes sans ressentir aucune douleur ; lorsque la réunion commença, une personne du service d'accueil s'approcha de lui et lui demanda s'il avait été guéri. May répondit : « Je crois que quelque chose m'est arrivé. En fait, j'en suis sûr ».

On l'amena sur l'estrade où Kathryn pria pour lui. Après la réunion, alors qu'il se tenait dans le hall d'entrée, une manifestation très étrange se produisit : un liquide suinta de ses pores et ce phénomène se poursuivit pendant trois jours. Après avoir fait ses adieux à sa fille, Kenneth May s'envola pour le Canada et se rendit à la clinique des cancéreux d'Ottawa, où il fut déclaré guéri. Et même son médecin affirma qu'il s'agissait d'un miracle.

Peu après son retour, Kenneth rendit visite à Madame Mary Pettigrew de Cobden, qui était au stade final de la sclérose en plaques. Sur son insistance, celle-ci se rendit avec son mari, Clarence, à Pittsburgh. Elle fut également guérie miraculeusement et revint dans sa petite ville, débordante de joie et contant à tous la bonne nouvelle de la puissance miraculeuse du Saint-Esprit. De nombreux malades de la villes se rendirent à Pittsburgh et beaucoup revinrent guéris. La nouvelle se répandit dans toute cette région du Canada.

En janvier 1969, à peu près six mois après la guérison de Mary Perttigrew, une femme d'Ottawa, qui se mourait d'un cancer, téléphona à une amie de Brockeville, Maudie Phillips, et lui demanda si elle avait entendu parler de Kathryn Kuhlman. Maudie n'avait jamais entendu parler de cette Kathryn, mais elle conseilla tout de même à son amie d'aller à Pittsburgh. Après tout, elle était mourante, et cela ne pouvait lui faire aucun tort. Cette dame assista donc à une réunion et revint au Canada, guérie et complètement transformée. Sa peau, autrefois d'une teinte cuivrée, était redevenue tout à fait saine. Tous les symptômes du cancer avaient disparu. Non seulement elle était guérie, mais l'homme qui l'avait conduite jusqu'à Pittsburgh, et qui avait une excroissance de la taille d'une grappe de raisin, sur la colonne vertébrale, fut également guéri.

Maudie, une personne très réservée, eut beaucoup de difficultés à croire son amie, bien qu'elle la connût depuis l'enfance. Elle parla tout de même de ces miracles à son mari et ils décidèrent de se rendre à Pittsburgh pour vérifier ce qu'il s'y passait. Le jour qui précéda leur départ, Sharon, leur fille et Grant Mitchell, leur beau-fils, ainsi que leur petit-fils de quatre ans et demi, Troy, demandèrent à les accompagner. Tout le monde, dans cette région de l'Ontario, semblait parler des miracles qui avaient lieu à Pittsburgh.

L'hiver est redoutable pour l'asthmatique, car les vêtements de cette saison sont généralement composés de fibres qui irritent la peau. Le petit Troy était né avec de l'eczéma et une maladie chronique des poumons semblable à de l'asthme. Sa peau était recouverte de larges plaies purulentes et de croûtes. Par ailleurs, chaque membre de son corps qui subissait un frottement de la peau, tel que le menton, les aisselles, les coudes, l'aine, les genoux et l'espace entre les doigts de pieds, était enflammé et une sensation de brûlure et de démangeaison parcourait les lésions craquelées de son pauvre corps.

Troy était suivi par le médecin de famille, le Dr. McLeod et par un des plus éminents dermatologues d'Ottawa, le Dr. Montgomery. Ce dernier avait prescrit, en plus des médicaments traditionnels, des bains à la farine d'avoine pour leur effet apaisant sur la peau, et les Mitchells en achetaient par sacs entiers. Sharon, qui était infirmière, administrait soigneusement les bains. Il fallait ensuite emmailloter l'enfant dans des bandages afin de l'empêcher de se gratter durant la nuit et de provoquer des lésions supplémentaires. Pour tout réconfort, le médecin leur disait qu'il espérait qu'avec le temps, Troy apprendrait à éviter tout ce qui ne ferait qu'aggraver son état allergique, et s'adapterait à sa triste condition.

Après avoir parcouru huit cents kilomètres, cette famille arriva à Pittsburgh et passa la nuit au Pick Roosevelt Hotel. A six heures trente du matin, elle se rendit à la Première Église Presbytérienne où se tenaient temporairement les réunions pendant les travaux de rénovations du Carnegie Hall. La salle se remplissait déjà alors que la réunion ne commençait pas avant onze heures. Grant, Sharon et Troy s'assirent dans la même rangée et Maudie et Harvey s'installèrent derrière eux.

Or, il se passa une chose étrange. Vers 9 heures, Maudie remarqua que sa fille Sharon pleurait sans aucune raison apparente. Au fur et à mesure que l'heure d'ouverture approchait, la jeune femme pleurait de plus en plus et elle continua même après l'arrivée de Kathryn.

Ces événements inhabituels dépassèrent Maudie, si réservée de nature et à plusieurs reprises, elle fit signe à son mari pour qu'ils quittent la salle. Toutefois, il était impossible de s'en aller sans se faire remarquer. Aussi fut-elle contrainte de rester, mais elle se promit de ne plus jamais se retrouver dans une situation aussi embarrassante.

Ce jour-là, comme cela lui arrivait quelquefois, Kathryn ne fit pas de prédication et commença immédiatement la réunion de miracles, nommant les diverses maladies et encourageant les personnes guéries à venir témoigner sur l'estrade. Au milieu de la réunion, elle s'arrêta et dit : « Dieu guérit quelqu'un de l'eczéma ». Mais personne ne se manifesta. Aucun membre de la famille Mitchell ne semblait faire le rapport entre cette déclaration et l'état de santé de Troy. Kathryn poursuivit sa réunion, mais dix minutes plus tard, elle fit une chose inhabituelle qui, selon ses collaborateurs, ne se produisit que deux fois dans tout son ministère. Elle dit : « Je vais devoir arrêter la réunion, car quelqu'un dans cette salle attriste le Saint-Esprit ». Un silence de plomb descendit sur l'auditoire. Les gens se tournaient les uns vers les autres, comme les disciples, le soir où Jésus leur annonça que quelqu'un allait le trahir : « Est-ce à cause de moi ? »

Tout à coup, Maggie Hartner qui semblait particulièrement réceptive à la présence du Saint-Esprit, lorsque l'onction de Dieu se répandait sur les réunions, s'arrêta à la rangée ou se trouvait la famille Mitchell. Sharon pleurait toujours si fort qu'elle n'avait pas réalisé ce qu'il se passait dans la salle. Maggie s'adressa à Grant et lui demanda : « Quelle prière avez vous adressée à Dieu ? »

« Une prière pour mon fils », dit Grant tout simplement,

« Qu'a-t-il ? »

« Il souffre d'eczéma ».

« Eh bien ! Pour l'amour du ciel ! », s'exclama Maggie. « Vous n'avez donc pas entendu Miss Kuhlman ? Elle a arrêté la réunion, et moi, je parcours les différentes allées pour trouver qui Dieu a touché. Je vous prie de vérifier l'état de santé de votre enfant ».

Alors, soudain, Sharon sursauta et, sans essuyer ses larmes, elle releva le T-shirt de Troy. Chaque plaie, chaque lésion, chaque fissure purulente de la peau avait disparu ! Les croûtes n'étaient plus qu'une poudre que le mouvement du T-shirt fit tomber à terre. Maudie, qui avait assisté à toute la scène, était pratiquement en état de choc. Grant saisit le bras gauche de l'enfant et vérifia l'endroit où se trouvait auparavant une vilaine blessure. La peau était à présent nette et en parfaite santé.

Ils reprirent la route du Nord, sans toutefois encore réaliser ce qui venait de se produire. Aux environs du lac Erie, ils se virent forcés de passer la nuit dans un motel, en raison d'une forte tempête de neige. La famille s'engouffra dans la dernière chambre disponible. Troy s'endormit immédiatement, mais les adultes restèrent éveillés toute la nuit, et s'entretinrent de ce merveilleux miracle. A minuit, Harvey n'y tenant plus, prit la lampe de chevet et la dirigea vers le lit pour examiner encore une fois le corps de Troy. Chaque endroit, autrefois recouvert de plaques, était d'une blancheur qui contrastait avec l'aspect rosé du restant du corps. Au centre de chaque plaque blanche, on apercevait une rougeur de la taille d'une épingle. A chaque heure qui passait, chacun à son tour inspecta le corps, et le matin, la rougeur avait également disparu.

Trois mois plus tard, les Mitchell emmenèrent Troy en vacances au Mexique. A la fin des vacances, le petit garçon arbora un joli bronzage sur l'ensemble de son corps, à l'exception des endroits autrefois atteints d'eczéma, demeurés aussi blancs que la neige. Ces plaques persistèrent encore une année mais finirent par disparaître totalement.

Ses parents le firent examiner par le Dr. Montgomery et le Dr. McLeod, qui avaient tous deux certifié authentique la guérison complète de Troy, y compris ses poumons. Le Dr. Montgomery surnomma Maudie la « grand-mère miracle », nom qu'elle chérit pendant de longues années, en souvenir du jour où Dieu entra puissamment dans sa vie.

A dater de ce jour, Maudie Phillips fut une des femmes les plus enthousiastes, par sa détermination à faire connaître les réunions de Pittsburgh à tout Ottawa, et sa volonté de voir d'autres personnes être aussi bénies qu'elle. Ses qualités d'organisatrice la poussèrent à contacter les serviteurs de Dieu de la ville, car, pensait-elle, si elle parvenait à les amener à une réunion de Kathryn Kuhlman, ils en reviendraient plein de force divine et la même puissance du Saint-Esprit se manifesterait dans leurs églises. Mais elle se trompait. Car même lorsqu'elle leur proposa de louer un autocar à ses propres frais (le coût s'élevait à 1.000 dollars), ces pasteurs ne montrèrent pas le moindre désir d'assister à un miracle de près : ils étaient bien trop occupés à vaquer à leurs propres affaires pour s'y intéresser.

Maudie, intrépide, retourna chaque week-end à Pittsburgh, emmenant avec elle tous ceux qui désiraient assister à une réunion. Mais l'idée de louer un ou plusieurs autocars pour emmener tout un groupe de personnes à Pittsburgh, revenait sans cesse à sons esprit.

Cette année-là, Harvey tomba malade. Les médecins décelèrent une maladie des poumons, et déclarèrent à Maudie qu'il ne survivrait pas à l'opération. Les prières des Phillips étaient restés très formels, et s'attachaient à la tradition de l'Église épiscopale : ils écoutaient les prières le dimanche, rendaient grâces à table et récitaient le Notre Père le soir. Mais lorsque Maudie apprit la maladie de son mari, ses prières firent place à une conversation directe avec Dieu.

« Seigneur, si Tu le sauves, je louerai un autocar ».

L'état d'Harvey s'améliora immédiatement, et le jour qui suivit sa sortie de l'hôpital, Maudie et un groupe de personnes firent route pour Pittsbugh. Il y avait un seul serviteur de Dieu à bord.

A partir de ce jour-là et jusqu'à la mort de Kathryn, six années plus tard, Maudie Phillips ne manqua que cinq réunions à Pittsburgh. Elle organisa des centaines de charters en provenance du Canada et vit des milliers de personnes guéries et amenées à Christ.

Le nombre toujours croissant de participants canadiens aux réunions, entraîna une augmentation des dons en faveur du ministère de Kathryn Kuhlman. Étant donné que ces dons n'étaient pas déductibles de l'impôt sur le revenu canadien, Kathryn fut contrainte d'ouvrir un bureau au Canada. Et qui était plus apte à diriger cette branche de la fondation que Maudie, la personne que Dieu avait mise sur sa route.

Or, avant même que Kathryn ne contactât cette dernière, le Saint-Esprit avait déjà parlé au cœur de Maudie, qui, avait démissionné après plus de vingt-cinq ans de service à l'« Automatic Electric Company ». Elle avait en effet le sentiment que Dieu avait davantage en réserve pour elle. Aussi, lorsque Kathryn Kuhlman lui téléphona, elle était prête à commencer immédiatement sa tâche et elle organisa la nouvelle succursale de la Fondation Kathryn Kuhlman, dont le siège social serait à Brockeville, Ottawa.

Maudie se mit immédiatement au travail, et tenta de convaincre Kathryn que, compte tenu du nombre de participants canadiens, il serait nécessaire d'organiser des réunions de miracles à Ottawa, et proposa à cet effet le Ottawa Civic Center qui pouvait contenir jusqu'à 16 000 personnes. Il était bien entendu difficile de convaincre Kathryn de s'éloigner de ces deux centres américains où son activité était déjà si intense. Elle se sentait à sa place à Pittsburgh et à Los Angeles, et elle hésitait à élargir son ministère dans une contrée où tant de serviteurs de Dieu avaient échoué, à savoir le centre du Canada.

Kathryn parlait souvent d'un cauchemar qui revenait sans cesse : elle prêchait dans un énorme auditorium vide. Cette crainte était encore dépassée par celle de se retrouver sur l'estrade sans le Saint-Esprit. Aussi était-elle très prudente et, ne voulait-elle entreprendre aucune démarche avant d'avoir la certitude que celle-ci serait couronnée de succès.

Pourtant, Maudie était persuadée que Kathryn devait mener des réunions au Canada. Le nombre toujours croissant de participants canadiens aux réunions de Pittsburgh, décida finalement Kathryn à mener une réunion à Ottawa et trois soirées à Peterborough.

C'est alors que Maudie sentit le poids des responsabilités tomber sur ses épaules. Cette nuit-là, elle alla se coucher sans trouver le sommeil et ressassant sans cesse les mêmes inquiétudes : « Tu as certes organisé des voyages vers Pittsburgh par convois entiers, mais que sais-tu sur l'organisation d'une réunion de miracles ? Si Kathryn se déplace jusqu'au Canada et que personne ne vient à la réunion, ton cauchemar deviendra réalité ».

Elle ne trouva pas le sommeil. Soudain, à deux heures du matin, complètement éveillée, elle vit chaque détail de l'organisation se dérouler dans sa pensée ! Aussi se glissa-t-elle tout doucement hors du lit, pour ne pas réveiller son mari, et elle descendit à la cuisine. Elle retrouva une vieille carte routière du Canada, l'étala sur la table et ferma les yeux. La vision qu'elle avait eue montrait des épingles piqués en différents points de la carte, et des instructions détaillées sur l'organisation d'un réseau d'autocars qui se déploierait dans toutes les villes avoisinantes. Elle rouvrit les yeux, disposa des épingles sur différents points de la carte conformément à sa vision et dessina un plan d'action pour l'acheminement des autocars vers le lieu de la réunion. Lorsque Harvey descendit pour le petit déjeuner, le plan était achevé.

Un tout nouveau concept venait de voir le jour. Elle savait exactement combien d'autocars il fallait prévoir, ceux qui seraient partiellement ou entièrement remplis, le nombre d'autocars supplémentaires à tenir en réserve, le nombre de places à réserver dans l'auditorium, et l'espace nécessaire aux chaises roulantes, et enfin le personnel d'accueil requis.

Kathryn en fut impressionnée. Et, Maudie Phillips, notre « grand-mère miracle », se mit à voyager d'un bout à l'autre du Canada et des États-Unis pour organiser d'importantes réunions de miracles à Chicago, St. Louis, Oakland, Seattle, Dallas, Miami, Atlanta, Las Vegas et une dizaine d'autres villes importantes. Ce fut le début d'un tout nouveau ministère pour Kathryn qui avait su attendre avec sagesse, le moment opportun.

11

Bonjour tout le monde ! Vous m'attendiez ?

Tout le monde aimait à imiter Kathryn Kuhlman. Sa voix rauque et unique en son genre qui annonçait sur les ondes cette même phrase : « Bonjour tout le monde ! Vous m'attendiez ? », le mouvement théâtral de ses mains à la télévision, sa manière de marcher à reculons et sur la pointe des pieds, tout en agitant le doigt, avant de dire : « Le Saint Espriiit est là », ou « A Toi, toute la gloiiiire et le louange », ses cheveux à la mode des années quarante... tout cela correspondait au personnage schématisé que l'on se plaisait à imiter. Kathryn comptait parmi ses fans, un producteur juif de cinéma. Il affirma qu'elle avait le talent d'une star, car elle était la seule femme au monde qui parvenait à prononcer le mot « Dieu » en quatre syllabes.

Elle devint une cible idéale pour les animateurs télévisés, tels Flip Wilson et Carol Burnett qui firent une parodie sarcastique de Kathryn Kuhlman. Celle-ci semblait d'ailleurs beaucoup en rire, car elle savait que les animateurs n'imitaient que les célébrités d'envergure nationale, et je pense que cette idée lui permettait d'endurer l'humiliation que Carol Burnett n'infligeait qu'aux grandes vedettes. Et lorsque Ruth Buzzi fit un malheur avec une imitation hilarante de Miss Kuhlman, (celle-ci imposait les mains à des fruits dans un supermarché), Kathryn lui fit parvenir un mot contenant une seule phrase : « Personne n'a apprécié la satire autant que moi ». Ruth répondit au mot par une douzaine de roses. (Curieusement, elle n'imita jamais plus Kathryn à la télévision).

Et même ses proches, qui la connaissaient et l'aimaient, ne pouvaient s'empêcher, lorsqu'il était question de Kathryn autour d'un repas, de lever le doigt et de dire : « C'est tout simple », ou encore si la réunion de prière était décontractée et informelle ce jour-là, de proclamer d'une voix rauque : « Je crois aux miiiiiiracles ».

Plusieurs théories furent avancées sur la diction singulière de Kathryn. Elle accentuait certains mots avec exagération. « Jésus » devenait « Jéééésuuus ». Et elle ne pouvait parler du Saint-Esprit sans rallonger son nom « le Saint-Espriiiit ». Il en était de même pour ses mimiques théâtrales ; tout particulièrement lorsqu'elle reculait, pointait du doigt, abaissait le menton, et regardant son bras agité par le mouvement de son doigt, elle déclarait : « C'est la vérité. Ne l'oubliez jamais ! »

Kathryn aimait raconter que dans son enfance, elle avait bégayé (comme Moïse). Sa mère, consciente de ce défaut, passait des heures à corriger sa diction et lui répétait : « Maintenant, chérie, parle lentement. Pronnnonccce les mots claireeement ».

« C'est la raison pour laquelle je parle si lentement », expliqua-t-elle à un journaliste du *People Magazine*. « Beaucoup pensent que j'ai des difficultés d'élocution, mais en réalité, j'essaye de surmonter mon problème ».

Cette franchise rassurait tout le monde, car autant les gens aimaient voir une personne se dépasser, autant ils méprisaient ceux qui jouaient la comédie. En fait, ceux qui l'avaient connue enfant confirmaient qu'elle avait toujours parlé lentement, exagéré ses mouvements et accentué ses mots, pour capter l'attention de son entourage. Une ancienne amie de classe me dit que lorsqu'elle vit Kathryn à la télévision, elle ferma les yeux et reconnut la voix de cette adolescente rousse et espiègle qui se tenait devant toute la classe, agitant les bras, clignant ses longs cils, balançant ses hanches, en déclamant : « Oh Capitaine ! mon capitaine ! »

« Lorsque le professeur quittait la pièce, toutes les élèves criaient « Kathryn, raconte-nous une histoire ». Elle parvenait réellement à nous subjuguer et bien que nous nous moquions de son air dramatique et de sa manière de prononcer les mots, nous savions que personne ne parvenait à nous amuser autant que Kathryn ».

De nombreuses années plus tard, Myrtle Parrott, la sœur aînée de Kathryn, assista à une réunion de miracles au Shrine

Auditorium. Elle se trouvait au balcon lorsqu'elle entendit, derrière elle, une conversation entre deux femmes.

« Elle est trop théâtrale », dit l'une d'elles. « Je ne supporte pas tous ces acteurs ».

« Et sa manière de prononcer les mots. C'est du chiqué. Je suis sûre qu'elle a répété devant un miroir pendant des années pour arriver à obtenir cet accent ».

Ces propos dépassèrent tout ce que Myrtle pouvait supporter. Elle se retourna, et les toisant du regard, elle leur dit : « Je la connais depuis plus longtemps que vous. Je la connais depuis plus longtemps que quiconque dans cet auditoire et j'aimerais vous dire qu'elle a toujours été ainsi ».

Bégayait-elle réellement depuis l'enfance, ou a-t-elle, très jeune mis au point une technique qu'elle conserva toute sa vie ?

Encore un mystère qui le restera pour toujours.

Kathryn commençait ses émissions par la même entrée en la matière : « Bonjour tout le monde. Vous m'attendiez ? »

Cette phrase peut sembler quelque peu familière, et pourtant, c'est cette touche populaire qui la rendit célèbre auprès d'une génération entière d'auditeurs, avant que la télévision ne fît son apparition. En effet, de nombreux auditeurs expliquaient dans leur courrier, que lorsque la voix de Kathryn se faisait entendre sur les ondes et qu'elle leur posait cette fameuse question, ils répondaient à haute voix : « Oui, Kathryn, nous t'attendions ». Et lorsque Kathryn trouvait une formule qui fonctionnait, elle ne la changeait jamais.

Toutefois, ces airs et son accent dramatiques, ses mouvements volontairement théâtraux faisait d'elle une proie facile pour ses imitateurs.

L'imitatrice que je préférais était Catherine Marshall. Peut-être parce qu'elle parvenait à imiter la voix de Kathryn avec une telle exactitude, qu'il me semblait presque que l'évangéliste était dans la pièce.

Un de mes meilleurs souvenirs, fut la rencontre que j'organisai entre Kathryn Kuhlman et Catherine Marshall. Catherine, écrivain, et son mari Leonard LeSourd, éditeur du *Guidepost*, portaient un intérêt sincère au ministère de Kathryn, et tout particulièrement à l'enseignement qu'elle prodiguait sur le Saint-Esprit. En outre, Catherine préparait son livre, *Quelque chose de plus*, dans lequel elle avait l'intention d'inclure un chapitre sur la guérison et elle pensait que sa rencontre avec Miss Kuhlman serait une bénédiction.

De son côté, Kathryn était impatiente de la rencontrer car, bien qu'elle n'eût lu aucun ouvrage de Catherine, elle était toujours impressionnée par les personnes qui avaient gravi les échelons du succès. Et l'idée de rencontre le couple, l'écrivain et l'éditeur, ne pouvait que l'enchanter. Aussi, lorsque je l'appelai à Pittsburgh et l'informai que j'avais l'intention de les emmener à la réunion de miracles de Miami la semaine suivante, elle s'en réjouit comme s'il s'agissait de la venue du roi et de la reine d'Angleterre.

«A ton arrivée, viens me rejoindre dans ma loge » dit-elle « J'attends ce jour depuis si longtemps ».

Une bruine recouvrait la ville cet après-midi-là, lorsque Jackie et moi allâmes chercher Catherine et Len à leur résidence. En chemin, ils nous bombardèrent de questions : les écrivains sont des gens très curieux, qui passent plus de temps à poser des questions et à écouter, qu'à raconter eux-mêmes des histoires.

« Pensez-vous que ce phénomène qui consiste à « tomber dans le repos de l'Esprit » soit réel ? »

« Pensez-vous qu'elle ait un quelconque pouvoir hypnotique ? »

« Pourquoi certains sont-ils guéris et d'autres non ? »

« Pensez-vous que la foi joue un rôle important dans la guérison ? »

« Est-ce la foi de Kathryn qui agit ou celle de la personne qui reçoit une guérison ? »

« Pourquoi Dieu a-t-Il choisi une personne comme Kathryn, qui a tant de défauts ? »

La seule conclusion que je pus en tirer, fut que la guérison, comme la naissance et la mort, appartiennent à Dieu. C'était Son affaire, le fruit de Son amour et de Sa miséricorde et Il pouvait choisir qui bon lui semblait pour transmettre Sa puissance de guérison.

Lorsque nous arrivâmes devant l'auditoire, la bruine s'était transformée en averse.

«Oh la ! », entendis-je Len s'écrier à l'arrière du véhicule.

« Mon Dieu, regarde ! », s'exclama Catherine à son tour.

Le trottoir, la pelouse et la rue, face à l'auditoire, étaient recouverts de monde. Quelques-uns avaient réussi à se glisser sous l'avant-toit, mais la plupart, environ deux mille personnes, attendaient sous une pluie torrentielle, que les portes s'ouvrent. Des centaines de parapluies, de différentes tailles, formes et couleurs abritaient leurs propriétaires, alors que d'autres tentaient de protéger leur tête sous des journaux détrempés. Mais la plupart, complètement trempés, attendaient pendant que d'autres encore, après avoir garé leur voiture et traversé la pelouse, venaient grossir le nombre qui, à présent, débordait sur le parterre de fleurs et dans la rue entière.

Catherine, assise derrière moi et les mains accrochées à mon dossier, observait le mouvement de la foule à travers la vitre. « Ils attendent là, sous la pluie, deux heures avant que la réunion ne commence », murmura-t-elle : « Pourrais-tu t'imaginer autant de monde devant l'Église Presbytérienne ? ».

Len, ébahi répondit : « Eh bien ! Si les miracles dont on nous a parlé se produisaient dans ces églises, ils attireraient certainement autant de monde ».

Je garai la voiture et nous nous faufilâmes par une petite porte sur le côté de l'immeuble qui menait directement vers l'estrade. La chorale était déjà prête et le Pr. Metcalfe faisait les dernières mises au point. La salle semblait presque pleine, et les sièges étaient déjà occupés par ceux qui avaient voyagé en autocars, par les personnes en chaises roulantes ou les handicapés. Nous nous dirigeâmes jusqu'à la loge de Kathryn, où Maggie nous accueillit chaleureusement. Nous étions manifestement les bienvenus.

Kathryn se dépêchait comme d'habitude. Elle se retourna rapidement à notre arrivée et, plus radieuse que jamais, leva les bras en s'exclamant : « Oooh ! Que Dieu vous bénisse ! ».

Mon regard restait fixé sur Kathryn, vêtue d'une robe scintillante de couleur noire, dont le pan et les manches étaient brodées de dentelle. Sa robe était mise en évidence par une ceinture rouge foncée qui enserrait sa taille : on aurait presque pu en faire le tour avec les deux mains. La dentelle autour des manches accentuait la longueur de ses bras. Elle portait un large bracelet d'argent au poignet et une parure d'émeraudes montées sur une chaîne d'argent autour du cou. Elle portait des bas noirs assortis à la robe et des chaussures rouge foncée. Toutefois, ce ne furent pas ses vêtements qui me coupèrent le souffle, mais les lunettes noires qui cachaient la moitié de son visage et dont les verres dépassaient le visage d'au moins un centimètre.

Elle se tenait devant nous, une main sur la hanche et sa position rappelait celle de la célèbre actrice des années quarante, Betty Grable. Elle ne se défendait pas mal pour une femme de plus de soixante ans. Elle resta un moment dans cette position avant de prendre la main de Catherine entre les siennes et de répéter une seconde fois : « Oooh ! Que Dieu vous bénisse », le visage souriant et masqué par les lunettes noires. Ensuite, tenant toujours les mains de Catherine, elle fit un pas en arrière comme si elle désirait mieux voir et admirer la personne qui était venue lui rendre visite.

« Je me demande encore », dit-elle d'une voix qui rappelait les eaux profondes qui viennent se frotter sur les pierres d'une rivière, « comment une personne telle que vous désire me voir, mais » poursuivit-elle « je suis siii heureuse que vous soyez venue ».

Catherine resta clouée sur place, fixant ces énormes lunettes.

Kathryn éclata de rire : « Oh ! », dit-elle d'une voix rauque : « J'essaie tout simplement de passer inaperçue ».

Catherine pouffa de rire et, soudainement, il leur sembla s'être toujours connues.

Nous restâmes très peu de temps dans la loge et regagnâmes rapidement nos places dans l'auditoire, d'où nous avions non seulement vue sur la plate-forme, mais sur la salle, ce qui nous permettait de voir les miracles se produire pendant la réunion. En fait, Len et Catherine semblaient davantage intéressés par les miracles qui s'opéraient, que par Kathryn qui se mouvait d'un côté à l'autre de la scène. Plusieurs fois, je jetai un coup d'œil en leur direction et remarquai des larmes sur leur visage. La vue était spectaculaire certes, mais il y avait surtout la présence du Saint-Esprit et cela dépassait de loin tout spectacle humain.

Ce fut la seule fois que les deux Kathryn (ou Catherine) se rencontrèrent. Ce soir-là, sur le chemin du retour, après avoir déposé Len à l'aéroport où il devait prendre l'avion pour New York, Catherine demeura silencieuse. Et bien que nos chemins se soient croisés encore très souvent, jamais plus elle n'imita sa célèbre homonyme.

12

Histoires inédites

Bien qu'il n'existât aucune définition satisfaisante d'un miracle, Kathryn insistait pour que certains critères fussent remplis avant de publier le récit d'un tel événement. Pour que leur mention puisse être insérées dans un de ses livres, les guérisons devaient répondre aux conditions suivantes :

1. La maladie ou la blessure devait être d'origine organique ou structurelle, et médicalement diagnostiquée.
2. La guérison devait se produire instantanément ou rapidement. L'état de santé devait s'améliorer de façon tout à fait inhabituelle et cette amélioration ne pouvait être le fruit d'une autosuggestion.
3. Chaque guérison devait être certifiée médicalement, de préférence par plusieurs médecins, parmi lesquels le médecin personnel de l'intéressé.
4. La guérison devait être définitive, ou durer suffisamment longtemps pour ne pas être considérée comme une simple rémission.

En raison de ces critères rigoureux, l'histoire de nombreuses guérisons spectaculaires ne fut pas reprise dans les livres de Kathryn.

Ce fut le cas pour George Davis, ancien Directeur des Ecoles Professionnelles de Philadelphie. Davis, licencié de l'Université de New York, de Pennsylvanie et de Villanova, fut le premier conseiller municipal de race noire à superviser l'enseignement scolaire de la ville. Je l'interviewai dans sa jolie résidence du nord de Philadelphie, et me retrouvai en compagnie d'un des hommes les plus agréables que je connusse. Sa guérison était répertoriée dans les cas « classiques ».

La lutte serrée que Davis mena pour se tailler une place dans cet univers réservé aux blancs lui valut une sérieuse insuffisance cardiaque. Son cardiologue diagnostiqua un infarctus du myocarde. La valvule, qui permettait la circulation du sang entre les deux ventricules du cœur, fonctionnait mal. Cette défaillance cardiaque était très similaire au problème qui causa la mort de Kathryn quelques années plus tard.

Davis survécut à cette grave déficience pendant environ une année, bien qu'il eût déjà connu plusieurs crises cardiaques graves, jusqu'au jour où son cardiologue décida de réguler son cœur à l'aide d'un pacemaker. Cet appareil électrique inoxydable, de la taille d'un briquet, fut placé dans sa poitrine du côté gauche, plus précisément dans le creux de la clavicule au cours d'une opération chirurgicale. Un tuyau le reliait à son cœur. Une petite pile déclenchait un courant électrique qui transmettait des pulsions constantes dans son cœur, permettant ainsi à ce dernier de battre régulièrement.

Huit mois après l'opération, Davis rendit visite à son père à Donora, dans la banlieue de Pittsburgh, en Pennsylvanie. Son père faisait partie du service d'accueil des réunions de Kathryn Kuhlman, et il lui proposa de l'accompagner. Cette idée n'enthousiasma guère Davis qui n'était pas très pratiquant. Toutefois, convaincu par la transformation qu'il avait pu remarquer en son père, il finit par accepter l'invitation.

A la fin de la réunion, Miss Kuhlman descendit et pria pour les personnes, assises le long de l'allée. Elle s'approcha de Davis et lui imposa les mains sur la tête. Davis tomba de sa chaise et, incapable de se relever, resta cloué au sol. Alors qu'il était dans « le repos de l'Esprit », il sentit qu'une terrible sensation brûlante parcourait sa poitrine, lui rappelant sa première crise cardiaque, un an et demi plus tôt.

Une femme se pencha sur lui et lui dit : « Ce n'est pas une crise cardiaque. Dieu est en train de vous guérir. C'est Sa puissance qui vous traverse ».

Pour toute réponse, Davis murmura avec peine : « Je l'espère ».

La douleur s'atténua enfin, et Davis parvint à ramper jusqu'à son siège, d'où il attendit la fin de la réunion. mais, dès cet instant, sa vie spirituelle fut transformée.

Ce soir-là, alors qu'il se trouvait chez ses parents, il se regarda dans le miroir après avoir pris une douche. Soudain, il réalisa que quelque chose avait changé. La cicatrice de l'incision faite pour insérer le pacemaker, avait totalement disparu. Cependant, comme il était tard et que la pièce était très mal éclairée, il refoula cette idée. Le lendemain, il réexamina son torse : plus de cicatrice ! En outre, en palpant sa poitrine avec ses doigts, il ne constata aucune trace de pacemaker.

Davis hésita d'abord à retourner chez le médecin, mais finalement, trois semaines plus tard, il décida d'aller faire un check-up médical. Dans l'intervalle, il avait pris du poids et il s'était senti plus fort qu'il ne l'avait été depuis de nombreuses années. Lorsque le cardiologue vérifia son cardiogramme, celui-ci s'avéra parfait. Davis expliqua alors au médecin ce qui lui était arrivé. Le docteur eut alors une réaction surprenante et se mit en colère, ordonnant immédiatement un examen fluoroscopique. Ne trouvant plus le pacemaker, celui-ci accusa Davis de l'avoir ôté. Davis, abasourdi, répliqua que : « Si l'opération faite pour insérer l'appareil dans son corps avait laissé une cicatrice, pourquoi son extraction n'en avait-elle laissé aucune ? ». Et il ajouta : « Je vous dis que c'est le bon Dieu qui a retiré le pacemaker et Il a, par la même occasion effacé la cicatrice ».

A ces mots, le médecin entra dans une colère noire et cria qu'il ne supportait pas que les gens contrecarrent ses méthodes de travail. Davis tenta de lui expliquer que « Dieu n'était pas un homme », mais le docteur était bien trop en colère pour l'écouter. Il ordonna que des radiographies soient faites à l'hôpital, de la tête aux pieds. Le pacemaker avait bel et bien disparu.

La semaine suivante, Davis revint à l'hôpital où il fut examiné par une équipe de cardiologues, y compris des professeurs en médecine de Harvard. Ils admirent tous que ce cas était le plus étrange de toute leur carrière. Or, lorsque Davis demanda au médecin un certificat confirmant qu'un pacemaker avait bien été inséré dans sa poitrine, le cardiologue explosa.

« Vous voulez faire de moi la risée de tout le corps médical ? Je ne vous ferai aucune lettre et je vous interdis de mentionner mon nom dans tout ce que vous direz. Si vous le faite une seule fois, je vous traînerai en justice ».

Mais le Dr. George Johnston, de Philadelphie, le médecin qui traitait Davis au début de sa maladie cardiaque, accepta de témoigner. Il dit : « Je confirme que Davis a eu un infarctus, qu'un pacemaker a bien été introduit dans son corps et que celui-ci ainsi que la cicatrice consécutive à l'incision sur le torse ont disparu. Tout est inscrit dans un dossier médical ».

Kathryn demanda à Davis de participer à son émission télévisée, mais le médecin présent sur le plateau refusa de vérifier le bien-fondé de l'histoire. Aussi fallut-il annuler l'émission et ce témoignage ne fut jamais repris dans un des livres de Kathryn. L'histoire resta inédite jusqu'à ce jour.

Peu de médecins eurent la réaction du cardiologue de George Davis. Au contraire, beaucoup fournirent avec enthousiasme les preuves des miracles, sans le moins du monde se sentir menacés par l'interférence divine dans « leur » travail. Parmi eux, une femme médecin du sud de la Pennsylvanie, amena une de ses patientes à une réunion de miracle. Toutefois, bien que celle-ci fût guérie sur le plan physique, Kathryn décida de ne jamais publier le récit en raison des problèmes moraux que connaissait la jeune fille.

Un autre exemple est celui d'un mère de famille, atteinte de sclérose en plaques, cette maladie terrifiante qui attaque les muscles et les nerfs et maintient le corps dans une torsion difforme, entraînant même de fortes convulsions. Le patient termine souvent sa vie dans une chaise roulante, car il n'existe aucun traitement efficace de ce mal ; la mort est inéluctable. Voilà le développement de la sclérose en plaque, à moins d'une intervention divine.

Le cas de cette dame était particulièrement poignant, car non seulement elle avait de jeunes enfants, mais son mari, profitant de la situation, avait une aventure extra-conjugale. A plusieurs reprises, il amena sa maîtresse dans une chambre située à l'arrière de la maison, sachant très bien que son épouse ne pourrait s'y rendre en raison de l'étroitesse des portes qui ne permettait pas le passage d'une chaise roulante. Brisée dans son corps et son âme, cette femme si éprouvée en serait probablement morte si son médecin, un luthérien rempli de l'Esprit, ne s'était pas penché sérieusement sur son cas. Ayant entendu parler des réunions de miracles, il parvint à la convaincre de l'accompagner à Pittsburgh. Il lui avoua que c'était son dernier espoir.

Ils s'y rendirent tous deux en autocar-charter. Le médecin resta aux côtés de la malade du début à la fin, l'aida à monter chaque marche des escaliers de l'église, car ses jambes étaient enserrées dans une lourde artillerie orthopédique. Durant la réunion, la jambe de la jeune femme se mit à vibrer. Elle retira l'appareil et constata qu'elle parvenait à utiliser sa jambe gauche. Le médecin l'accompagna sur la plate-forme. Alors qu'elle parlait à Kathryn, la jeune malade tomba dans « le repos de l'Esprit ». Et lorsqu'elle se releva, elle ôta le deuxième appareil soutenant sa jambe droite et marcha normalement du haut de l'estrade jusqu'à sa place.

Étant donné que cette malade était paralysée de la taille aux pieds, elle n'exerçait plus aucun contrôle sur sa vessie. Cela faisait donc plus d'une année qu'elle utilisait pour uriner, un cathéter attaché à un sac en plastique autour de la taille, et le médecin savait que si elle parvenait à se contrôler sans avoir recours à cet équipement, ce serait la preuve de sa guérison totale. La jeune femme insista pour se rendre immédiatement aux toilettes de la Première Église Presbytérienne et y retirer le cathéter. Elle était guérie !

La sclérose en plaques est une maladie étrange et une rémission est toujours possible pendant une courte période. Mais lorsque la maladie atteint le stade de la « chaise roulante », il n'y a pratiquement plus de rémission possible. Or, six ans après la réunion de miracles, aucun symptôme de sclérose en plaques n'était réapparu dans le cas de cette malade. Non seulement son médecin, mais d'autres médecins de l'hôpital de Baltimore, attestèrent de sa guérison totale.

Cependant, au lieu de remettre le reste de sa vie entre les mains de Dieu, la jeune femme divorça et sombra dans l'immoralité. Elle avait été physiquement guérie, mais psychologiquement, elle restait handicapée. Aussi, Kathryn et le médecin furent-ils d'accord pour ne pas publier ce témoignage, car « il faut être très prudent et ne pas permettre qu'un seul reproche soit adressé au Saint-Esprit » déclara Kathryn.

Ce fut une des rares fois où je fus en désaccord avec elle. Je pensais que le Saint-Esprit pouvait très bien prendre soin de

Lui-même. En outre, je trouvais que ce récit prouvait que Dieu ne fait acception de personne. Il répand Sa miséricorde et Sa grâce sur le juste et sur le méchant, sur les pécheurs et sur les saints. Kathryn accepta ma théorie, mais resta sur sa position. Aussi, cette histoire demeura inédite jusqu'à ce jour.

Et enfin, parmi les histoires les plus passionnantes figurent celles narrées par les médecins eux-mêmes. Le Dr. Cecil Titus de l'hôpital de St. Luke de Cleveland raconta comment le pied bot d'une fillette de dix ans se redressa devant ses propres yeux pendant que Miss Kuhlman priait. Le radiologue Kitman Au de Burbank, en Californie, rapporta à un journaliste : « Au cours des réunions de Kathryn Kuhlman, j'ai vu des guérisons qui dépassent toute puissance humaine ». Quant au Dr. Richard Owellen, spécialiste en cancérologie à l'hôpital universitaire Johns Hopkins, il expliqua comment, lors d'une réunion de miracles, il vit les hanches disloquées et tordues de l'enfant qu'il tenait dans ses bras se redresser et se remettre en place, par la puissance du Saint-Esprit.

Une des lettres préférées de Kathryn parmi toutes celles qu'elle reçut lui vint du Dr. E.B. Henry, qui pratiqua sa profession jusqu'à sa mort, en 1963, à l'âge de soixante treize ans.

Voici ce qu'il écrivit :

« Cette lettre est à la fois l'expression de ma gratitude et de mes excuses ; gratitude envers Dieu et envers vous (puisse-t-Il toujours vous bénir), et d'excuses envers vous pour ne pas avoir voulu reconnaître une guérison lorsque celle-ci eut lieu. Je tenterai de rendre cette lettre la plus courte possible...

Le samedi 18 novembre 1950, fut une journée pénible. Je me levai à six heures, et travaillai d'arrache-pied jusqu'à dix-sept heures trente, heure à laquelle je rentrai chez moi. Je dînai rapidement, avant de foncer à Franklin, où je passai la nuit dans un hôtel. J'y dormis mal, en raison d'une infection du sinus qui me faisait énormément souffrir et d'une ancienne fracture de la clavicule droite, qui avait entraîné la formation d'une fausse articulation et d'une callosité de la grosseur d'une noix. Les douleurs étaient telles que je parvenais difficilement à mettre mon pardessus et à chaque fois que je tentais de lever le bras droit, celui-ci se mettait à trembler. Je vous assure que la douleur, partant du cou au poignet, était réellement insupportable.

Le dimanche matin, je me levai à nouveau à six heures et, après avoir pris mon petit-déjeuner, je me rendis à l'Église de la Foi avant neuf heures. Je voudrais que vous sachiez que je n'avais pas du tout pensé recevoir une quelconque guérison. J'avais toujours enduré la douleur, mais je m'inquiétais plutôt pour mon épouse, à qui l'on avait retiré le sein gauche au mois d'avril pour une tumeur maligne et je redoutais de nouvelles métastases.

Pendant que vous exerciez votre ministère de guérison, vous avez dit : « Dieu dégage un sinus. Quelqu'un retrouve l'ouïe dans une oreille » (Cela faisait quinze ans que j'étais sourd de l'oreille droite). Ensuite, vous avez dit : « Je vois une excroissance de la taille d'une noix qui commence à se dissoudre ». Ma femme se tourna vers moi et chuchota : « Elle parle de toi ». Or, ma seule préoccupation était l'état de santé de ma femme. Aussi, je ne ressentis rien, sinon une légère sensation de brûlure dans l'oreille droite que j'attribuai à un phénomène d'autosuggestion.

Vous avez poursuivi : « Je m'adresse à un homme en particulier dans cette salle. Je ne veux pas que vous perdiez votre guérison. Je vous prie de vous manifester ». Je vous vois encore regarder en notre direction, en levant une main vers nous et en frappant l'autre sur la chaire. Ma femme ne cessait de me donner des coups de coude, et pourtant, même lorsque vous avez dit qu'un homme a une sensation de brûlure dans l'oreille, je ne pouvais croire que Dieu était en train de *me* guérir : après tout, je n'avais rien demandé pour moi personnellement. Je m'étais habitué à la surdité de mon oreille droite et je n'y prêtais plus d'attention.

Sur le chemin du retour, nous roulâmes 136 kilomètres sous la pluie, ce qui n'arrange rien lorsqu'on a une sinusite. Mon épouse, assise *à ma droite*, me parlait sans élever particulièrement la voix. Soudainement, elle me fit remarquer que je pouvais l'entendre sans la moindre difficulté et que je ne lui avais pas demandé de répéter. En arrivant à la maison, je sentis le besoin immédiat de me moucher. Mon sinus s'était dégagée et la douleur avait disparu. La cavité nasale fut entièrement libérée ce soir-là et je dormis toute la nuit. Au réveil, la douleur avait disparu .

Mais ma surprise fut encore plus grande, lorsque je réalisai que je parvenais à mouvoir mon bras droit sans éprouver la moindre douleur. Certes, l'ouïe de mon oreille droite n'est pas parfaite, mais je ne dois plus tendre l'oreille gauche pour entendre mon épouse, ni lui demander de répéter. Il est possible que je reçoive la guérison totale ».

Le Dr. Martin Biery, spécialiste de la chirurgie de la moelle épinière, était très souvent appelé sur l'estrade du Shrine Auditorium. Il était membre du personnel de l'Hôpital des Vétérans de Long Beach, en Californie.

« J'ai vu de mes propres yeux », expliqua-t-il « des guérisons, médicalement impossibles, se produire à maintes et maintes reprises. J'ai vu des personnes atteintes d'arthrite de la colonne vertébrales libérées instantanément, et se courber dans tous les sens sans la moindre douleur. Une jambe raccourcie par les séquelles de la polio se rallongea devant moi pendant que Miss Kuhlman priait. Un jeune garçon, atteint de osteochondritis ** du genou, une inflammation chronique consécutive à une blessure reçue alors qu'il jouait au football, n'avait pu plier le genou depuis de nombreuses années. Or, en l'examinant, je le vis fléchir le genou sans peine. En ma qualité de médecin, j'affirme qu'il s'agit bien de guérisons miraculeuses ».

Le Dr. Viola Frymann de La Jolla, en Californie, se retrouvait également souvent sur la plate-forme du Shrine Auditorium. Elle relata le récit des nombreux miracles dont elle fut témoin, y compris le cas d'un enfant qui recouvra la vue après qu'un caillot de sang sur son nerf optique eût disparu. Un autre enfant, atteint de paralysie cérébrale et qui avait les jambes et les bras paralysés, fut guéri devant mes yeux. « Je nourris l'espoir d'une prise de conscience de ces guérisons dues au Saint-Esprit au sein du corps médical, et que celle-ci pénètre la profession », déclara-t-elle au journaliste canadien Allen Spraggett.

En 1969, je me retrouvai assis à côté du Dr. Robert Hoyt, un diplomate du Conseil Américain de Pathologie, et membre du personnel médical de la faculté de médecine de l'Université de Stanford. Il prenait souvent l'avion de San Francisco pour venir assister aux réunions. Ce jour-là, une longue file de personnes qui désiraient témoigner de leur guérison s'était formée. Devant nous se trouvait une dame, âgée de plus de soixante dix ans, portant de vieilles lunettes en métal et dont un des verres était à présent opaque. Elle chuchota à un des assistants qui tentait de maintenir la file droite, qu'elle avait été guérie d'un hygroma à l'épaule, mais que son œil droit était encore aveugle. A ce moment-là, Kathryn, qui se trouvait au moins à dix mètres de là et ne pouvait avoir entendu cette conversation à voix basse au milieu de ce vacarme, se retourna soudainement. Elle pointa le doigt en notre direction et déclara : « Dieu est en train de guérir quelqu'un par là au niveau de l'œil, Il agit maintenant ».

Un tel nombre de guérisons s'était déjà produit que j'étais en état de choc. Pourtant, je parvins, juste à temps, à voir atterrir sur le sol, le verre opaque propulsé hors de sa structure métallique et atterrir sur le sol. Le Dr. Hoyt, ahuri, me murmura : « Avez-vous vu cela ? »

Je ne pus prononcer un seul mot, tellement j'étais sidéré par ce que je voyais se dérouler sous mes yeux. Bien évidemment, le Dr. Hoyt ne me regardait pas, mais observait fixement cette dame qui, stupéfaite et perplexe, tâtonnait pour retrouver son verre de contact. A ce moment précis, elle réalisa qu'elle avait recouvré sa vue. Quelqu'un ramassa le verre et le lui remit. Chancelante, elle regagna sa place, trop stupéfaite pour tenter de comprendre ce qui venait de lui arriver. Kathryn, ne sachant pas ce qui venait de se produire tout près d'elle, se tourna vers le public et continua à déclarer les guérisons qui avaient lieu dans la salle.

Lorsque je retrouvai enfin ma voix, je me tournai vers mon voisin pour lui parler, mais ce dernier pleurait, la tête entre les mains. Cette histoire resta inédite jusqu'à ce jour.

Un des objets que je conserve précieusement dans mon bureau, est une boîte dorée qui contient des instruments chirurgicaux onéreux. Il s'agit de forceps qui furent utilisés par un éminent ophtalmologue de Dallas, au Texas, dans la chirurgie oculaire. Kathryn m'en avait fait cadeau un an avant sa mort, ainsi qu'une lettre du Dr. Elizabeth R. Vaughan, à qui ils avaient appartenu.

« Conserve-les précieusement », me dit Kathryn avec tendresse, « ils me sont chers, et peut-être qu'un jour, tu devras écrire leur histoire ».

La lettre était datée du jour de Noël 1974, à cinq heures trente du matin.

« Chère Kathryn,

Je vous écris cette lettre avant que mes enfants ne se lèvent, car je désire que vous soyez la première personne de la maison à recevoir un cadeau, le jour de l'anniversaire de notre Seigneur.

Il y a trois semaines, j'ai demandé à Dieu de me dire ce que vous aimeriez recevoir pour Noël et ce qui répondrait au désir de votre cœur. A 0 heure 12 minutes, Il me répondit : les forceps. Laissez-moi vous raconter toute l'histoire.

Ces quatre dernières années, j'ai utilisé ces instruments pour chaque œil que le Seigneur et moi-même avons opéré de la cataracte. Ils me sont indispensables. Au bout des forceps se trouvent trois dents de 0,12 mm de longueur, et il faut une loupe pour bien les voir. Ils servent à saisir le tissu de l'œil, afin de permettre le passage d'une aiguille en dessous du tissu tenu délicatement, mais avec fermeté. Les dents doivent être parfaitement alignées pour saisir avec précision le tissu de l'œil. Si une seule des pointes est légèrement courbée, les forceps peuvent être jetés à la poubelle, car une exactitude absolue est requise.

Une des raisons pour lesquelles cet instrument est si précieux, c'est qu'on l'utilise pour refermer la blessure, une fois la cataracte ôtée. Cela signifie que l'œil est grand ouvert et qu'aucune marge d'erreur n'est tolérée, ni dans l'opération, ni dans la présentation de l'instrument. Si ce dernier n'exerce pas sur le tissu de l'œil la pression exactement requise, l'intervention peut compromettre la vision du patient et même lui faire perdre complètement la vue. L'ensemble de l'intervention est réalisée au moyen d'un microscope muni de puissants verre grossissants. Ces forceps doivent être en mesure de saisir un tissu épais d'un demi millimètre et de le maintenir pendant qu'une aiguille le traverse, sans toutefois toucher l'œil ouvert.

Cet instrument de précision m'est cher. Il m'a été extrêmement utile et m'a accompagné dans toutes les opérations chirurgicales miraculeuses que le Seigneur a accomplies à travers mes mains. Tout au long de ces quatre dernières années, sa performance a toujours été parfaite, et à présent, je désire vous l'offrir comme cadeau de Noël. Puisse cet objet que j'ai utilisé avec une grande maîtrise vous rappeler quel instrument de pointe vous êtes entre les mains de Dieu !

Pour Lui, vous êtes semblable à ces forceps de 0,12 millimètre qui saisissent avec leurs dents parfaitement alignées, tout ce que Dieu désire toucher. Au commencement, vous étiez ce morceau de métal sans forme, ni utilité, mais qui aspirait à faire Sa volonté et à mourir à ses propres désirs. Il a réussi à faire de vous un instrument parfait et de haute précision entre Ses mains. Vous êtes exactement ce qu'Il veut que vous soyez. Il n'a pas voulu faire de vous une paire de ciseau ou un instrument pour extraire la cataracte. Depuis la fondation des temps, son dessein étaient de vous rendre semblable à ces forceps dentelés de 0.12 millimètres, tenant le tissu, afin de permettre au Grand Médecin de faire les points de suture et de procéder à la guérison.

Peu de personnes, sur cette terre, parviennent à ce degré de soumission qui permet à Dieu de les façonner et de faire d'eux l'instrument précis initialement prévu, mais vous y êtes arrivée. Notre Père désire que, pour le jour anniversaire de Son Fils, vous sachiez qu'Il vous aime au-delà des mots humains et qu'Il éprouve beaucoup de plaisir à posséder un instrument tel que Kathryn Kuhlman, qu'Il peut manier avec précision et selon Son plan divin.

Amen et Amen !
Beth Vaughan »

Cette histoire qui dépeint Kathryn en des termes admirables qui dépassent largement la plus belle description du meilleur biographe, et qui parlent du dessein du Père pour la jeune femme rousse originaire de Concordia, Missouri, demeura également inédite jusqu'à ce jour.

13

La louange au Shrine

Dans la carrière de tout homme (ou de toute femme), il vient un temps où, soit on avance, soit on recule. Prenez l'histoire passionnante que raconte le livre de l'Exode : comment Dieu conduisit les Israélites dans le désert du Sinaï, grâce à une colonne de nuée placée au dessus du tabernacle. Aussi longtemps que la nuée demeurait stationnaire, le peuple restait au même endroit. Mais lorsque elle se déplaçait, les enfants d'Israël savaient qu'il était temps de plier leurs tentes, de rassembler le bétail et de suivre ce signe céleste.

La nuée de Kathryn commença à se déplacer en 1965. Dix ans plus tôt, l'évangéliste C.M. Ward, des Assemblées de Dieu, prophétisa ces événements en s'adressant à Ralph Wilkerson, un jeune pasteur californien : « Ralph, deux événements majeurs vont avoir lieu au sein du peuple de Dieu : l'enseignement de la Bible va être réactualisé et mis en relief, et une très grande évangéliste va venir de la côte ouest. ».

Ralph crut fermement à ces prophéties, mais il était loin de se douter que Dieu l'utiliserait pour permettre à l'une d'elles de s'accomplir.

L'église de Ralph, l'Anaheim Christian Center, était une église florissante en pleine expansion. Son ministère de guérison (il tenait des réunions depuis dix ans) était reconnu dans toute la région, et on assistait chaque semaine à des miracles. En outre, Ralph sponsorisait de grandes conventions qui se déroulaient au Anaheim Convention Center. Un jour, il invita David Wilkerson (aucun lien de parenté entre eux), le fondateur de

Teen Challenge, à prêcher au cours de plusieurs rassemblements. A cette époque, ce dernier travaillait également avec Kathryn à Pittsburgh et à Youngstown. Elle avait été impressionnée par ce jeune prédicateur, auteur de *La croix et le poignard* et l'aidait à récolter les fonds nécessaires pour la réalisation de son projet : un centre de réhabilitation pour les drogués. Kathryn lui donnait la possibilité de prêcher durant les rencontres de jeunes qui se déroulaient au Stambaugh Auditorium, à Cleveland, dans l'Ohio. David insista donc auprès de Ralph pour qu'il invite Kathryn à se rendre à Los Angeles.

Depuis plusieurs années, Ralph organisait des réunions de prière chez un ancien de l'Église du Christ, près de San Clemente. En 1964, les deux cents hommes qui composaient ce groupe s'accordèrent pour demander à Dieu dans la prière d'envoyer Kathryn dans le sud de la Californie. Naturellement, cette dernière ne savait rien de cette requête faite au Seigneur.

A la fin de l'été, Ralph décida qu'il était temps pour lui de rencontrer Kathryn, en chair et en os. Il demanda à David d'organiser une rencontre, et s'envola avec son épouse, Allene, pour Pittsburgh. Comme Kathryn, Ralph était prudent de nature, et il voulait d'abord mener son enquête personnelle. Au lieu de rencontrer immédiatement la grande évangéliste, ils se rendirent d'abord à Youngstown, afin d'assister anonymement à l'une de ses réunions et de se faire une meilleure idée de son ministère.

« Je pourrais me tromper », dit Ralph à Allene tout en garant sa voiture dans le parking bondé de l'Auditorium. « C'est la raison pour laquelle, je veux tout vérifier par moi-même avant de m'engager. Nous avons suffisamment de prétendus évangélistes chez nous pour en inviter une de plus ».

A leur arrivée, les Wilkerson prirent place dans le Stambaugh Auditorium qui comptait 2500 sièges. La salle était déjà pleine et la chorale répétait sous la direction de Arthur Metcalfe, pendant que Maggie Hartner s'occupait activement de l'équipe de l'école du dimanche. En bas, les gens mangeaient et buvaient autour du comptoir de Hot Dog. Cela ne ressemblait en rien à une « église » traditionnelle, en tout cas à aucune des congrégations que les Wilkerson avaient l'habitude de fréquenter.

« Or, lorsque Kathryn fit son entrée et que la réunion commença », expliqua Ralph, « je sus immédiatement que la présence de Dieu était dans cette salle. Nous entonnâmes les mêmes cantiques que sur la Côte Ouest. Les gens levèrent les mains vers le ciel, et tous semblaient louer Dieu en toute liberté. La réunion ressemblait à celles que j'animais, en ce sens qu'aucune feuille de chant n'était distribuée, mais c'était le Saint-Esprit qui conduisait toute la louange. Kathryn prêcha le même genre de message que moi, et les miracles accompagnèrent la prédication. Assurément, Dieu était dans cette salle ».

Ralph rit en se rappelant cette réunion. « Je savais que j'étais au bon endroit, lorsque je vis devant moi une femme de cent cinquante kilos tomber dans « le repos de l'Esprit » et s'effondrer à mes pieds, qu'elle faillit d'ailleurs écraser. »

Le lendemain, Ralph sillonna les rues du centre de Pittsburgh, et s'informa auprès de chaque commerçant sur Kathryn Kuhlman. Il obtint partout la même réponse : « Une chose est sûre, elle a aidé beaucoup d'alcooliques à s'en sortir... Vous savez que les choristes masculins comptent plusieurs anciens alcooliques...ma femme a été guérie au cours d'une réunion... Nous fermons le magasin le vendredi matin pour pouvoir assister à la réunion de miracles... ».

Ralph et Allene, fortement impressionnés, arrivèrent finalement aux bureaux de la Carlton House. Là, Ralph partagea sa vision avec Kathryn et l'invita à venir en Californie. Il était à présent convaincu que c'était Dieu qui leur avait parlé concernant Kathryn.

A son invitation, Kathryn rétorqua en riant : « Pourquoi devrais-je me rendre dans votre église ? J'ai énormément de travail ici à Pittsburgh. En outre, c'est l'antichambre de la mort là-bas : le vide derrière toute cette vie brillante d'Hollywood. Je ne suis qu'une petite provinciale du Missouri. Votre offre ne m'intéresse pas ».

Mais Ralph, plus déterminé que jamais, répondit : « Je pense que lorsque vous aurez prié à ce sujet, vous changerez d'avis. Pour ma part, je vais demander à mes hommes d'intensifier leurs prières ».

Au début de l'année 1965, Oral Roberts, qui menait une campagne à Cleveland, fit appel à Allene Wilkerson, car la mère de son organiste venait de décéder et il se retrouvait sans pianiste pour accompagner sa réunion. Il savait que le délai était très court, mais il demanda pourtant à Allene si elle pouvait interrompre ses occupations prendre le premier avion pour Cleveland, afin de jouer pour lui rendre service.

Celle-ci en parla à son mari qui accepta, mais il lui suggéra de passer à cette occasion par Pittsburgh, et d'inviter une fois de plus Kathryn en Californie. « Ne pars pas avant qu'elle n'ait accepté », lui dit-il.

Kathryn accueillit Allene à Fox Chapel et chaque soir, cette dernière appela son mari : Kathryn refusait toujours l'invitation.

Chaque matin, elle disait à Kathryn : « J'ai parlé à Ralph hier soir, et il est toujours persuadé que Dieu vous appelle en Californie ».

A cela, Kathryn répondait invariablement : « J'ai trop à faire ici. Je ne désire guère élargir mon ministère ».

Pourtant, la colonne de nuée se préparait à se déplacer et Kathryn le savait. Et si elle décidait de rester confortablement installée, elle courait le risque de perdre le contact avec le Saint-Esprit. Elle n'avait pas d'alternative : elle devait accepter l'invitation.

Au bout du quatrième jour, elle prit Allene à part et lui dit : « D'accord, je crois que c'est la volonté de Dieu. J'accepte de me rendre en Californie, mais je n'y ferai qu'une seule réunion ».

La réunion se tenait au Civic Auditorium de Pasadena. A cette époque, Kathryn était une illustre inconnue sur la Côte Ouest, et la plupart des 2 500 auditeurs venaient du Anaheim Christian Center, y compris le service d'accueil et la chorale.

Cependant, d'autres provenaient des différentes communautés de la région, et d'autres encore étaient venus par curiosité. Et comme toujours, Dieu opéra de nombreux miracles.

« A côté de moi, se trouvait une femme dont les deux bras étaient enserrés par des appareils orthopédiques », m'expliqua Ralph Wilkerson. « Ses bras et ses poignets étaient déformés par l'arthrite. Pendant la réunion, elle se mit à crier. Je me tournai vers elle et vit que ses mains s'étaient redressées ».

« Oh, Mon Dieu ! », s'exclama-t-elle, stupéfaite. « Regardez mes mains ! »

Ralph apprit plus tard que cette femme faisait partie des dirigeants de la Première Église Baptiste de Fullerton. Elle retourna chez elle et, le lendemain, elle entreprit de repeindre toute sa maison : c'était la première fois depuis de nombreuses années qu'elle parvenait à utiliser ses mains ». Il ne fallut pas longtemps pour que la nouvelle de la réunion de miracles, et du ministère de Kathryn Kuhlman se répandit dans toute la Californie du Sud.

Kathryn dut reconnaître, malgré son intention première de mener une réunion unique, que Dieu avait l'intention de continuer à l'utiliser dans cette région. Elle accepta donc de poursuivre, et au bout de la troisième réunion, la salle était trop petite pour accueillir toute la foule, et des centaines de personnes furent refoulées. Beaucoup d'autres gens encore, attirées par les miracles, se rendaient pour la première fois à une réunion d'évangélisation, et ils donnaient à cette occasion leur cœur au Seigneur. Ralph se faisait un peu de souci, car Kathryn n'avait aucun programme concernant le suivi spirituel des nouveaux convertis après les réunions. Elle arrivait dans la ville, prêchait l'évangile, faisait un appel à la repentance auquel de nombreux auditeurs répondaient et priait pour eux. Puis, à la fin des réunions, elle repartait pour Pittsburgh. Ralph, fort de l'expérience acquise lors des campagnes d'évangélisation de Billy Graham, qui mettaient l'accent sur le suivi spirituel et avaient à cet effet élaboré un programme en collaboration avec les églises locales, émit quelques suggestions à Kathryn.

« Il faut que ces jeunes convertis aient la possibilité de suivre des études bibliques », dit-il. « Il est important qu'ils rejoignent une église locale dans laquelle ils pourront entendre régulièrement la Parole et avoir une communion fraternelle avec d'autres chrétiens. Il est merveilleux d'assister à tous ces miracles, mais pour reprendre vos propres paroles, la nouvelle naissance est plus importante qu'une guérison physique. Il serait impensable de mettre au monde des bébés et de les abandonner à eux-mêmes dans les rues. Ils ont plutôt besoin d'être nourris, protégés et guidés dans leur nouvelle vie, et cela n'est rendu possible que par le moyen du corps de Christ ».

Ces paroles firent l'effet d'une bombe dans le cœur de Kathryn, car elle avait toujours voulu être reconnue en priorité pour son ministère d'enseignante, et ne désirait en aucun cas être associée directement aux manifestations miraculeuses. En fait, ses fidèles de Youngstow l'appelaient « Pasteur ».

Ceux qui la connaissaient l'entendirent souvent dire qu'elle était appelée avant tout à l'enseignement de la Bible. Et, aussi longtemps qu'elle sut se ménager du temps pour étudier sa Bible et préparer ses messages, la qualité de son enseignements fut incomparable. En revanche, lorsque son emploi du temps devint très chargé, quelques années plus tard, et que ses voyages la menèrent chaque semaine d'une ville à l'autre pour y prêcher l'évangile, la qualité de son enseignement se dégrada. Avant cette période effrénée, la nourriture spirituelle qu'elle prodiguait sur les ondes fortifiait les centaines de milliers d'auditeurs qui l'écoutaient chaque jour sans même avoir assisté à ses réunions : ils l'écoutaient car elle les nourrissait de la Parole de Dieu. Ses études bibliques du lundi soir, à la Première Église Presbytérienne, attiraient les plus éminents exégètes de Pittsburgh, qui s'asseyaient de bon cœur à ses pieds et l'écoutaient avec bonheur. Kathryn était donc vraiment consciente de la nécessité de nourrir les jeunes convertis, mais elle se sentait limitée par la distance géographique qui la séparait d'eux. Il est vrai qu'à Pittsburgh, ses fidèles investissaient leurs dîmes dans « le ministère ». Ils assistaient aux réunions du dimanche à Youngstown, se rendaient au Carnegie Hall pour la réunion du vendredi matin, et le lundi soir, ils suivaient les études bibliques à la Première Église Presbytérienne. Elle les connaissait par leur nom, et elle avait baptisé la plupart d'entre eux dans un lac proche du Carnegie Hall. Elle avait célébré le mariage de leurs enfants et conduit le service funèbre de leurs bien-aimés. Si elle avait à cœur d'aider une mission en Indonésie, elle pouvait aisément leur demander 100 000 dollars supplémentaires. Mais en Californie, Kathryn était une inconnue qui menait une réunion de miracle par mois. Elle se sentait décidément bien impuissante devant la nécessité de donner une nourriture durable à ses auditeurs.

Elle écouta attentivement les conseils de Ralph. Sous prétexte de lui prodiguer des conseils, de nombreuses personnes de son entourage avaient tenté d'abuser de sa confiance pour se hisser à une place influente et imposer leur propre programme. Or, Kathryn était prête à écouter les conseils s'ils étaient prodigués par des interlocuteurs ayant une autorité spirituelle. Or, peu de personnes pouvaient prétendre avoir suffisamment de maturité pour conseiller quelqu'un possédant l'autorité de Kathryn. Comme elle avait constaté le succès pastoral de Ralph, elle accepta volontiers ses suggestions, ou du moins, elle accepta d'essayer de les appliquer.

Ralph lui présenta le Pr. Charles Farah, un théologien presbytérien qui avait, autrefois, fait partie des Navigators, une association visant à former des disciples de Jésus et enseigner la Parole de Dieu auprès des jeunes convertis. Sur le conseil bienveillant de Ralph, elle accepta les services du Pr. Farah dans l'organisation du suivi spirituel pour la Côte Ouest. L'idée au départ était bonne, mais malheureusement, Kathryn et Farah furent incapables de s'entendre sur certains points et ces divergences de vues firent finalement capoter l'ensemble du programme établi.

Chuck Farah organisa un comité de directeurs, composé en grande partie, des dirigeants les plus influents de toute la Côte Ouest. Tous manifestaient beaucoup d'enthousiasme pour le ministère de Kathryn, et ils étaient convaincus que Dieu avait arrêté Son choix sur elle, et lui avait donné pour mission de conduire les chrétiens de la Côte Ouest dans une connaissance plus approfondie du Saint-Esprit. Ils s'engagèrent tous à s'assurer que les nouveaux convertis fussent affermis dans la Parole de Dieu et accueillis dans une congrégation. Parmi les volontaires se trouvaient de nombreux pasteurs, qui considéraient les réunions de miracles comme un moyen efficace pour affermir les églises du sud de la Californie.

Kathryn invita ces hommes de bonne volonté à un petit-déjeûner, au cours duquel elle les écouta développer leur projet qu'elle approuva et elle leur promit sa coopération en tous points. En contrepartie, les serviteurs de Dieu présents s'engagèrent à prier pour elle, à promouvoir son ministère, à encourager leurs fidèles à assister aux réunions de miracles, et, enfin, à s'y rendre eux-mêmes dans le but de l'aider dans l'une ou l'autre tâche. L'organisation semblait idéale. Lorsqu'ils quittèrent la réunion, ils furent tous convaincus que l'ensemble des églises du sud de la Californie ressentirait les effets bénéfiques des réunions de miracles.

Plus de quatre cents conseillers s'inscrivirent pour organiser les réunions de suivi spirituel. De nombreuses églises organisaient des séminaires de formation, en reprenant les enseignements des Navigators et de l'Association d'Evangélisation Billy Graham. Ces conseillers recevaient des directives précises à suivre pendant les réunions. Par exemple, ils devaient s'avancer au moment de l'appel et se mêler à la foule. L'idéal escompté était un conseiller par personne. Après la réunion, le nouveau converti était conduit dans une salle annexe, où on lui proposait de remplir une feuille de renseignements. Plus tard dans la semaine, un représentant d'une église locale le contactait, et il l'invitait à se joindre au groupe le plus proche de chez lui, pour y assister à l'étude biblique hebdomadaire. C'est ainsi que se formèrent de nouveaux groupes, composés de jeunes convertis et de personnes qui s'intéressaient surtout particulièrement au ministère de Kathryn Kuhlman.

Or, dès la première de ces réunions, Kathryn réagit. Était-ce la menace de voir tous ces hommes s'introduire dans son ministère ? Ou alors, l'idée de voir tous ces serviteurs s'avancer au moment de l'appel, qui désorganisait ses habitudes ? La réponse la plus plausible fut qu'elle avait le sentiment que l'on profitait d'elle. Elle craignait que les pasteurs ne collaborent avec elle que dans le but d'ériger leur propre empire, et non de l'aider dans son ministère. Elle en arriva même à soupçonner Ralph Wilkerson de l'avoir invitée à l'Anaheim Christian Center, dans le seul but d'asseoir son ministère à ses dépens. Elle eut la fausse impression que le syndrome de M.J. Maloney remontait à nouveau à la surface. Malheureusement, elle n'avait pas compris que, bien qu'elle eût le sentiment d'être quelque peu « utilisée » pour accroître le nombre de fidèles dans les églises, ou encore pour augmenter la recette des offrandes, ce processus faisait partie du grand ministère instauré par Dieu.

Kathryn qui avait si souvent parlé d'unité, et elle avait agit en ce sens très souvent (personne n'a, dans l'histoire moderne des églises américaines, autant œuvré pour l'abolition des barrières dénominationnelles), n'avait pourtant pas saisi la plénitude de la vision du vaste plan de Dieu pour son peuple. Et bien qu'elle fût la personne la plus œcuménique que j'ai connue, elle pouvait aussi montrer de l'étroitesse d'esprit.

Combien de fois n'a-t-elle pas saisi mon bras, répétant inlassablement : « Nous devons protéger le ministère ». J'ai cru, pendant de nombreuses années qu'elle faisait allusion au corps de Christ, ce qui comprenait mon ministère, le ministère de Ralph, et de l'ensemble des dénominations ecclésiastiques. Or, son champ de vision n'atteignait pas une telle dimension, et elle se référait plutôt aux ministères de puissance en général et à son ministère personnel. Elle considérait que la relation qu'elle entretenait avec le Saint-Esprit était unique.

Et, en quelque sorte, elle avait raison car depuis l'époque des apôtres, personne n'avait jamais atteint un ministère d'une telle envergure. On pourrait attribuer cette grande destinée à la singularité de son personnage, et au choix qu'avait fait Dieu de répandre une double onction de foi et de puissance sur sa servante. Comme Jean-Baptiste, qui, après avoir introduit le Christ au monde, semblait ne pas saisir l'ampleur de son ministère, Kathryn qui était pourtant la plus grande ambassadrice du Saint-Esprit que notre temps ait connu se montra perplexe et confuse face à la grandeur de l'action de Dieu qui dépassait toute son imagination.

Chaque fois que j'y pense, je suis surpris par la similitude qui existe entre le ministère de Kathryn et celui de Jean Baptiste. Pionnier pour son époque, il se distinguait par l'originalité de ses vêtements, son comportement non conventionnel et son penchant pour la confrontation. La loyauté de ses fidèles et leur attachement presque fanatique le rendirent célèbre, et après sa mort, beaucoup ne connaissaient d'autre baptême que celui de Jean. Il avait tenté de décourager le culte que lui vouait la foule par ces paroles : « Il faut qu'Il croisse et que je diminue », mais il ne fut pas entendu. Il n'y avait pas eu de plus grand prophète, et pourtant, il était limité par ses conceptions « provinciales » et il ne parvint jamais à se débarrasser de ses traditions.

Les journalistes sarcastiques du Sunday Magazine n'étaient pas loin de la vérité, lorsqu'ils surnommèrent Kathryn, la Jean Baptiste des temps modernes.

Malheureusement, deux mois plus tard, celle-ci sabota délibérément le programme relatif au suivi spirituel, en quittant la plate-forme au terme de la réunion pour rejoindre les nouveaux convertis dans la salle annexe et prier pour les personnes comme elle l'avait toujours fait, au lieu de laisser l'équipe de pasteurs s'en charger : elle ne pouvait changer ses habitudes !

Au bout de six mois, le Pr. Farah, frustré par l'attitude de Kathryn qui avait rendu le programme collectif inefficace, démissionna et les autres conseillers suivirent son exemple. En réponse, Kathryn annonça que la prochaine réunion se tiendrait un dimanche matin, ce qui fut évidemment ressenti comme une véritable provocation de sa part. Les pasteurs qui tentaient à la fois de soutenir le ministère de Kathryn et de renforcer leur propre église, se sentirent menacés et se virent dans l'obligation de retirer leur soutien. Aussi, lorsque le trouble se dissipa, il ne resta plus qu'une poignée de pasteurs pour se ranger à ses côtés.

En partant, le Pr. Farah adressa à Kathryn, quatre pages de conseils acerbes qui la mirent en colère. « J'agis à ma manière », dit-elle avec emportement à Ralph Wilkerson. « Je suis la seule à connaître la mouvance du Saint-Esprit durant les réunions. Si ces messieurs veulent voir des miracles, qu'ils s'alignent ou qu'ils partent. C'est aussi simple que cela ! »

« Travailler avec elle, c'était la même chose que de s'approcher d'une scie électrique », dira plus tard, le Pr. Farah. « Plus on s'approchait d'elle, plus on courait le risque de se faire déchiqueter. Elle était absolument inflexible, et pourtant, il était indéniable que la puissance de Dieu était sur elle. Chaque fois qu'elle montait sur l'estrade, le Saint-Esprit l'accompagnait ».

Cependant, sa relation avec Ralph Wilkerson ne fut jamais remise en cause, car ce dernier ne voyait pas en elle une menace pour son œuvre. En effet, il avait cinq réunions le dimanche, et ses fidèles pouvaient très bien assister au premier culte du matin avant de se rendre à la réunion de miracles. En outre, son ministère, accompagné de miracles, était fermement établi dans la région. Il resta donc persuadé que Dieu avait envoyé Kathryn sur la Côte Ouest, malgré son comportement déroutant et resta déterminé à se soumettre à son autorité durant les réunions.

Contrairement à Oral Roberts qui bâtit une université à laquelle il donna son nom, Kathryn ne fonda aucune institution. *Elle* était une institution. Et comme toutes les institutions, elle était impénétrable, imperméable au changement et ancrée dans les traditions. Les pasteurs, pensant qu'il était impossible de travailler avec Kathryn, prirent leur distance, remercièrent Dieu pour son ministère. Ils continuèrent à assister aux réunions, mais n'offrirent plus jamais leur collaboration.

A la fin de l'année, l'auditorium de Pasadena se révéla trop petit pour y accueillir la foule qui désirait assister aux réunions. Kathryn négocia alors avec les directeurs de l'immense Shrine Auditorium de Los Angeles. Dès le premier soir, la salle fut bondée et deux mille personnes durent être refoulées, faute de place. Le succès se maintint pendant dix ans et des millions de personnes associèrent le *Shrine* au nom de Kathryn Kuhlman. Indépendamment de la manière dont elle était perçue par le commun des mortels, soit adulée, soit ridiculisée, il était clair que la bénédiction de Dieu reposait sur elle... et sur son ministère ».

Pendant toutes ces années, elle tenta de trouver une solution au problème du manque de place, et pourtant, lorsque Ralph Wilkerson acheta l'immense complexe « Mélodyland », cette acquisition l'effraya. Kathryn était par ailleurs impressionnée par le « Mouvement pour Jésus », et par les milliers de jeunes gens barbus et pieds nus qui assistaient à ses réunions. Elle se sentait également menacée par les rassemblements de la jeunesse qui se tenaient au Calvary Chapel de Costa Mesa, où plus de vingt mille personnes se réunissaient chaque semaine. En dépit de ce sentiment d'insécurité, elle tenta de s'adapter à ce mouvement, tel un vieil arbre droit qui sent la tempête arriver, et n'a qu'une alternative : se courber ou se briser. Kathryn se débattait dans cette tempête du Saint-Esprit. Les événements se déroulaient trop rapidement tout autour d'elle, et elle était incapable de soutenir le rythme.

Elle essaya au moins d'organiser des réunions de jeunes à l'Hollywood Palladium. Les jeunes s'y rendirent par dizaines de milliers. Elle les aimait tels qu'ils étaient, barbus et pieds nus, mais elle n'était pas faite pour cette forme de ministère. David Wilkerson de Teen Challenge et Chuck Smith du Calvary Chapel étaient beaucoup mieux équipés à cet égard et ils parlaient le langage de leur jeune public. Bien que Kathryn fut convaincue que le mouvement pour Jésus était inspiré par Dieu, elle renonça à ces réunions et se recentra sur le Shrine.

Ce que Kathryn avait prêché pendant toutes ces années, était en train de se réaliser : une nouvelle action du Saint-Esprit se manifestait. Cela faisait trois décennies qu'elle prophétisait sur le retour en puissance de l'Esprit de Dieu, et elle voyait s'accomplir la prophétie de Joël :

Après cela, je répandrai mon Esprit sur toute chair. Vos fils et vos filles prophétiseront, vos vieillards auront des songes, et vos jeunes gens des visions. Même sur les serviteurs et sur les servantes, dans ces jours-là, je répandrai mon Esprit....Alors quiconque invoquera le nom de l'Éternel, sera sauvé. (Joël 2 :28-29,32).

Kathryn Kuhlman était certainement la personne la plus convaincue de l'époque. Elle croyait profondément que le jour viendrait où chaque personne présente, qui confesserait le Seigneur serait délivrée de la maladie et de l'esclavage, et que Dieu avait répandu Son Esprit sur la servante qu'elle était. Elle était persuadée d'assister aux dernières heures de l'histoire, et que le prochain grand événement serait le retour de Jésus Christ. Enfin, elle pensait que le Saint-Esprit était répandu sur toute chair en préparation à ce grand jour. A cet égard, Kathryn aimait à dire : « Je couds le dernier point de ma robe de mariée ». Et en sa qualité de fiancée du Christ, elle attendait Son retour avec impatience.

Or, lorsqu'elle apprit que le Saint-Esprit agissait également avec puissance dans d'autres rassemblements que ses réunions, elle en resta perplexe...et quelque peu inquiète. Comme le prophète Jonas, elle avait fait une prophétie et maintenant que la prophétie s'accomplissait, elle ne savait pas du tout la gérer.

« Vous ratez une merveilleuse expérience, Kathryn », lui dit Ralph Wilkerson lorsqu'elle déclina l'invitation à prêcher à une réunion des Hommes d'affaire du Plein Évangile. « Ces réunions ne se passent pas comme vous l'imaginez. Dieu agit vraiment parmi ces hommes ».

« J'ai vu assez de fanatiques dans ma vie et je ne veux pas avoir affaire à d'autres pentecôtistes ».

« Les choses sont différentes aujourd'hui, Kathryn », répondit Ralph. « Le Saint-Esprit n'agit pas seulement dans vos réunions. Il agit dans des milliers d'autres endroits : dans l'Église catholique romaine, parmi les jeunes du mouvement pour Jésus, dans les églises autrefois mortes, et Il agit parmi les Hommes d'affaire du Plein Évangile ».

« Je viens du Missouri », me répondit-elle en souriant. « Prouvez-le moi. Dès que je l'aurai vu de mes propres yeux, je vous donnerai entièrement raison ».

Trois mois plus tard, Kathryn accepta avec beaucoup d'hésitations l'invitation de Al Malachuk à la convention régionale des Hommes d'affaire. Ils l'aimèrent comme leur sœur et se réjouirent des miracles qui s'opérèrent durant la réunion. Une année plus tard, elle fut invitée à leur convention internationale, et elle prêcha à plusieurs autres conventions de ce type. Ralph avait raison : le Saint-Esprit était présent dans ces réunions. Kathryn savait que si son ami de toujours, le Saint-Esprit, agissait dans ces réunions, elle devait s'y rendre également et suivre la nuée.

Ralph éprouva un jour le désir de filmer Kathryn, lors d'une réunion à Melodyland. Or, celle-ci n'avait jamais permis qu'on utilise une caméra dans ses réunions. Il parvint toutefois à la convaincre d'enregistrer une vidéo unique, pour que les générations futures (s'il y en avait une) puissent avoir un aperçu de son ministère. Elle accepta finalement l'enregistrement d'une seule réunion (par la suite, elle accepta trois autres enregistrements : deux en Israël, à la Conférence Mondiale sur le Saint-Esprit, en 1974 et 1975, et une à Las Vegas).

Plus tard, Ralph montra le film à plusieurs serviteurs de Tulsa, en Oklahoma. Voici ce qu'il déclara : « Il y a eu un plus grand pourcentage de personnes guéries, en regardant la vidéo qu'à la réunion elle-même.

« Et », conclut-il, « Je ne crois pas que le Saint-Esprit répande son onction sur la personne uniquement, mais sur le ministère tout entier, et c'est la raison pour laquelle la cassette vidéo véhicule autant de puissance que Kathryn elle-même ».

Plus tard, le même phénomène se produisit dans notre église, en Floride. Notre église obtint une copie du film *Jérusalem II*, filmé à la Conférence Mondiale sur le Saint-Esprit, en 1974, diffusé par Logos International, et qui se terminait par un long moment de manifestations miraculeuses. A la fin du film, les spectateurs demeurèrent en silence quelques instants. Soudain, j'entendis un bruit de chaises et de corps qui s'écroulaient. J'ouvris les yeux et aperçus les trois quarts des participants, jonchés sur le sol ou courbés sur leur chaise, par l'action puissante du Saint-Esprit. Ce fut la manifestation la plus impressionnante que j'ai expérimentée de Sa puissance souveraine.

L'idée d'utiliser des cassettes vidéos par le moyen de la télévision, prit une place prépondérante durant les huit dernières années de la vie de Kathryn. Cette activité médiatique la passionna ; le faste et l'effervescence qui entouraient chaque émission, représentaient un défi excitant à gagner.

« Apportez-moi toutes les informations disponibles», dit-elle à Steve Zelenko, l'ingénieur radiophonique de Pittsburgh. « Je voudrais approfondir le sujet avant de m'engager dans cette nouvelle activité ».

Steve établit une liste de noms et y ajouta ses commentaires personnels : « Vous affirmez inlassablement qu'il faut voir et penser grand », lui dit-il. « Aussi, je vous conseille d'engager le meilleur producteur sur le marché, et de contacter la chaîne de télévision la plus regardée de la Californie.

Le « meilleur producteur » s'avéra être Dick Ross, qui venait de terminer quatorze jours de tournage pour l'Association Billy Graham, et la plus « importante chaîne de télévision » : la CBS. Ces deux grosses entreprises acceptèrent de travailler avec elle, et en l'espace de dix ans, Kathryn enregistra plus de cinq cents cassettes vidéo, ce qui représentait la plus longue série d'émissions religieuses télévisées et retransmises par la CBS.

Kathryn était devenue une célébrité mondiale ; elle était demandée partout, aussi bien en Suède et au Japon, qu'à Cleveland ou St Louis.

Cependant, certains problèmes surgirent de ce grand développement des émissions télévisées. Un des objectifs de la Kathryn Kuhlman Foundation consistait en effet à soutenir les missions à travers le monde. Aussi, était-elle déterminée à ne pas négliger l'œuvre missionnaire qui se poursuivait depuis des années. La fondation avait permis la construction de vingt églises, outre-mer : cinq en Afrique, neuf en Amérique latine et centrale, et six en Asie et en Inde. Chacune d'elles avait été construite avec les fonds octroyés par la fondation et remis entre les mains des missionnaires. Et bien que Walter Adamak eût investi une partie des revenus de la fondation en actions boursières, en vue de constituer une certaine réserve financière, l'ensemble des dépenses annuelles atteignaient le montant du revenu annuel. Ainsi, Kathryn devait trouver ailleurs les fonds destinées au financement de son ministère télévisé, si elle voulait persévérer l'équilibre financier de la mission et du ministère.

Or, la réalité était toute différente. Par exemple, le rapport financier de 1972 montra que la fondation avait octroyé environ 500 000 dollars à diverses missions nationales et outre-mer, alors que le ministère radiophonique et télévisé avait coûté 1 500 000 dollars. Si Kathryn voulait conserver un équilibre financier, il lui faudrait alors voyager davantage et tenir plus de réunions de miracles, tout en continuant ses émissions télévisées, car elle était devenue une célébrité de grande envergure. Ce cercle vicieux lui coûta très cher.

14

Les réunions de miracles

En 1974, vingt sept ans (et probablement trois millions de miracles) après la première réunion de miracles de Franklin, en Pennsylvanie, le docteur William Nolen écrivit un livre dans lequel il déclarait son scepticisme à l'égard du bien que Kathryn Kuhlman apportait aux gens et qui, selon lui, était nettement inférieur au tort causé par ces interventions publiques, et par son manque de connaissances médicales. Aussi, conclut-il son livre par ces termes :

La source de cette lacune, et je regrette le ton incisif de mon commentaire, réside dans l'ignorance pure et simple que manifeste Kathryn Kuhlman. Elle ne fait nullement la différence entre les maladies psychosomatiques et organiques ; elle n'y connaît rien en matière d'hypnotisme et encore moins sur le pouvoir de suggestion. Enfin, elle n'a aucune idée du mécanisme du système nerveux. (*La guérison : un médecin à la recherche d'un miracle*, par William A. Nolen).

Malheureusement, sa recherche resta très superficielle, car il n'assista qu'à une seule réunion de miracles, et il n'interviewa que quelques personnes se déclarant guéries. Il en vint à la conclusion que ces réunions ne portaient aucun fruit durable.

La première fois que je rencontrai Kathryn, j'exprimai la même réserve que le Dr. Nolen. Or, après une étude approfondie de 200 dossiers répertoriant des cas de guérisons miraculeuses médicalement certifiées, je me vis dans l'obligation de lui retourner la même allocution latine que ce dernier avait utilisé pour appuyer ses accusations : *res ipsa loquitur* ; « les événements parlent d'eux-mêmes ».

Cependant, les déclarations émises par le Dr. Nolen suscita quelques réactions dans le corps médical. Le Dr. H. Richard Casdorph, interne et cardiologue dans le sud de la Californie, examinait régulièrement les cas de guérisons miraculeuses, survenues lors des réunions de Kathryn. Aussi, entreprit-il de rencontrer le Dr. Nolen, et organisa-t-il un face à face à la télévision de Philadelphie, en 1975. Le Dr. Casdorph se présenta sur le plateau de l'émission, en compagnie de Lisa Larios, une adolescente, et de la mère de cette dernière. Lisa avait été guérie d'un cancer des os, au cours d'une réunion de miracles qui se tenait au Shrine Auditorium, et le Dr. Casdorph avait effectué les radiographies qui prouvaient sa guérison. Il relata neuf autres cas de guérisons divines semblables, qui eurent tous lieu durant les réunions de Kathryn, dans un livre intitulé « Les miracles » et publié par Logos en 1976. Nolen n'en resta pas moins sceptique, mais il savait désormais que ses collègues étaient prêts à tout moment, à le mettre au défi.

En revanche, le Dr. Nolen avait raison lorsqu'il affirmait l'incompétence médicale de Kathryn. Elle ne s'en cachait pas et au contraire, elle désirait qu'il en soit ainsi ; Kathryn savait que le jour où elle quitterait la perspective spirituelle pour s'attacher au raisonnement humain, elle deviendrait comme ses détracteurs : impuissante. Malgré son ignorance, elle faisait preuve d'une grande sagesse (la sagesse permet de voir le monde qui nous entoure avec les yeux de Dieu). C'est la raison pour laquelle elle répondait rarement à ses détracteurs : elle voyait le déroulement des événements avec la perspective de Dieu. Il est vrai qu'il lui arrivait aussi de serrer les poings comme la plupart des mortels, mais son attitude vis-à-vis de Nolten fut empreint de simplicité : « Je ne ressens que de la pitié à l'égard d'un homme trop analytique pour avoir la foi et croire ».

Trop de gens associent le manque de connaissance du monde à la stupidité, mais Kathryn n'avait rien d'une femme insensée, même si elle se montrait ignorante dans de nombreux domaines. Par exemple, ses connaissances théologiques étaient limitées et je ne crois pas qu'elle ait jamais écris de livre sur la théologie systématique, ni sur les miracles et la guérison. Elle ne put jamais donner une définition claire du mot « miracle », et laissait cette tâche à ceux qui n'avait pas reçu la mission d'en accomplir.

Elle n'avait qu'une notion limitée de ce qui se passait dans le monde, et bien qu'elle croisât souvent des savants, des ministres et des chefs d'états, sa conversation s'arrêtait aux salutations et elle s'éclipsait ensuite pour éviter de la prolonger. D'autre part, elle excellait dans le domaine du Saint-Esprit et demeurait imbattable sur ce sujet. Elle fut un jour mise sur la sellette, lors d'une conférence de presse à Jérusalem. La presse juive était hostile à sa présence, ainsi qu'à la venue de nombreux dirigeants chrétiens qui se rendaient à la Première Conférence Mondiale sur le Saint-Esprit. Lorsqu'un journaliste lui posa la question piège : « Pourquoi être venus de si loin pour cette conférence et pourquoi ne pas l'avoir organisée aux États-Unis ? », Kathryn n'en crut pas ses oreilles !

« Je vais vous dire pourquoi, jeune homme. Nous sommes ici parce que c'est la terre sainte de Dieu et vous, juifs, - que vous le vouliez ou non - êtes le peuple élu de Dieu. Nous sommes venus parce nous, chrétiens, aimons cette nation autant que vous. Nous sommes là parce que cette montagne sur laquelle nous nous tenons se fendra le jour où le Roi de Gloire , le Messie Jésus-Christ, reviendra. Nous sommes là parce que le Saint-Esprit était ici à la pentecôte et qu'Il est ici aujourd'hui encore ».

J'observai le journaliste, visiblement furieux, inscrire les commentaires de Kathryn sans relever la tête. Un pasteur chrétien arabe, assis à côté de moi, me donna un coup de coude. « Ces juifs se taisent et écoutent lorsqu'une femme de poigne leur parle. Ils sont fous de Golda Meir, ils raffoleront de Kathryn, vous verrez ! »

En effet, ils l'apprécièrent et assistèrent, le jour suivant, à la réunion de miracles qui dura quatre heures. Et même les conservateurs du *Jérusalem Post* lui firent un excellent rapport de presse. Kathryn était dans son élément lorsqu'elle parlait du Saint-Esprit.

Elle était tout à fait ignorante en matière médicale et n'avait jamais ouvert le moindre livre médical familial, et encore moins étudié la physiologie, la psychologie ou l'anatomie. Et pourtant, elle était remplie d'une infinie sagesse. Pendant une réunion de miracles, elle savait exactement quand l'Esprit de

Dieu était présent et lui donnait l'autorité de Dieu. A ce moment-là, personne n'osait remettre cet état de fait en doute. Même le Dr. Nolen admit que la seule fois où il assista à une réunion de miracles, à Minneapolis, il s'en fallut de peu pour qu'il soit convaincu de croire (Comme ce fut le cas du roi Agrippa devant l'apôtre Paul). « Je n'avais pas envie de suivre tout un raisonnement », dit-il. « Une seule envie m'animait : croire ! ».

Malheureusement, il laissa sa raison prendre le dessus.

Le don qu'exerçait Kathryn durant les réunions, n'était pas tellement celui de guérison, mais il s'agissait plutôt des dons énumérés par l'apôtre Paul dans sa lettre aux Corinthiens - la « foi » et la « parole de connaissance » (1 Corinthiens 12,8). Kathryn n'avait pas le don de guérison. Elle pensait que le « don de guérison », dont parle Paul, était destiné aux malades qui avaient besoin de ce don. Tout ce qu'elle possédait, était un don puissant de la parole de connaissance pour quelqu'un de particulier. C'est la raison pour laquelle, elle ne cessa de répéter : « Je n'ai aucun don de guérison. Ne posez pas vos regards sur moi, mais sur Dieu ». Et pourtant, lorsque durant les réunions, une vague de foi emplissait la salle et que la présence de Dieu envahissait le bâtiment pour venir demeurer au milieu des louanges de Son peuple, Kathryn commençait soudainement à constater les guérisons qui s'opéraient dans l'auditoire. Cette reconnaissance caractérisait toutes ces réunions. Ses détracteurs, tels que Lester Kinsolving et Allen Spraggett du *Star* de Toronto, la surnommaient la « médium » et la « clairvoyante ». Kathryn, quant à elle, savait qu'il s'agissait de la puissance du Saint-Esprit disponible pour toute personne qui en payerait le prix.

Cette certitude que Kathryn était une personne « spirituelle » - elle pensait comme Dieu - me persuada qu'elle n'était pas un charlatan, lorsque je la vis pour la première fois. Nous avions quitté la Carlton House à la tombée de la nuit. Elle m'avait demandé de conduire sa Cadillac en prenant par la Rivière Monongahela, pour atteindre la route du nord qui nous mena dans un petit restaurant, surplombant le Triangle d'Or du centre de Pittsburgh. Après le dîner aux chandelles, nous discutâmes longuement du livre que nous allions éditer « *Dieu agit encore* ». Au bout d'un moment, je l'interrompis.

« Pourrais-je vous poser une question ? »

« Bien sûr, je vous écoute. » Le rayonnement qu'elle dégageait et sa disponibilité avait désarmé plus d'un. Pendant une fraction de seconde, je voulus me rétracter. Si seulement je n'avais rien dit. Mais il fallait à présent continuer dans la lancée.

« Pourquoi certaines personnes ne sont pas guéries durant les réunions ? Comment expliquez-vous que beaucoup repartent sans avoir été guéris, brisés et déçus, alors que d'autres sont guéris miraculeusement ? »

Elle n'hésitait jamais. « La seule réponse honnête que je puisse vous donner, c'est que je ne le sais pas moi-même. Dieu seul le sait, et qui peut sonder le cœur de Dieu ? »

A ce moment-là, je sus que je pouvais lui faire confiance. Une personne non spirituelle m'aurait bombardé d'une série de raisonnements logiques. Mais Kathryn, elle, était spirituelle et elle savait qu'il valait mieux dire la vérité, que de tenter de définir l'indéfinissable et d'expliquer les mystères de Dieu.

« A vingt quatre ans », dit-elle, le sourire aux lèvres, « je vous aurais donné toutes les justifications possibles. Ma doctrine était directe et j'étais persuadée que si je suivais certaines règles, si je travaillais d'arrache-pied, si j'obéissais aux dix commandements, et si je me maintenais dans une certaine spiritualité, Dieu opérerait la guérison ».

« Or, Dieu n'a pas besoin de répondre aux exigences des hommes pour prouver Son existence. Certaines questions de la vie resteront sans réponse, car nous voyons aujourd'hui au travers d'un voile. Dieu connaît la fin de toutes choses depuis la fondation du monde, alors que nous ne pouvons que saisir une infime partie du temps présent, et l'observer à partir d'une perspective pervertie ».

Elle poursuivit en me racontant l'histoire de plusieurs personnes qui avaient assisté aux réunions sans croire en Dieu, et encore moins aux miracles, et qui avaient été guéries, alors que d'autres - d'indéniables chrétiens - étaient repartis non guéris.

« Jusqu'à ce que nous parvenions à définir ce phénomène, la seule chose que je puisse vous dire, c'est qu'ils ont été guéris par la miséricorde de Dieu. Les autres...qui sait...peut-être que le Seigneur les aime tellement qu'il leur réserve une plus grande bénédiction que la guérison physique ».

Kathryn aimait à parler de l'époque où elle tint des réunions à Kansas City. Le journal Star de la ville envoya un de leur meilleur reporter pour couvrir l'article de la réunion. Le dernier soir, la journaliste se rendit à sa loge et leur conversation s'orienta vers ceux qui n'étaient pas guéris. Trois semaines plus tard, elle reçut une lettre de cette femme dans laquelle elle lui expliquait qu'elle avait amené un de ses amis, avocat, à la réunion car il se mourait d'un cancer. L'homme n'a pas été guéri, mais son épouse lui raconta que son mari avait vécu la plus merveilleuse soirée de sa vie. Il ne fut pas guéri, mais il accepta Christ comme son Seigneur et Sauveur. Sa mort fut douce et glorieuse. La journaliste se souvint des larmes que Kathryn versa, en parlant avec ceux qui n'étaient pas guéris, et lui demanda de toujours se souvenir de cette histoire.

« Non, je ne sais pas pourquoi tous ne sont pas guéris physiquement », me répondit-elle, « par contre, je sais qu'ils peuvent tous recevoir la guérison spirituelle qui est le plus grand miracle que tout être humain peut expérimenter ».

Très peu de gens quittaient la réunion avec un sentiment d'amertume, même s'ils n'étaient pas guéris. Ils venaient vers Kathryn en dernier recours, et d'autres encore revenaient régulièrement soit dans leurs chaises roulantes, soit poussaient-ils leurs enfants handicapés. Certains se traînaient avec leurs béquilles ou leurs appareils orthopédiques. Maudire Kathryn reviendrait à maudire Dieu. Au contraire, ils augmentaient leur générosité et intensifiaient leurs prières, et qu'ils fussent guéris ou non, ces réunions leur procuraient un remède que ni les médecins, ni la science moderne ne pouvaient leur apporter : l'espoir, seul sentiment vital. Ils y retrouvaient la joie, Kathryn leur communiquait la joie. Ils se sentaient acceptés et se retrouvaient dans une atmosphère empreinte d'amour, où tous louaient et adoraient le Seigneur dans la joie. Les hôpitaux et les sanatoriums n'apportaient certes aucune joie, et très souvent, trop souvent, ils ne la trouvaient pas dans leur propre église. La joie avait été tronquée par ce bonheur artificiel avivé par une série de médicaments. Or, ce sentiment de joie était réel durant ces réunions. Kathryn leur offrait de connaître un Dieu qui ne les condamne pas parce qu'ils étaient malades, mais qui se penchait, le cœur brisé, sur leurs souffrances ; un Dieu qui désirait les toucher. Elle leur offrait Jésus-Christ qui, par sa mort à la croix, avait pardonné leurs péchés et leur avait octroyé une place dans le ciel. Que pouvaient-ils demandé de plus ? La guérison ?

Oui. Mais à la lumière de tout ce qu'il se passait durant ces réunions de miracles, la guérison devenait souvent secondaire. Kathryn avait raison. La guérison spirituelle était le don principal accordé par Dieu.

Quel était le secret de ces réunions de miracles ?

Glenn Clark, un mystique du siècle passé et fondateur de la CFO (Camps Farthest Out), relata l'histoire d'un port russe, dans le nord de la Sibérie, en usage uniquement l'été, lorsque les bateaux partaient à la chasse à la baleine. En revanche, l'hiver, la température descendait souvent en dessous de 30 degrés et aucune embarcation n'avait jamais franchi le port à cette saison. Le port et les quais étaient au même endroit, toutes les avenues permettant l'accès des bateaux dans le port étaient bien là, mais aucune embarcation ne s'y aventurait. Pourquoi ? Parce le climat ne s'y prêtait guère.

Les réunions de miracles procuraient le climat idéal pour l'accomplissement de guérisons. Cette illustration est comparable à une loupe qui reflète les rayons du soleil sur un bout de papier et l'enflamme. Les rayons étaient toujours présents, mais si le verre grossissant ne dirigeait pas la trajectoire vers la cible, le papier ne pouvait être consumé. Ainsi, la puissance de Dieu se concentrait sur un endroit précis à un moment donné. Bien que les guérisons ne s'opérèrent pas uniquement durant les réunions (Kathryn était convaincue qu'elles devaient également avoir lieu dans les églises locales), il semblait toutefois que la puissance de Dieu se répandait de façon encore plus compact lorsque l'atmosphère atteignait ce climat spirituel intense, et alors, les miracles devenaient une norme et non une exception.

Jusqu'à sa mort, Kathryn nourrit l'espoir d'assister à une réunion de miracles semblable à celles menées par Jésus, lorsqu'Il était sur terre, où chaque malade repartait guéri. Elle n'eut jamais cette joie, mais convaincue que ce moment pouvait être vécu, elle entrait toujours en scène avec espoir et elle priait : « Que ce soit pour aujourd'hui ».

Frank Laubach, l'éminent expert littéraire (et collègue de Glenn Clark), reconnut que la puissance de guérison était bel et bien présente dans la salle. A ce propos, il adressa un jour un courrier à Kathryn en ces termes : « Vous êtes merveilleuse ! Je souhaiterais me mettre dans un coin de la salle et vous regarder couper le pain de vie et apporter l'espoir aux nombreuses personnes qui assistent à vos réunions... Je prie le Seigneur de me permettre d'assister, une fois encore, à l'une de vos réunions, afin de capturer un des rayons qui émanent de votre personne et que je n'ai vu nulle part ailleurs, vous êtes une femme merveilleuse ! »

Kathryn affirmait n'avoir rien à voir avec ces guérisons. En un sens, elle avait raison. Elle n'était que ce catalyseur qui permettait l'alliage de la puissance et des personnes présentes. D'autre part, elle était essentielle dans la réalisation des miracles, car elle avait réussi à devenir cet assemblage par lequel le Saint-Esprit pouvait extraire son minerai : les miracles.

La musique jouait un rôle important durant les réunions. Et bien que tout semblât spontané, ce fut le résultat d'un programme méticuleusement étudié au fil des ans, et qui avait passé par le feu des tribulations et des erreurs. Kathryn ne se satisfaisait qu'avec le meilleur. Elle ne tolérait aucun soliste, dont le talent ne dépassait pas la moyenne sur la plate-forme, et elle ne choisissait que les meilleurs musiciens. La devise de la chorale, dirigée par le Pr. Arthur Metcalfe, était d'atteindre la perfection, et chaque morceau était revu jusqu'à ce qu'il fût sans faille de diction et chanté dans une harmonie totale. Jimmy Miller, le pianiste qui accompagnait la chorale depuis déjà vingt sept ans, effectuait sa performance à la perfection. Quant à Jimmy McDonald, son soliste, il était considéré comme un des meilleurs solistes à l'échelon national. Enfin, Dino qui, plus tard, se liguera contre elle, avait été élu par les critiques musicales un des meilleurs pianistes du moment. Il est important de mentionner également Charles Beebee, son petit organiste chauve qui tendait ses jambes de tout son long pour atteindre les pédales. Non seulement, était-il sensible à la personnalité de Kathryn, mais il semblait en parfaite harmonie avec le Saint-Esprit, alors que ses doigt couraient sur les touches du clavier, dégageant par sa musique une révérence et amenant la présence de Dieu dans la salle. A chaque fois qu'une personne montait sur la plateforme pour témoigner de la guérison, l'orgue se faisait entendre en sourdine. Beebee, selon l'intensité du témoignage, augmentait la puissance de son jeu dans un crescendo soutenu par les applaudissements de l'assistance, ou alors, atténuait le mouvement et l'intensité, lorsque le témoignage était donné dans un murmure à peine audible. Quand Kathryn demandait le silence - « Qu'aucun bruit ne se fasse entendre dans cet auditorium. Le

Saint-Esprit est là, et Il imprime Sa présence sur chaque cœur » - l'orgue continuait à jouer une douce mélodie, offrant un soutien subliminal à la présence de Dieu. Il était impensable d'envisager une réunion de miracles sans la participation de Charles Beebee. Le climat musical était d'une importance inestimable, et permettait de créer une atmosphère dans laquelle le Saint-Esprit pouvait agir en toute liberté.

Un des secrets de cette atmosphère résidait dans la préparation et le déroulement de la réunion. Kathryn se rendait souvent tôt le matin sur les lieux où se tiendraient les réunions, spécialement si c'était sa première prestation dans la salle en question, et elle parcourait la salle en priant. Plus tard dans la journée, elle passait en revue les membres du service d'accueil et rien n'était laissé au hasard. Dans les grands auditoriums, ils utilisaient même des talkie-walkie pour communiquer d'un bout de la salle à l'autre. Une répétition minutieuse de la collecte des offrandes était effectuée jusqu'à qu'elle se fasse sans la moindre hésitation. Environ trois cents hommes étaient formés des semaines à l'avance, afin de gérer les cas à problèmes, d'apporter le secours nécessaire aux personnes en demande, de répondre aux urgences du moment, de distinguer une véritable guérison d'une guérison purement émotionnelle. Chaque homme était à son poste et avait reçu ses instructions. Cette efficace organisation faisait partie de la « décence et de l'ordre » que Kathryn exigeait, afin d'être trouvé « digne du Seigneur ».

Elle insistait pour que des personnes importantes soient placées derrière elle, sur l'estrade. A Youngstown, il s'agissait d'une grande chorale composée d'anciens alcooliques, placée en demi-cercle. Dans les salles gigantesques, tel le Shrine Auditorium et d'autres auditoriums semblables, elle s'assuraient la présence de ministres du culte célèbres, de politiciens, et de responsables d'église, ainsi que de la chorale qui pouvait atteindre jusqu'à 1 000 personnes. Elle vouait une sympathie particulière aux médecins, qu'elle plaçait soit sur la plate-forme avec elle, soit à la première rangée de l'auditorium. Il en était de même pour les prêtres et les religieuses, spécialement si ceux-ci étaient revêtus de leur « uniforme ». Kathryn était particulièrement enthousiasmée, lorsque plus d'une trentaine de responsables catholiques, en col clérical et soutanes, étaient installés derrière elle pendant l'exercice de son ministère. Leur présence semblait donner plus d'authenticité à son intervention, et apportait un certain climat de confiance et de compréhension nécessaires au bon déroulement de la réunion.

Et puis, il y avait ces femmes, supervisées par Maggie Hartner, Ruth Fisher et Pauline Williams, qui repéraient les personnes guéries dans la salle et les dirigeaient vers la plate-forme ; fonction d'une extrême importance qui n'était pas toujours reconnue à sa juste valeur. Elles avaient la mission d'observer tout ce qu'il se passait dans la salle, de regarder autour d'elles et d'encourager ceux qui étaient guéris à aller témoigner au micro du miracle que Dieu venait d'accomplir dans leur vie.

Enfin, le plus grand secret résidait en la personne de Kathryn elle-même. En effet, elle insistait pour que toute l'attention soit portée sur elle. Elle ne s'asseyait jamais pendant les quatre heures et demie que durait la réunion, même lorsque Dino jouait du piano ou Jimmy McDonald chantait. En fait, elle était toujours en mouvement pour conserver l'attention du public. Pour tout œil critique, cette attitude pouvait être considéré comme de la présomption, alors qu'elle levait la main au moment où le solo de Jimmie atteignait sa plus haute intensité, ou encore lorsqu'elle se tournait vers la chorale avec de grands gestes au moment où Dino jouait les dernières notes sur son piano. Aussi, cette attitude semblait-elle être la quintessence même de son ego qui réclamait sans cesse les projecteurs sur sa personne. Or, les personnes dotées d'un discernement spirituel y voyaient une certaine sagesse. Kathryn connaissait l'importance qui existait d'un point de mire spirituel. Elle exigeait que le micro soit constamment à sa portée, durant les réunions. Elle se trouvait toujours à côté de ceux qui témoignaient de leur guérison. Si leur témoignage était trop long, elle intervenait en priant pour eux et ils tombaient « dans le repos de l'Esprit ». Si l'intervenant tentait d'aborder un sujet qui briserait l'harmonie de la réunion, elle reprenait la direction des événements avec une certaine autorité. Elle savait mieux que quiconque comment arrêter une mini-réunion amorcée par un petit groupe de personnes dans l'assemblée. Elle s'exclamait alors : « Que se passe-t-il au balcon ? Quelqu'un est-il guéri ? Je demande aux membres du service d'accueil de vérifier dans cette direction ». Ceux-ci, formés pour la circonstance, se dirigeaient vers le groupe et « géraient la situation », en attirant son attention vers la plate-forme. Kathryn était convaincue qu'il ne pouvait y avoir qu'un dirigeant, à l'occurrence elle-même. Elle n'abandonna jamais sa position d'autorité, et cette conduite était un des secrets des réunions de miracles.

La même raison la poussa à se montrer extrêmement prudente au sujet des « dons de l'Esprit », et de leur manifestation dans l'assistance. Si quelqu'un se levait pour prophétiser ou parler en langues, Kathryn les faisait taire. « Le Saint-Esprit ne s'interrompt pas Lui-même », déclarait-elle avec autorité.

Ainsi, en 1968, elle retourna à Denver, trente ans après son départ de la ville, suite à l'invitation faite par le richissime Sam Rudd, directeur international des Hommes d'affaire du Plein Évangile, à tenir trois soirées d'évangélisation dans le City Auditorium. Je pensais que Kathryn s'y rendrait avec la plus grande délicatesse, mais il n'en fut rien : elle y alla avec autorité.

Pendant la première réunion, un homme se leva parmi l'assistance et s'écria : « Alléluia ! Loué soit Dieu ! »

Kathryn ne se laissait jamais surprendre. « Veuillez vous asseoir Monsieur, vous interrompez la réunion ».

Il continua sans faire aucun cas de l'intimation, agitant les mains.

« Si vous ne vous asseyez pas, je vais devoir faire intervenir le service d'ordre ».

L'homme, proche de l'extase, parlait sans tenir compte un seul instant des avertissements de Kathryn. Aussi, lorsque cette dernière fit signe à deux hommes robustes de se diriger en sa direction, son voisin, les voyant arriver tira sur la veste de ce fidèle et le fit rasseoir.

« J'appelle ce comportement, du fanatisme », dit-elle délibérément. « C'est ce genre d'attitude qui suscite les critiques que le monde adresse à l'égard du Saint-Esprit. Tous ceux qui sont d'accord avec moi lèvent la main ».

Et le public lui donnait raison : toutes les mains étaient levées. Il n'y eut plus aucun incident durant le reste du week-end.

« Le Saint-Esprit est un gentleman », disait souvent Kathryn. « Il fait les choses avec ordre et décence. Lorsqu'Il agit à travers moi, pendant une réunion, il ne s'interrompra pas Lui-même pour parler par quelqu'un d'autre en même temps.

Elle était le point central de la réunion, le secret de ses réunions.

Certains des mécanismes liés au déroulement de ses réunions n'étaient pas toujours compris ou appréciés par tous, et pourtant, Kathryn les jugeait utiles à la réussite de ses réunions. Un des secrets résidait dans le fait d'avoir une salle bondée. Ainsi, lorsque la salle du Shrine devint trop petite pour contenir la foule qui se pressait chaque semaine à l'entrée de la salle, un de ses meilleurs conseillers lui suggéra de trouver un autre lieu. « Il n'est pas correct de refuser des milliers de personnes chaque semaine. Le Shrine ne peut contenir que sept mille personnes. Pourquoi ne pas louer le UCLA Stadium ? »

Kathryn refusa. Ses détracteurs affirmaient qu'elle se plaisait à voir que le nombre de participants atteignaient un tel chiffre, qu'il fallait refouler de nombreuses personnes, faute de place. En réalité, elle avait réalisé qu'il valait beaucoup mieux que la salle fût bondée, que d'avoir un auditorium à moitié vide. En outre, bien qu'elle se considérât comme une « femme ordinaire », elle savait pertinemment qu'il fallait que le public puisse la voir sur la plate-forme. Billy Graham pouvait s'accommoder du UCLA Stadium, car il attirait les masses par le seul timbre de sa voix. Dans son cas, Kathryn devait capter les regards des auditeurs et ceux-ci celui de Kathryn. Aussi, elle préférait s'en tenir à de plus petites salles et garder un contact visuel avec l'auditoire, que de louer un plus grand auditorium ou ouvrir des salles annexes. Encore un des secrets de la réussite des réunions de miracles.

Le résultat était manifeste : des miracles se produisaient. En 1970, le *Time Magazine* rédigea un article sur ces réunions, en ces termes : « Après la Shirley Temple de 1945, Kathryn est une des plus remarquables figures charismatiques de notre époque. En réalité, on pourrait même surnommé le Shrine où se tiennent les réunions, la Lourdes des États-Unis. Puis, après avoir énuméré une liste de guérisons certifiées, ils en conclurent ceci : « Kathryn ne prêche pas une doctrine sur la guérison ; elle ne croit pas que la foi soit le moteur de la guérison, ni que l'absence de foi en un obstacle à sa réalisation. En effet, elle a vu trop d'incroyants être guéris et trop de croyants repartir sans avoir obtenu la guérison.... Elle associe l'exercice de son ministère à celui de l'église primitive. «Nous pouvons nous attendre à vivre les mêmes miracles que ceux vécus par l'église primitive ...», déclare-t-elle avec conviction. Son rôle se limite donc à celui du canal par lequel le surnaturel de Dieu peut se répandre, et cette réalité lui fait souvent redouter le jour où elle monterait sur la plate-forme et prêcherait sans la manifestation des dons devant une salle vide. Mais cette éventualité n'était, fort heureusement, qu'un mauvais rêve. Les sièges ne furent jamais inoccupés et les dons accompagnèrent son ministère jusqu'à la fin de sa vie.

Les dons se manifestaient également par le moyen d'un phénomène qui deviendrait bientôt le label des réunions de miracles : les personnes pour lesquelles Kathryn priait, s'affaissaient sur le sol dans un état « catatonique » qu'elle désignait de « repos dans le Saint-Esprit ». Personne ne connaît la date à laquelle cette manifestation apparut dans son ministère, mais il semblerait que les premiers signes de ce don se révélèrent à ses débuts. Kathryn admit volontiers qu'elle ne pouvait expliquer ce phénomène qu'elle attribuait à la puissance du Saint-Esprit.

En 1966, elle fut invité au déjeuner des dames, à la Convention Nationale des Hommes d'affaire du Plein Évangile de Miami Beach. Il s'agissait d'une de ses premières interventions auprès de cette association et très peu de participants l'avaient déjà vu dans l'exercice de son ministère. Le déjeuner se déroulait au rez-de-chaussée de l'hôtel, dans une salle qui donnait sur la piscine, où plus de mille femmes s'étaient rassemblées. Alors que Rose, femme du fondateur Demos Shakarian, présentait Kathryn au public, un bruit se fit entendre dans le fond de la salle, semblable à une brise traversant le feuillage d'un arbre. Kathryn se tenait sur la petite estrade et tentait de saisir ce qu'il se passait. Tout à coup, on entendit un bruit de chaises tomber sur le sol, pendant que plusieurs femmes se mirent à rire et pleurer.

« Venez ici », dit-elle en agitant la main. « Venez, venez ! Le Saint-Esprit ne me laissera pas prêcher aujourd'hui : Il est déjà en train d'opérer des miracles dans la salle ! ».

Kathryn avait bel et bien raison. Les femmes arrivèrent par vagues entières devant l'estrade, déjà bondée, et témoignèrent, les larmes aux yeux, des guérisons instantanées qu'elles avaient expérimentées dès l'instant où Kathryn s'était mise à parler au micro. Celle-ci pria pour ces dames qui s'affaissèrent dans le « repos de l'Esprit ».

Rose Shakarian était absolument stupéfiée. Kathryn l'invita à venir l'aider à rattraper ces femmes qui tombaient sous la puissance de Dieu, mais Rose se tourna vers Viola Malachuk, et lui murmura inquiète : « Viola, je n'y arriverai pas. Mon cœur ne le supportera pas, je ne peux lui venir en aide ».

Viola se leva d'un bond et elle se fraya un chemin dans la foule et se mit derrière chaque femme, afin de rattraper chacune d'elles et de les déposer délicatement sur le sol. D'autres femmes entonnèrent un chant dans l'Esprit pendant que d'autres encore s'écroulaient sur le sol ou sur leurs chaises. La puissance du Saint-Esprit avait envahi la salle entière.

L'hôtel subissait depuis quelques jours une panne du système d'air conditionné. Aussi, les clients de l'hôtel assis autour de la piscine, observant à travers la vitre ces femmes tomber, pensèrent à un malaise général dû à la trop forte chaleur intérieure et appelèrent à l'aide. Certains d'entre eux ressentirent les effets de la puissance de l'Esprit jusqu'à leur transat et s'affaissèrent aussi sur le sol ... en maillot de bain !

La réunion dura presque trois heures et, plus tard, plusieurs personnes affirmèrent avoir été guéries de maladies ou défaillances physiques, pendant la réunion. Personne ne fut blessé par la chute occasionnée par la présence de l'Esprit, et, ce jour-là, Kathryn ne put prêcher.

Bien que cette manifestation de « tomber dans le repos » ne soit pas chose courante dans toutes les églises actuelles, en revanche, il faut reconnaître que cette expérience remonte aux temps bibliques. Par exemple, dans Actes 9, Saul se trouva face à l'Esprit de Christ, et tomba au sol, sur la route de Damas. Dans Matthieu 17, l'auteur nous relate l'histoire des trois apôtres qui, sur la montagne de la Transfiguration, ne purent se tenir debout, tellement la présence de Dieu était forte. L'apôtre Paul nous dit qu'alors qu'il était dans l'Esprit, il fut incapable de se relever et fut cloué au sol. En approfondissant les recherches, on constate que ces manifestations accompagnaient les grands évangélistes de notre histoire, tels que Charles G. Finney, Peter Cartwright et Dwight L. Moody. On dit même que lorsque les piétons passaient sur le trottoir qui longeait la porte d'entrée de la salle où prêchait Moody, ils tombaient sous la puissance de l'Esprit. Lorsque le Saint-Esprit descendit dans une des réunions d'évangélisations, menées par John et Charles Wesley, et que les gens s'affaissèrent sous la puissance de Dieu, les deux frères, inquiets, déclarèrent qu'ils ne voulaient plus que cela se reproduise. Mais, quelques temps plus tard, Charles croisa le chemin d'un de ses contemporains qui le mit en garde de ne pas attrister le Saint-Esprit. « Charles, depuis que tu as interdit aux gens de tomber dans le repos de l'Esprit, il n'y a plus eu de conversions, ni de miracles ».

Plus tard, Charles Price, à l'école duquel se forma Everett Parrott, tint des réunions dans tout le pays durant lesquelles les gens tombaient « dans le repos de l'Esprit ». Ce même phénomène accompagna le ministère de Parrott et bien entendu, de Kathryn elle-même.

En revanche, beaucoup abusèrent de ce phénomène, comme c'est malheureusement souvent le cas en ce qui concerne les choses de Dieu. De nombreux évangélistes et prédicateurs de la « guérison divine » se mirent à pousser les gens pour lesquels ils priaient, afin de donner l'illusion que ceux-ci tombaient dans « le repos de l'Esprit ». D'autres avaient un jour expérimenté le repos dans l'Esprit et mêlaient à présent les manifestations de la chair à celles de l'esprit, en se roulant sur le sol.

Toutefois, personne ne pouvait accuser Kathryn de pousser les gens à se rouler à terre, ni d'encourager (ou même permettre) un tel comportement pendant les réunions. Ses détracteurs l'accusèrent de pousser les gens à terre, et d'autres encore prétendirent qu'elle les hypnotisait. Et quelques uns allèrent même jusqu'à avancer que Kathryn avait étudié l'anatomie humaine et savait exactement quels nerfs toucher sur le cou des gens pour provoquer leur évanouissement. Or, après toute l'agitation autour de ce phénomène, il n'en demeura pas moins que l'expérience qui consiste à tomber « dans le repos de l'Esprit », était d'ordre spirituel et non émotionnel.

Heureusement pour elle, Kathryn ne découragea jamais cette manifestation, qui, toutefois, aurait pu jeter le discrédit sur son ministère et la reléguer au rang de « fanatique ». Par contre, elle n'autorisa jamais les démonstrations bruyantes que l'on retrouvait dans les premières réunions menées par Oral Roberts et Rex Humbard.

« Une grande partie du bruit remplace la puissance véritable », disait-elle. « Au début de mon ministère, j'avais acheté une vieille Ford à Idaho. Si le vacarme que faisait cette voiture annonçait sa puissance, alors je vous garantis qu'elle devait être la voiture la plus puissante de la région. Non, les plus grandes manifestions de l'Esprit que j'ai pu voir au cours de ma carrière, les plus merveilleux miracles dont j'ai été témoin et les baptêmes du Saint-Esprit les plus impressionnants se sont souvent déroulés avec douceur et élégance ».

En 1974, au cours de la Première Conférence sur le Saint-Esprit qui se tint à Jérusalem, j'observai un moine trappiste en soutane tomber quatre fois dans « le repos de l'Esprit ». Il était assis derrière Miss Kuhlman, et pendant la réunion, celle-ci décida de prier pour tous ceux qui étaient assis sur la plate-forme. Lorsqu'elle s'approcha du moine, celui-ci enfouit sa tête dans la soutane marron. Ainsi, se tenait-il debout devant elle, la tête courbée et les yeux fermés.

Kathryn, quant à elle, pleurait car elle avait discerné dans l'Esprit qu'il était précieux aux yeux de Dieu. Puis, des larmes coulèrent également le long du visage de ce moine, ses jambes chancelèrent et il tomba dans le « repos ».

Kathryn, immobile, resta comme paralysée, une main levée vers le ciel et l'autre dirigée vers cet homme silencieux qui reposait sur le sol. Elle avait le visage rayonnant et regardait vers l'éternité.

Un assistant releva le moine qui se trouva à nouveau devant Kathryn, mais cette fois-ci, le moine découvrit son beau visage. Kathryn était toujours immobile et les mains dans la même position. L'homme vacilla à nouveau et se retrouva, une fois de plus, sur le sol. Ce manège se répéta encore deux fois, et pourtant, Kathryn, silencieuse, ne l'avait pas touché. Immobile, elle avait le visage et la main tournés vers Dieu, et semblait nimbée dans une lumière qui n'appartenait pas à ce monde. Le seul bruit perceptible était une douce musique que jouait l'orgue et les légers soupirs de l'assistance, chaque fois que le moine catholique romain tombait dans le « repos du Saint-Esprit ». Elle semblait enveloppée d'un halo de puissance et tous ceux qui se trouvaient à l'intérieur de cette aura, ne résistaient que très difficilement à cette présence. J'avais l'impression que si Kathryn bougeait, ne fusse qu'un muscle, elle aussi s'affaisserait tellement la puissance de Dieu était intense !

Ce même halo semblait très souvent l'accompagner pendant l'exercice de son ministère, et quelquefois son visage brillait de mille lumières. Il arrivait même, dans ces moments-là, qu'une rangée entière de la chorale tombe sur son passage. Un jour, au Carnegie Hall, une femme se leva pour indiquer qu'elle venait d'être guérie. Les personnes qui se trouvaient autour d'elle et qui l'avaient connue dans sa maladie, se levèrent aussi pour manifester leur joie pendant qu'elle retirait son appareil orthopédique. A cet instant, Kathryn se dirigea vers le balcon et déclara : « La puissance de Dieu repose sur l'ensemble du balcon ». Le groupe qui s'était levé fut instantanément propulsé sur leur siège. Je retins mon souffle et je me demandai si quelqu'un allait finir par tomber du balcon, mais personne ne fut blessé. Au contraire, plusieurs furent guéris de maladies qu'ils traînaient avec eux depuis plusieurs années.

Une des scènes les plus inoubliables fut lorsque le Dr. Clifton Harris fut guéri d'une hanche soudée au cours d'une réunion qui eut lieu à Monrœ, en Louisiane, en 1973. Vingt ans auparavant, le Dr. Harris qui revenait de Chine où il avait été missionnaire plusieurs années pour l'Église Baptiste du Sud, fut gravement blessé dans un accident de voiture. Sa hanche droite fut complètement démise et les os de sa jambe complètement enfoncés, de haut en bas. La guérison de la hanche, après des mois dans le plâtre, laissa le médecin définitivement handicapé par une grave calcification de l'os et de l'arthrite dans toute la jambe. Face à son incapacité de repartir en mission, il s'installa dans la petite ville de Pineville, où il exerça le ministère, dans les limites de sa santé. Au fil des ans, la douleur s'intensifia et l'arthrite, ainsi que le calcium, soudèrent complètement la jambe. Et lorsque son fils, âgé de douze ans, venait lui rendre visite à l'hôpital, il poussait sa chaise roulante.

C'est alors que sa femme décida de l'emmener à une réunion de miracles à Monrœ, à 150 kilomètres de leur ville natale. Durant tout le voyage, Clifton resta allongé sur la banquette arrière du véhicule, affligé par d'atroces souffrances. A leur arrivée, des membres du service l'aidèrent en poussant sa chaise roulante jusqu'à l'intérieur du bâtiment. Le Dr. Harris était issu de plusieurs générations de prédicateurs et missionnaires de l'église baptiste du sud des États-Unis, et bien qu'il crût ce que déclarait la Bible, il n'avait jamais réellement cru aux miracles. Et pourtant, pendant la réunion, il ressentit une grande chaleur parcourir sa hanche. En un instant, il se retrouva debout et se mit à courir dans une des allées de l'auditorium. Il retira son appareil orthopédique et remarqua qu'il pouvait monter les escaliers qui menaient à la plate-forme sans aucune douleur. Lorsqu'il se retrouva à côté de Kathryn, il tomba dans le repos de l'Esprit. Comme personne n'était derrière lui pour le rattraper, il s'écroula sur sa hanche accidentée et n'éprouva toutefois aucune douleur. Il se releva et tomba une seconde fois sur sa hanche sans aucun mal.

A son retour à Pineville, il suggéra à son ami juif, Dan Kingsley, chirurgien orthopédique, d'examiner sa hanche. Ce dernier avait opéré les membres endommagés de Clifton et il avait suivi son état de santé toutes ces dernières années, avant d'en arriver à la conclusion qu'une transplantation de hanche serait la seule solution envisageable. Aussi, écouta-t-il l'histoire de son ami avec beaucoup de scepticisme, mais il fut forcé d'admettre, après l'analyse des radiographies et à la vue de Clifton qui marchait normalement sans l'aide d'appareil, ni béquille, ni chaise roulante, qu'il « aurait été enchanté d'obtenir un si bon résultat après une transplantation de hanche classique ».

Le Dr. Harris n'eut plus jamais recours à la chaise roulante !

Bien sûr, tous ceux qui tombaient dans le repos n'étaient pas forcément guéris. Une jeune dame de Tulsa, Oklahoma se releva après une telle expérience et déclara : « J'ai vécu un moment merveilleux, mais j'ai toujours mal au dos ».

Un mystère insondable !

Personne n'en connaissait le mécanisme. En fait, il s'agit de la puissance surnaturelle du Saint-Esprit qui court-circuite tout le corps pendant quelques instants. Les muscles et les nerfs, généralement contrôlés par des courants électriques à partir du cerveau, reçoivent une surcharge électrique d'une puissance extraordinaire, comparable à une foudre d'un million de volts qui s'abattrait sur une maison équipée d'un système électrique de 220 volts, provoquant ainsi un court-circuit. Cette décharge s'introduirait dans tous les relais et tous les fusibles, et rendrait les appareils électriques branchés inopérants. Ainsi en est-il de la puissance du Saint-Esprit qui s'introduit dans un corps humain spirituellement « branché », qui par cette extraordinaire puissance, tombe dans « le repos ».

Un dimanche après-midi, au Shrine Auditorium, Kathryn invita tous les membres du clergé, catholiques, protestants et juifs sur la plate-forme. Environ soixante quinze personnes répondirent à l'appel et vinrent l'entourer. Au moment ou elle toucha l'homme qui se trouva à sa droite et celui qui était à sa gauche, ils tombèrent tous sur le sol, entassés les uns sur les autres. A Miami, en Floride, elle pria pour les choristes qu'elle pouvait atteindre : quatre cents personnes tombèrent en même temps dans le repos. Une autre fois encore, un serviteur de Dieu presbytérien se rendit à son bureau de Pittsburgh, en compagnie d'un professeur de théologie. Au terme de l'entretien, ils discutaient encore sur le pas de la porte lorsque Kathryn proposa de prier pour le professeur. Ce dernier, conscient des risques qu'il encourait à accepter, tint son corps athlétique en bride et résista de toutes ses forces à toute manifestation. Au moment où Kathryn dit : « Cher Jésus ! », le professeur se retrouva instantanément au sol. Le professeur se releva, ahuri, et demanda : « Que s'est-il passé ? ». Mais avant que son ami ne puisse le lui expliquer, il se retrouva une seconde fois au sol. Kathryn, amusée, suggéra au pasteur de raccompagner son ami chez lui avant qu'il ne puisse plus marcher. Dans l'ascenseur, le professeur encore tremblant ne cessait de répéter : « Je n'y comprends rien. Cela n'a pas de sens ! »

Et malgré toutes ces évidences dont j'étais chaque jour témoin autour de moi, je ne parvenais pas à y croire non plus, jusqu'au jour où je tombai, moi aussi, dans le « repos de l'Esprit ». Je vécus cette expérience au Shrine Auditorium de Los Angeles. La réunion touchait à sa fin et les gens, debout, chantaient le dernier cantique. Je me trouvais sur la plate-forme à côté de plusieurs serviteurs connus dans la région, lorsque je réalisai que Kathryn s'avançait vers nous et toucha une personne après l'autre. Chaque personne tomba en arrière au moment où elle pria pour eux, et fut réceptionnée par un assistant. J'en fus impressionné, mais pas suffisamment pour éprouver le désir d'être touché à mon tour. Je me reculais et m'écartai de la rangée d'hommes pour lesquels elle priait. Je continuai à reculer jusqu'au moment où je réalisai que je heurtai le magnifique piano à queue ; je ne pouvais plus reculer. En la voyant arriver tout droit vers moi, je pris une décision hâtive : non, je ne tomberais pas. Ce n'était pas parce que tous ces hommes tombaient qu'il fallait les imiter. A ma connaissance, elle ne me toucha pas. Je me rappelle m'être senti bien ridicule devant sept mille personnes, allongé en dessous de ce piano dans mon élégant costume gris et mes chaussures noires vernies ! Ensuite, j'ai ressenti une présence et une telle euphorie m'envahir, que j'ai reposé ma tête sur le plancher et je me suis laissé nimber dans la présence de Dieu. Étant donné que je me trouvais sous le piano, personne n'aida à me relever. Aussi, demeurai-je allongé longtemps après que toutes les personnes eurent regagné leur place et se préparaient à clôturer la réunion. Finalement, je sortis de la fente de mon rocher et retournai m'asseoir : je n'ai plus jamais douté de l'expérience que l'on appelle « le repos de l'Esprit ».

Un des plus grands secrets de la grandeur de Kathryn sur la scène, était sa grande capacité de concentration et son aptitude à poursuivre malgré les perturbations qui survenaient dans la salle et qu'elle parvenait quelquefois à contrôler. D'un simple signe de la tête à un assistant, elle venait à bout d'une personne excitée qui provoquait de l'agitation au balcon, ou encore d'un enfant qui pleurait au centre de la salle. Malgré le fait que certains trouvaient ces attitudes dures et cruelles, Kathryn savait que pour entendre la voix du Saint-Esprit, il lui fallait le silence et le moins d'agitation possible dans l'auditoire. Il n'était pas rare qu'elle appelle Maggie au beau milieu d'un moment d'adoration et de lui faire signe en direction d'un enfant qui pleurait pour lui demander de s'en occuper, avant de reprendre comme si rien ne s'était passé.

En revanche, certaines situations ne pouvaient être gérées par un simple geste de la main ou de la tête. Et, dans ces moments-là, elle parvenait à faire preuve d'une étonnante propension à ignorer le problème.

En automne 1968, Pat Robertson, président de la radio chrétienne, le Christian Broadcasting network et d'une célèbre émission de télévision, invita Kathryn à tenir une réunion au Norfolk Auditorium de Portsmouth, en Virigine.

Jim Bakker était à l'époque l'assistant de Pat Robertson et il supervisait la réunion, en attendant l'arrivée de ce dernier qui était visiblement en retard. Cette situation agaça Kathryn qui supportait mal que l'on arrivât en retard. L'auditorium était bondé et une salle annexe avait été ouverte pour accueillir le surcroît de personnes. Alors que l'assistance commençait à s'impatienter au bout de quelques minutes d'attente, Kathryn se tourna vers Jim Bakker, assis à côté d'elle sur la plate-forme.

« Lorsque le Saint-Esprit me dit de commencer la réunion, je dois obéir. Je ne peux donc plus attendre. J'y vais ! »

Avant que Jim eut le temps de répondre, « Mais, Miss Kuhlman... », elle passa devant lui, agita d'abord la main vers la chorale pour que celle-ci entonne le cantique « Que Tu es Grand ! » et elle se tourna ensuite vers l'assemblée pour l'entraîner dans la louange.

Plus de 3 000 personnes s'étaient entassées dans l'auditorium, allant même jusqu'à s'asseoir sur des chaises pliantes installées dans les gradins et contre les murs. Or, la réunion fut au bord de se transformer en véritable tragédie. Au moment où les personnes se levèrent pour chanter, un bruit sourd se fit entendre, suivi d'un énorme fracas et de cris stridents. Une section entière des gradins venaient de se retourner, et plus d'une centaine de personnes furent projetées au sol, et parmi eux, certains étaient même coincés entre les planches. Le spectacle était dramatique à voir ! Et lorsque le mécanisme actionnant les gradins redressèrent les planches, ceux qui n'étaient pas tombés, eurent leurs jambes coincées et se retrouvèrent suspendus aux planches, la tête en bas, et criant de terreur. Au sol, on dénombrait de nombreux blessés ; ils saignaient abondamment ou ils avaient les os brisés, alors que d'autres encore gisaient, inconscients. Heureusement, personne ne perdit la vie, mais la réunion s'était transformée en une cohue générale et tous les assistants accouraient vers les gradins pour porter secours aux blessés.

Jim Bakker, tentant d'éviter la panique générale, fonça alerter le service des urgences et les pompiers. Les assistants dégagèrent les blessés coincés sous les planches et les allongèrent sur le sol. Très vite, les ambulances annoncèrent leur arrivée au bruit des sirènes et les brancardiers emmenèrent les blessés. Les gardiens de la sécurité invitèrent les personnes à quitter les gradins et à s'installer au rez-de-chaussée. Les assistants se pressèrent d'apporter environ un millier de chaises que l'on installa dans toute la salle. Toute cette mésaventure dura plus d'une heure et demie.

En dépit des événements, Kathryn maintint sa philosophie qui consistait à prétendre que rien ne s'était passé. Malgré le chaos et le désordre général qui régnaient dans la salle, elle poursuivit la réunion. Elle mena la louange, bien que peu chantaient. Elle présenta la chorale qui tentait de chanter sans regarder les allées et venues dans la salle. Elle présenta quelques serviteurs de Dieu de renom et raconta quelques anecdotes avant d'annoncer la collecte des offrandes. Et au milieu de son message, le calme était revenu.

Certains considèrent son attitude comme une démonstration de la maîtrise de soi et d'un don de concentration impressionnant, au moment où toute la salle était au bord de la panique. D'autres se montraient perplexes, voire choqués de constater qu'elle ne s'était pas dirigée vers les personnes pour prier pour elles et n'avait pas une seule fois fait allusion à ce qu'il se passait dans la salle. Et pourtant, beaucoup repartirent guéris ce soir-là, et au terme de la réunion, la plupart avait presque oublié la tragédie (sauf ceux qui se retrouvaient à l'hôpital).

En relisant les rapports de ces réunions, on ne peut que constater que le Saint-Esprit était le seul auteur de ces guérisons. En effet, Kathryn commençait souvent ses réunions en proposant quelques boutades légères, marquant par là sa présence. Le public, quant à lui, appréciait cet aspect humoristique de sa personnalité.

Ensuite, elle présentait Dino et Jimmie McDonald, et quelquefois l'une ou l'autre personnalité présente avant de se lancer dans sa prédication :

« Je ne prêcherai que dix minutes. » (Elle prêchait en fait environ une heure et demie).

En revanche, lorsque le Saint-Esprit commençait à agir, on entendait plus une mouche voler.

« Dieu guérit une personne atteinte d'une maladie cardiaque. Merveilleux Jésus, je te donne toute la gloire. Quelqu'un dans la salle est atteint de diabète... Le Seigneur aspire le sucre hors du corps... Un conduit auditif est en train d'être débloqué. Quelqu'un m'entend parfaitement pour la première fois... au balcon. Oui, il y a un homme au balcon qui utilise un appareil auditif. Vérifiez votre appareil, Monsieur. Vous m'entendez parfaitement... Une personne est guérie de l'arthrite au pied, elle se trouve à ma gauche. Vite, Maggie, elle se trouve à la cinquième ou sixième rangée. Loué sois-Tu, merveilleux Jésus ! »

Ces personnes formaient à présent une file sur le côté de la plate-forme. Le Dr. Richard Owellen, chercheur en cancérologie à l'hôpital Johns Hopkins et qui l'accompagnait souvent dans ses déplacements, examinait chaque personne qui se présentait, en vue de témoigner de leur guérison. Kathryn se tourna vers lui alors qu'il s'entretenait avec une jolie jeune fille.

« Que se passe-t-il, Docteur ? »

« Elle souffrait d'hygroma. Cette jeune fille est juive et était assise au fond de la salle lorsqu'elle sentit son épaule se détendre complètement ».

« Et vous n'aviez pas cette souplesse auparavant ? », répondit Kathryn avec étonnement, et en saisissant la jeune fille par le bras, elle l'amena devant le micro.

La jeune fille pleurait et bougeait ses épaules en faisant des mouvements circulaires.

« C'est cela, ma chère amie, faites tourner votre bras. Il est bien accroché à votre épaule ! »

La foule manifesta son approbation par un grand rire.

« Et elle est juive ! » dit Kathryn en riant. « Cela ne m'étonnerait pas si le rabbin m'appelait pour mener une réunion dans sa synagogue ».

L'orgue qui jouait une douce mélodie, augmenta en crescendo pendant que Kathryn, d'une voix forte s'exclama : « Disons-lui tous ensemble : Que Dieu vous bénisse ! Le public répondit par des applaudissements à n'en plus finir alors que Kathryn priait pour la jeune fille en lui touchant la tête. « Cher Jésus, précieux Messie, je te donne toute la gloire... » Elle ne put en dire plus car la jeune fille tomba dans les bras d'un des assistants qui s'était placé derrière elle.

Kathryn regardait la scène avec étonnement. Puis, elle se tourna vers le public et dit : « Vous savez, Jésus aime aussi les juifs ! »

Sur ces paroles, les acclamations de la foule se firent assourdissantes.

Après cette ovation, elle se dirigea vers un assistant qui se tenait à côté d'un homme qui tenait dans ses mains un appareil auditif. « Voici le miracle du système auditif, Miss Kuhlman ».

A chaque réunion, les événements se succédaient de la même façon. Elle demandait à la personne de mettre sa main sur l'oreille en bonne santé pendant qu'elle se plaçait derrière elle. Dans ce cas précis, elle demanda à l'homme sur la plate-forme : « M'entendez-vous ? ».

« Oui ».

« M'entendez-vous encore ? »

« Oui ».

« M'entendez-vous toujours ? », demanda-t-elle encore, en se reculant de quelques mètres.

« Oui ».

Un autre homme se tenait sur la plate-forme, prêt à témoigner de sa guérison et tenant un sac en papier marron dans les mains. Il murmura quelques mots à l'oreille de Kathryn et se tut. Celle-ci claqua sa main sur sa hanche et éclata de rire.

« Bien-aimés, je dois vous raconter ce qu'il se passe. Dieu a vraiment le sens de l'humour ». Elle se tourna vers cet homme et dit : « Montrez vos pommes de terre. Depuis qu'il a entendu dire que les pommes de terres sont excellentes pour combattre l'arthrite, il en transporte partout où il se rend. Pendant la réunion, il a été guéri de l'arthrite à la hanche. Aussi, il se demande à présent, si ce sont les pommes de terre ou Dieu qui l'a guéri ».

Tout en riant, elle lui tapota l'épaule et lui dit : « Je vous prie, courez le long de la plate-forme. Regardez-le partir ; il m'a laissé les pommes de terre ! ».

Personne ne pouvait gérer toute ces situations de main de maître si l'Esprit de Dieu ne le guidait pas. Quelquefois, les gens se demandaient même si le Saint-Esprit agissait en dépit de Kathryn. Bonne question. Il est vrai que Kathryn était unique. Personne ne lui ressemblait. Plusieurs tentèrent d'imiter ses manières, mais en vain. Ils utilisèrent les même techniques, la même méthodologie, mais la puissance n'y était pas. Kathryn pouvait certes se considérer comme une personne ordinaire, mais ses réunions de miracles sortaient de l'ordinaire.

Un jeune journaliste canadien qui se rendit à la réunion avec beaucoup de scepticisme, s'en retourna rempli de foi, écrivit ces quelques lignes en 1972 :

Il n'y a pas grand chose à dire, sinon qu'entendre trois mille voix chanter le chant préféré de Kathryn « Il m'a touché », voir six mille mains se lever vers le ciel, mains tremblantes, fines, jeunes, vernies, mains calleuses d'ouvriers, toutes unies les unes aux autres, est une expérience que l'on ne peut comprendre avant d'avoir soi-même uni nos mains aux autres.

....Une réunion de miracles, pour utiliser le jargon de Kathryn, c'est quelque chose !

15

Donner malgré le vide intérieur

La plupart des femmes et des hommes devenus célèbres dans le domaine religieux adoptent un style de vie en accord avec la croissance de leur popularité. Mais même si la popularité de Kathryn s'était développée à une rapidité vertigineuse, dès le début des années soixante, le champ de son ministère demeurait limité. Ainsi, en 1957, année de la création de la Fondation Kathryn Kuhlman, alors que ses revenus bruts annuels dépassaient le million de dollars, elle refusait de suivre les conseils des serviteurs de Dieu travaillant à plein temps dans le ministère qui lui suggéraient d'éditer un magazine à son nom.

Elle ne sollicita jamais de fonds par courrier, quoique personne n'eût à l'époque une liste d'adresses aussi fournie que la sienne. Elle parlait très rarement d'argent lors de ses réunions et aucun de ses collaborateurs ne sollicitait de dons au public avec une insistance excessive. Kathryn n'usait d'aucun stratagème et ne fit jamais partie de cette catégorie de prédicateurs qui faisaient constamment des appels d'argent. Jusqu'à sa mort, elle demeura une fille ordinaire, intègre, du Missouri.

A cette époque, la seule extension de son ministère était la radio. Un jour de 1958, alors qu'elle peinait à mener à bien une émission radiodiffusée, un ami la présenta à un jeune ingénieur du son, Steve Zelenko, un catholique qui travaillait pour Canal 11 à Pittsburgh. Ce jour-là, Zelenko l'observa de l'extérieur du studio d'enregistrement et lorsqu'elle en sortit, il lui dit carrément : « Mon Dieu, Madame, ne pouvez-vous faire mieux que cela?» Kathryn l'engagea sur le champ.

Steve se débrouilla tant bien que mal avec le matériel vétuste du studio pendant environ six mois, mais il finit par lui dire : «Écoutez, Miss Kuhlman, ce matériel est bon pour la poubelle. Ne pouvons-nous pas travailler dans des conditions plus professionnelles ? Il me semble que si vous voulez œuvrer pour Dieu, il faut Lui donner ce qu'il y a de meilleur ».

Kathryn était sensible à ce genre de réflexions. Elle accorda donc carte blanche à Steve qui entreprit d'installer un studio complet dans une extension de ses bureaux de la Carlton House. Les finances allouées au matériel de diffusion étaient restreintes mais il sut tirer le maximum de ce budget et put se procurer le matériel requis pour une programmation de qualité. Ainsi fut-il capable d'étendre le nombre d'émissions des quatre stations d'origine à vingt, trente, puis soixante stations différentes. Alors que la plupart des gens avaient l'habitude de recevoir des ordres de Kathryn, cette fois-ci c'était à elle qu'on en donnait. Et même si le vocabulaire de Steve la faisait quelquefois grimacer, elle appréciait toutefois sa franchise.

Quelquefois, il l'interrompait en plein milieu d'une séance d'enregistrement, pénétrant dans la cabine en vociférant : « Miss Kuhlman, vous pouvez faire mieux ! Vous êtes la meilleure. Dans tout le pays, les gens écoutent avec attention votre émission et attendent vos paroles. Ne leur servez pas un plat réchauffé mais prêchez leur la Parole de Dieu ».

Ayant ainsi parlé, il retournait dans sa cabine en manifestant son irritation, effaçait le premier enregistrement et lui faisait signe de recommencer. Ayant beaucoup aimé la manière dont Bill Martin avait annoncé son émission pendant plusieurs années, Kathryn garda cet enregistrement qu'elle utilisa pendant plusieurs années, même après la mort de Bill Martin. Au fil des ans, elle passa maître en la matière et elle pouvait conclure l'émission, à la seconde près, à la fin du temps qui lui était imparti. En dépit des critiques qui lui étaient adressées sur son entrée en matière : « Bonjour tout le monde ! Vous m'attendiez ? », et sur le timbre bizarre et trop dramatique de sa voix, Kathryn n'en restait pas moins une « pro » et elle le savait.

L'activité de Kathryn gardait son rythme de croisière : les réunions de miracles du vendredi au Carnegie Hall se déroulaient toujours de la même manière et se terminaient toujours par des dizaines de miracles chaque semaine. L'influence de ses réunions du dimanche au Stambaugh Auditorium, où les fidèles l'appelaient « Pasteur », s'étendait sur l'est de l'Ohio et l'ouest de la Pennsylvanie. Des centaines d'alcooliques et de clochards étaient convertis par son ministère. Le Dr. Metcalfe dirigeait une chorale composée de trois cents hommes, ainsi que la chorale de la jeunesse. Mais le comportement de Kathryn ne changea jamais. Elle conserva la même coiffure et ne modifia en rien le déroulement de la réunion qu'elle maîtrisait d'ailleurs avec brio. Elle dirigeait les études bibliques du mardi soir à la Première Église Presbytérienne et elle officiait lors des cérémonies de mariage et des enterrements. Elle supervisait le service d'accueil, la louange, les annonces et formulait la plupart des prières.

A Cleveland, elle attira dix-sept mille personnes. A Wheeling, en Virginie, elle attira une foule de dix-huit mille personnes en une semaine, et la photographie des miraculés parurent à la une du quotidien, le *Wheeling News-Register*. Une dame âgée de cinquante-six ans, sourde et muette depuis l'âge de quatre ans, assista à une réunion avec sa fille qui lui interprétait le cours des message et des événements par le langage des signes. Un jour, alors qu'elle écoutait une émission à la radio, la jeune fille entendit sa mère dire lentement et avec d'énormes efforts, « J'ai entttendduu Misss Kuhlllmannn rire à la radddiiio ». A partir de ce jour-là, elle entendit et parla parfaitement.

Et on vit même l'impossible se produire : de nombreux théologiens commencèrent à louer avec beaucoup d'enthousiasme son ministère ; parmi eux, le baptiste canadien Wade Jumper, expert de la synthèse entre religion et psychologie.

Le ministère de Kathryn Kuhlman était unique sur le plan théologique, eu égard à sa manière de représenter Dieu. En effet, Dieu était ici dépeint Créateur et re-Créateur généreux et débordant de compassion, qui apportait gratuitement la guérison miraculeuse. Ce concept était loin de celui d'un Dieu partial qui accordait Ses miracles avec parcimonie en échange d'une conduitc irréprochable.

Lors de certaines réunions de miracles, le Seigneur est présenté comme un commissaire-priseur, les malades étant les soumissionnaires, et tout se monnaye par le moyen de la foi. Les plus offrants sont seuls capables d'obtenir la guérison, que Dieu accorde en nombre limité.

Dans ce genre de réunions, les « guérisons », semblent dépendre uniquement de la prière et de l'imposition des mains de l'évangéliste. Ceux qui ne sont pas guéris sur l'injonction de l'évangéliste sont refoulés et on leur dit que c'est leur manque de foi qui a empêcher la réalisation de la guérison. S'ils acceptent ce diagnostic sévère de leur condition spirituelle, ils repartent plus abattus qu'ils ne sont arrivés. Leur nouvelles blessures spirituelles et émotionnelles semblent alors plus difficiles à supporter que leur affliction physique.

Certains, à la vue de ces corps et ces cœurs brisés, considèrent Dieu avec une grande méfiance. « Si Dieu laisse ces personnes dans de telles souffrances pour la simple raison qu'ils manquent de foi, alors je ne veux ni connaître Dieu, ni prendre part à ces réunions de miracles ».

« Non, Dieu n'est pas comme cela » déclare Miss Kuhlman. « le nœud du problème réside dans les hommes et la mauvaise interprétation qu'il font de Dieu. Mais le Seigneur n'y est pour rien ».

Je suis convaincu que les milliers de conversions et de guérisons, qui ont eu lieu tout au long de son ministère, sont la preuve vivante qu'elle avait su comprendre la véritable nature de Dieu et diriger ces foules vers Celui qui répand Sa puissance au travers de l'amour qu'Il porte à Son peuple.

La perception exacte du don gratuit de l'amour de Dieu permet d'apprécier la guérison à sa juste valeur. Toute véritable guérison, quels que soient les moyens qui en ont permis la réalisation, est un don de Dieu qui dépend davantage de l'amour de Dieu que du degré de foi du malade.

Il reste à espérer que ceux qui ont, comme Kathryn, reçu ce merveilleux don de guérison, suivront son exemple. Et en m'exprimant ainsi, je donne comme il est juste de le faire, la gloire à Dieu et non à un homme ou une femme.

Tout donnait à croire que cette approbation des hommes et de Dieu lui permettrait enfin d'évoluer dans le climat de sécurité auquel elle avait si longtemps aspiré. Or, comme tant d'autres évangélistes célèbres, Kathryn était constamment hantée par la crainte de ne pouvoir maintenir son image de marque. Et puis, il y avait ce cauchemar de se retrouver devant un auditorium vide, ou encore de réaliser que le Saint-Esprit s'était retiré, la laissant vieille, laide et sans force pour transmettre la foi et l'espoir. Aussi, pour se défendre érigea-t-elle sa propre forteresse intérieure, dissimulée derrière de nombreux substituts qui, au fil des années, s'étaient transformés en véritables bastions abritant ses angoisses et son sentiment d'insécurité.

Par exemple Kathryn fréquenta avec assiduité les grandes boutiques, le long du Wilshire Boulevard et de Beverly Hills. Les bijoux de valeur qu'elle portait et les objets d'antiquité qui ornaient sa maison servaient de substituts et comblaient les frustrations qu'elle éprouvait dans le ministère et le milieu religieux régit principalement par des hommes.

Bien que Kathryn naquît et grandît comme le commun des mortels, elle aspira toute sa vie à devenir duchesse, comme cette petite fille pauvre qui voulait devenir princesse. En revanche, elle savait qu'un étalage trop voyant de cet aspect souverain qui la caractérisait, pourrait briser la relation qu'elle entretenait avec les bien-aimés de Pittsburgh ou Youngstown, cette famille adoptive composée principalement de polonais, d'irlandais, d'ouvriers, d'alcooliques et de ces indigents qui voyaient en elle le reflet de Dieu. Il est vrai qu'elle aimait les vêtements de haute couture, les bijoux de valeur, les hôtels luxueux et, enfin, les voyages en première classe. Pour contrebalancer ces aspects très favorisés de sa vie, elle racontait toujours ses débuts, lorsqu'elle dormait dans des maisons de fortune et allait se doucher dans les bains publics pour un franc, car elle était trop pauvre pour se payer une chambre avec salle de bain. Cette confession lui permettait de s'identifier aux pauvres et la déculpabilisait de mener en quelque sorte sa vie de reine. On en venait à se demander si Kathryn racontait ses histoires pour impressionner les gens ou pour se conserver dans sa mémoire cette réalité, tel ce roi de l'Antiquité qui avait embauché un soldat afin qu'il lui murmure régulièrement à l'oreille : « Souvenez-vous, mon Roi, que vous êtes mortel ».

Kathryn était obsédée par l'ampleur des foules. D'un point de vue psychologique, il était bon de savoir que la salle était bondée lors des réunions. Toutefois, Katrhyn éprouvait une grande satisfaction que des « milliers de personnes étaient refusées par manque de place ». Ce sentiment tirait sa source du temps où elle vivait dans la ville de Concordia. « Tu vois, Maman, j'ai réussi par mes propres forces ».

Et comme la plupart des personnes qui souffrent d'un sentiment d'insécurité, elle aimait citer les noms des gens célèbres qu'elle connaît, tels que les acteurs et actrices de cinéma qui assistaient aux réunions de miracles en Californie, et qui derrière leurs lunettes noires, recherchaient une réalité spirituelle qui réponde aux besoins de leur vie comme le faisaient tous les autres participants du Shrine Auditorium. Le service d'accueil avait pour mission de repérer chaque jour les célébrités et de venir en informer Kathryn dans sa loge avant la réunion. Elle respectait toujours le désir des vedettes qui voulaient conserver l'anonymat, mais il lui était nécessaire de les savoir présentes dans la salle et attendant que la réunion commence, tels des rois et des reines qui venaient frapper à sa porte.

Quand le Pape Jean-Paul II leur accorda une audience particulière, elle rapporta l'événement aux journaux principaux du pays et leur envoya une photo où on voyait le souverain pontife lui serrer la main, accompagnée de ces mots : « Sa Sainteté a félicité Miss Kuhlman pour le remarquable travail qu'elle accomplit et il l'a ensuite encouragée à continuer dans cette voie ».

Les protestants les plus conservateurs parmi ses fidèles comprenaient peut-être difficilement la raison de cette entrevue, mais pour des millions de gens, le pape représentait le grand ambassadeur de Christ sur la terre... et pour une petite provinciale de Concordia, sans grande éducation, cette bénédiction compensait une série de frustrations de son enfance.

Le côté pathétique de cette histoire, c'était que Kathryn n'avait, en fait, rien à prouver car le monde entier savait qu'elle était la servante choisie du Seigneur. Une jeune fille à qui Il réservait une grande destinée. Et pourtant, l'image qu'elle se faisait d'elle-même ne semblait jamais dépasser le stade de cette petite fille rousse qui se rendait chez l'épicier Spillman's Freckle Cream pour y recouvrer les factures de son père.

« Avez-vous lu l'article dans le *Movie Life magazine* ? » me demanda-t-elle enthousiaste, lorsque j'entrai un jour dans son bureau.

J'admis qu'il s'agissait d'un magazine très populaire dans le pays.

« Maggie, tu peux aller le chercher s'il te plaît. Il se trouve quelque part par là. Voyez par vous-même. Vous ne le croirez pas. Voilà, il est là, apporte-le moi. Ah, le voici ! Cette lecture va époustoufler tout Concordia ».

Kathryn l'ouvrit en une seconde, me mit le journal entre les mains et elle se plaça derrière moi en attendant ma réaction. Je ne pouvais en croire mes yeux ! La première page était recouverte de conseils sur la manière d'augmenter le volume des seins de quelques centimètres en deux semaines. Plus bas, un titre choc à la une : « Elisabeth Tailor apprend que Richard Burton a des maîtresses ». Et enfin, deux pages entières sur Kathryn et le célèbre animateur de télévision Robert Young. Un gros titre annonçait : « Robert Young guéri par Miss Kuhlman, une guérisseuse qui utilise la foi pour obtenir ses miracles ». Je me retournai vers Kathryn car je savais qu'elle détestait ce surnom de « guérisseuse ». Pendant un bref instant, je pensai le lui rappeler, mais lorsque j'aperçus son visage et le sourire figé qu'elle arborait, ainsi que ses doigts qu'elle pinçait nerveusement, en attendant ma réaction ... et mon approbation, je capitulai et me retranchai derrière mon masque avant de lui déclarer : « Eh bien, cet article est époustouflant ! »

Elle reprit sa respiration et retrouva toutes ses couleurs : « Je vous l'avais dis », me dit-elle en riant, « Tout le monde parle de moi !».

Elle se tourna vers Maggie et Maryon qui ne s'étaient pas arrêtées de taper à la machine, bien que nous nous soyons trouvés à quelques centimètres de leur bureau, et leur dit : « Vous pensez que l'université d'Oral Roberts annulera mon honoris causa à la lecture de cet article ? » Elle jeta la tête en arrière et se mit à rire. « Savez-vous qu'Oral Roberts n'a jamais eu l'honneur de faire l'objet d'un article dans le *Movie Life* ».

Dans mon for intérieur, j'imaginais mal une réaction véhémente de la part de l'université d'Oral Roberts, et je concevais encore moins que la section consacrée aux revues de la bibliothèque de l'université accordât une place au magazine *Movie Life*.

En décembre 1974, le *People Magazine* accorda un article de quatre pages à Kathryn, illustré par une photo sur laquelle on l'apercevait allongée sur son lit, dans la chambre de sa jolie résidence de Fox Chapel, lisant sa Bible. On pouvait lire le soustitre suivant sous la photo : « Cher Jésus, je ne désire pas un manoir dans le ciel, je me satisferai d'un simple lit ». Kathryn trouvait cette phrase absolument hilarante.

L'hebdomadaire théologique *Christianity Today* l'impressionna tout autant lorsqu'il mit sa photo en première page et lui accorda une interview de sept pages. Il en fut de même pour le magazine *U.S. Catholic* qui lui consacra un article de cinq pages et conclut en ces termes : « De nombreux catholiques des années soixante-dix sont nettement plus ouverts à l'idée, jadis jugée ridicule, de voir le Saint-Esprit utiliser une femme nommée Kathryn Kuhlman pour la prédication et la guérison des malades ».

Elle lisait chacun des articles qui parlaient d'elle dans les magazines et les journaux diffusés à travers le pays. Elle semblait en tirer une certaine substance vitale, et cette reconnaissance la poussait toujours plus loin.

En 1973, je fus invité à prêcher à la grande conférence charismatique qui se tenait au Séminaire Théologique de Pittsburgh. A l'aéroport, je rencontrai par hasard Kathryn qui arrivait de Louisville, dans le Kentucky. En m'apercevant, elle éclata de rire : « Mais que faites-vous là ? »

« Je suis un des orateurs de la grande conférence .... »

« Ah, je n'en savais rien » m'interrompit-elle. « Mais je voudrais vous montrer quelque chose. Où sont-ils, Maggie ? Ah, oui, ils sont dans le sac là-bas. Apporte-les moi. Vous ne croirez jamais ce que les journaux ont rapporté ce matin. Vous n'imaginerez jamais ! Hier soir, nous étions dans la grande église baptiste de Walnut Street et le Dr. Wayne Dehoney, l'ancien président de la Convention Baptiste du Sud... a demandé à une femme prédicatrice... Imaginez le reste ! .... des miracles.... par centaines. Oh mon Dieu, Maggie, où sont ces journaux ? Nous avons lu les articles plusieurs fois dans l'avion. Oh, voici Loesch qui vient nous chercher en voiture. Cela fait trois jours que nous n'avons pas dormi. Allons-y Maggie.... »

Et elles disparurent ! Je n'eus jamais l'occasion de lire ces articles et je doute que Kathryn ouvrit encore ces journaux. Mais à ce moment-là, la lecture de ce genre de commentaires fut pour elle une substance qui nourrit son être tout entier et la rassasia plus que le plus copieux petit-déjeûner.

Les traits d'insécurité que cachaient ces enthousiasmes naïfs, parfois déroutants, furent décelés lorsqu'elle fut mise à la même enseigne que les « guérisseurs au moyen de la foi ». Pendant de nombreuses années, bien qu'elle ne l'eût jamais rencontré personnellement, Kathryn fut choquée par le ministère d'Oral Roberts, et elle ne manqua jamais une occasion de faire une remarque acerbe à son égard, soit à la presse, soit lors d'une de ses prédications. Oral ne répondit jamais à cette attitude agressive, ce qui ne fit qu'aggraver la situation. Lorsqu'il mit fin à son ministère de guérison pour se concentrer sur l'éducation en fondant à Tulsa une université qui lui coûta plusieurs millions de dollars, Kathryn déclara : « Il a toujours su s'y prendre pour récolter de l'argent ».

La rancune que Kathryn lui portait s'accentua lorsqu'en 1970, elle accepta de tenir une réunion de miracles à Washington D.C., un samedi après-midi, à l'occasion de la convention régionale des Hommes d'affaire du Plein Évangile. Celle-ci se tint dans la salle de réception du Hilton. Peu après la réunion, la chorale de l'université d'Oral Roberts se produisit dans la même salle et les chants furent suivis d'un message donné par Oral en personne.

Après s'être changée, Kathryn se glissa discrètement dans l'auditorium pour entendre Oral Roberts. Elle avait déjà agi de la sorte à plusieurs reprises par le passé : elle se rendait dans l'anonymat à ses réunions. Or, cette fois, il avait changé et Kathryn voulait constater le changement par elle-même. Viola Malachuk lui avait réservé une place au fond de la salle. Elle s'installa confortablement et en prenant la main de Viola, elle lui murmura doucement : « Le public était plus nombreux cet après-midi ! ».

Or, au printemps de l'année 1971, un événement l'amena à complètement inverser son attitude à l'égard d'Oral. Les amis de ce dernier, qui déjà écoutaient les émissions radiophoniques des émissions, lui recommandèrent avec insistance de se rendre à une réunions de miracles à Los Angeles. Et comme Kathryn, il se faufila incognito dans la salle, s'installa au balcon, au milieu de la foule. Cette expérience transforma la vie de cet homme qui avait été le premier à présenter la dimension des interventions miraculeuse au grand public.

Lorsqu'il relate cette expérience, Oral déclare : « Je regardai autour de moi et je remarquai que le public était différent de celui qui venait à mes réunions. Des gens de la haute société et des gens simples comme moi s'y rassemblaient. Tout à coup,

Kathryn s'exclama de l'estrade : « Une personne, à ma gauche, est touchée par la présence de Dieu et vient d'être guérie. Levez-vous et avancez-vous ».

« Je me tournai et aperçus une femme qui tenait un enfant dans ses bras. L'enfant avait un appareil orthopédique et des béquilles. Ce petit être se leva, et les personnes qui l'entouraient l'aidèrent alors qu'il essayait de placer un pied devant l'autre. A mi-chemin vers l'estrade, les accompagnateurs s'arrêtèrent pour lui retirer les béquilles et l'appareil. Le petit garçon fit un pas, et puis un autre. Lorsqu'il arriva devant les marches de l'estrade, les gens s'avancèrent pour l'aider.

« Ne le touchez pas » dit Kathryn. « Voyons plutôt ce que le Saint-Esprit a accompli ».

« J'étais complètement bouleversé » poursuivit Oral. « L'enfant ne marchait plus, il courait. Dès cet instant, je reconnus que Kathryn était un canal oint de l'Éternel, et j'en étais bouleversé car j'assistais à des miracles bien plus grands que tous ceux que Dieu avait accomplis à travers mon ministère et celui d'autres serviteurs. Je me réjouis alors de la grandeur de Dieu qui dépassait toutes les conceptions que je m'en étais faites jusque-là. Je dirigeai mon regard vers l'estrade où j'aperçus des prêtres catholiques, des dirigeants de confession protestante, ainsi que des rabbins juifs. Jamais auparavant, je n'avais vu ces trois groupes religieux réunis dans une même manifestation. Aussi, je savais que le Dieu Tout Puissant devait se manifester d'une manière toute particulière pour avoir réussi à les rassembler... et pour m'avoir attiré en un tel lieu.

Je reconnus donc que Dieu agissait à travers cette femme. Elle était unique à mes yeux parce que le Seigneur l'utilisait d'une manière toute particulière. Il avait toujours utilisé ma voix, mais aussi mes mains et si je n'imposais pas les mains aux malades, il ne se faisait quasiment aucun miracle. Or, Il n'utilisait pas les mains de Kathryn pour opérer des guérisons. Elle n'avait pas besoin de toucher les gens pour qu'ils soient délivrés de leurs maladies. Je réalisai alors que Dieu ne se limitait pas à une seule méthode de guérison et que leur manifestations étaient d'une grande diversité ».

Après la réunion, Oral descendit du balcon et alla à la rencontre d'un ami, Tink Wilkerson, un concessionnaire automobile prospère de Tulsa et régent à son université.

Tink, devenu l'ami de Kathryn, informa Oral que celle-ci désirait le rencontrer.

« Oh, non ! » dit Oral, en levant les mains vers le ciel. « Je sais comment on se sent après une réunion, après que l'onction se soit retirée. On est si fatigué que l'on a du mal à tenir debout et on n'a qu'une seule envie : s'allonger ! »

« Eh bien, pas Miss Kuhlman ! » répondit Tink. « Elle est encore plus forte après la réunion, même si elle est restée debout pendant cinq heures ».

« Comment cela est-il possible ? Je suis fatigué rien que de l'avoir regardée ! », poursuit Oral. « Comment cette femme fragile et délicate peut-elle se sentir encore plus forte après qu'avant ? Je veux voir cela de près ».

Ils se dirigèrent vers le long corridor sombre qui les menait à la loge de Kathryn. Pour la première fois, ces deux serviteurs de Dieu se rencontraient face à face. Tink se tenait à l'arrière, dans l'expectative de ce qui allait se passer.

Oral entama la conversation, et avant que Kathryn eut pu dire une seule phrase, il s'exclama : « C'est Dieu qui vous a projeté dans un ministère d'une telle dimension. Il est plus élevé que le mien, et je ne peux que L'en remercier ».

Kathryn hocha la tête et ce sentiment de rancœur qui l'animait autrefois, la quitta sur le champ. Elle regarda profondément cet homme dans les yeux, celui qu'elle avait si longtemps considéré comme son rival, et lui dit enfin : « Oral, Je sais qui je suis et je sais qui vous êtes. Je sais ce que je suis et je sais ce que vous êtes. Je sais où je me trouve dans le Royaume et où vous êtes. Je connais ma place ».

Ils se regardèrent pendant quelques instants, et, Oral, soucieux du bien-être de Kathryn lui dit : « Vous devez être éreintée ».

« Pas du tout » répondit-elle en souriant. « Je vais dîner avec des amis et je me sens en forme ».

Oral hocha la tête et admit : « Et bien, Kathryn ! vous avez quelque chose que je n'ai pas et que je n'aurai jamais ».

A partir de ce soir-là, leur relation s'améliora et l'année suivante, en automne, Kathryn fut invitée à tenir une réunion de miracles à Tulsa. Oral y assista et exprima toute approbation du haut de l'estrade. La réunion eut un impact extraordinaire sur la ville. Plus de neuf mille personnes s'entassèrent dans le Civic

Center et pour la première fois, des serviteurs de toutes les dénominations, catholiques et protestants, se rassemblèrent. La première personne qui « tomba dans le repos de l'Esprit », fut une religieuse catholique. Plus tard, au cours de la réunion, Bill Thomas, le pasteur de la Première Église Méthodiste, fit la même expérience du repos dans l'Esprit. La communauté chrétienne de Tulsa fut saisie d'une extraordinaire ferveur pendant plusieurs jours après son départ.

Au printemps 1973, l'Université Oral Roberts lui accorda un honoris causa en sciences sociales. « Nous avons accordé ce privilège à Kathryn parce qu'elle a le plus grand ministère de guérison qui existe actuellement. Par là, mon désir est de rappeler au monde entier que lorsque l'UOR a été fondée, il s'agissait bien plus que d'une institution académique. Et Kathryn est la personne qui a pu transmettre au monde la plus juste illustration de notre foi ».

Kathryn, vêtue de la robe et de la toque académiques qu'elle n'avait jamais eu le privilège de porter dans aucune université, se vit remettre son diplôme « honoris causa », puis elle se tourna vers le public, les larmes aux yeux, le diplôme serré contre sa poitrine :

« Personne ne peut imaginer ce que cela m'a coûté. Seul Dieu le sait ».

Ensuite, elle se tourna vers Oral Roberts en souriant et lui dit : « Oral, vous savez que nous sommes un. Vous et moi, nous sommes unis ».

Après la cérémonie, elle prit Oral à part et lui dit : « Richard et Patty m'ont proposé de me raccompagner à l'aéroport ».

Richard et Patty Roberts étaient le fils et la belle-fille d'Oral, et ils étaient très célèbres à la télévision. Ils avaient chanté pendant de nombreuses années avec le World Action Singers, la chorale d'Oral Roberts. Or, cette notoriété avait entraîné une telle pression au sein de leur foyer que leur couple était au bord de la rupture.

Oral prit la main de Kathryn et lui confia : « Il n'y a jamais eu de divorce dans la famille. Et j'en suis un exemple. Toutefois, Evelyne et moi-même sommes impuissants face à cette situation. Patty a traversé des moments pénibles... en acceptant de se joindre à une famille telle que la nôtre.... mais il y a d'autres problèmes... ». Il se tut, brisé, et ils se dirigèrent en silence vers le parking.

Personne ne sut jamais ce qu'il se passa ce jour-là dans la voiture, mais lorsque Richard et Patty revinrent de l'aéroport, le mariage était sauvé.

En automne 1975, Kathryn revint à l'Université d'Oral Roberts. Ce fut une des dernières fois qu'elle prêcha avant sa mort. La réunion se tenait dans la nouvelle chapelle qui pouvait contenir 4 000 personnes. Kathryn, s'adressant aux étudiants présents, parla du Saint-Esprit et d'elle. « Le monde me traite de folle car j'ai donné toute ma vie à une Personne que je n'ai jamais vue », dit-elle en larmes. « Je sais exactement ce que je fais lorsque je me tiens en Sa présence. Lorsque je verrai enfin le visage merveilleux de Jésus, je n'aurai qu'une seule phrase à lui dire : J'ai essayé. J'ai donné le meilleur de moi-même. Je goûterai à la rédemption parfaite lorsque je me trouverai face à Celui qui rend toutes choses possibles ».

Lorsqu'elle lança l'appel, tous les étudiants s'avancèrent en pleurant. Ils tombèrent à genoux autour de l'estrade et dans les allées. Une vedette de basket-ball, un jeune homme qui avait toujours rejeté le témoignage de l'évangile, s'agenouilla devant l'autel et donna son cœur au Seigneur. En moins de trois minutes, il se mit à louer Dieu dans une nouvelle langue céleste.

Plus tard, Oral dira : « Je compris ce jour-là ce qu'elle voulait dire lorsqu'elle déclarait : Ce n'est pas Kathryn Kuhlman, c'est le Saint-Esprit qui agit ». Le Saint-Esprit est le Christ vivant qui est revenu sous une forme invisible et se manifeste sans limite. Il lui était plus réel que quiconque. Kathryn et le Saint-Esprit évoluaient dans une telle osmose qu'un dialogue s'était installé entre eux et nul ne pouvait dire quand Kathryn commençait et quand le Saint-Esprit prenait la relève. Ils étaient un ».

La relation qui existait entre Oral et Kathryn était très particulière ; ils s'imposaient d'une manière magistrale dans leur domaine respectif, et pourtant, ils étaient une bénédiction l'un pour l'autre. Ils avaient appris l'un de l'autre de nombreuses vérités et l'amitié qu'ils se portèrent mutuellement demeura jusqu'à la mort de Kathryn.

Ses détracteurs tentaient d'attribuer une grande partie de ses motivations à son sentiment d'insécurité, et pourtant, la réalité était bien différente. La plupart de ses actions étaient mues par une dynamique très positive, et non par un désir de compenser les nombreuses frustrations de son cœur. A vrai dire, je n'ai jamais rencontré de personne plus motivée que Kathryn : son courage la poussait à se donner jusqu'à épuisement total pour l'amour de Dieu.

« Vous savez », me dit-elle un jour, « les personnes qui travaillent pour le Seigneur avec négligence, seraient certainement renvoyées dès le premier jour, si elles étaient embauchées par un patron du monde ».

Même si Kathryn éprouvait un amour particulier pour les serviteurs de Dieu, elle n'en était pas moins sévère envers ceux qui se contentaient d'accomplir leur mission sans rechercher la perfection. Elle exigeait la perfection pour elle-même, pour son personnel et pour toute personne qui représentait Christ sur terre. Elle jugeait souvent selon les apparences. « Je ne veux pas de cet homme dans votre service », disait-elle à la personne responsable de l'accueil. « S'il n'a pas suffisamment de discipline personnelle pour cirer ses chaussures, alors je ne veux pas qu'il touche au ministère de Dieu ».

Lorsque Kathryn déménagea à Pittsburgh, elle fit imprimer des traités auprès d'un imprimeur local. A la vue du résultat, elle se mit en colère et déclara : « Ces imperfections sont impardonnables ». Elle téléphona à l'imprimeur et exigea qu'il vienne rechercher la marchandise, car elle ne pouvait tout simplement pas l'accepter.

Lorsque l'homme en question arriva, il se tint coi et écouta toutes les remarques que Kathryn lui adressait sur la qualité de son travail ;

Il finit par s'excuser auprès d'elle. « Pour tout vous dire, Miss Kuhlman, je pensais qu'en tant que membre d'une institution religieuse, vous ne remarqueriez pas ces quelques erreurs ».

Cette remarque attisa davantage la colère de Kathryn. « Monsieur, vous ne vous aviseriez pas de bâcler la commande de M. Harris, le propriétaire du Ice Capades. Vous savez qu'il aurait exigé un travail impeccable et vous lui auriez offert la plus haute qualité d'exécution. Je représente une organisation de loin supérieure au Ice Capades même si vous ne le remarquez pas. Il s'agit de la plus grande corporation mondiale dont le bureau exécutif est composé du Père, du Fils et du Saint-Esprit.

J'ai reçu la mission d'accomplir un travail sur terre et je ne veux rien leur offrir de moins que la perfection ».

Bien sûr, elle avait ses propres sentiments d'insécurité, mais nous en avons tous. Ses lacunes étaient d'ailleurs tellement évidentes que n'importe qui (ou presque) pouvait remarquer les nombreux trous de son armure. En revanche, ces faiblesses n'influençaient en aucun cas ses motivations, car elle était profondément en paix avec elle-même. Et l'autorité spirituelle qu'elle montrait était une preuve irréfutable. Cette autorité n'était pas un masque ou une façade. Et lorsque des amis ou des ennemis la blessaient, son cœur saignait, mais derrière la plaie profonde, Jésus était toujours présent.

Non, sa vie était dirigée par la force suprême : l'amour. Et comme l'apôtre Paul le déclarait : « L'amour de Christ me pousse à agir », Kathryn était animée par l'amour qu'elle éprouvait pour Christ et pour Son peuple.

Je conserve encore le souvenir intact de ce jour où nous étions dans cette loge crasseuse à Orlando, en Floride. La réunion de miracles venait de se terminer et le public s'en était allé. Mais Kathryn sanglotait de tout son être sans pouvoir s'arrêter. J'aurais voulu me précipiter vers elle et l'enlacer, comme un père étreint sa fille, mais je n'osais pas la toucher. L'onction de Dieu reposait encore sur elle et je savais qu'il fallait que je la laisse seule avec la tristesse qui l'avait soudainement envahie. Les seules épaules sur lesquelles elle pouvait poser sa tête étaient celles de Son Père céleste auprès duquel elle pouvait trouver la consolation au désarroi de son cœur. J'avais appris par Maggie et par d'autres amis proches que chaque fois qu'elle quittait la scène, Kathryn s'isolait dans l'obscurité de sa loge et pleurait à chaudes larmes. Il y avait tellement de gens qui souffraient, perdus dans leur culpabilité et le sentiment de leur condamnation ; et elle, seule face à cette foule, n'était qu'une simple femme, fragile et ordinaire, mais elle avait un cœur presque aussi grand que celui de Dieu. Il n'est pas étonnant qu'elle soit morte d'une dilatation cardiaque, car son cœur battait de plus en plus ardemment et s'ouvrait de plus en plus au monde entier pour l'amour de Christ.

J'eus l'occasion de la voir des dizaines de fois, prendre un enfant handicapé de naissance dans ses bras et le serrer dans ses bras avec la tendresse d'une mère. Je suis persuadé que si on le lui avait demandé, elle aurait donné sa vie en échange de la guérison de cet enfant. Elle étreignait aussi les alcooliques et mêlait ses larmes à celles de ces âmes brisées. Les prostituées se rendaient aussi aux réunions, et le mascara coulant sur leurs joues étaient la preuve des pleurs qu'elles versaient, car elles savaient que si elles parvenaient à toucher Kathryn, elles toucheraient l'amour de Dieu. Et parmi les petites dames âgées que les années avaient rendues fragiles, et qui s'appuyaient sur leur cannes et leurs béquilles, certaines ne parlaient pas l'anglais mais elles étaient attirées par la langue universelle de l'amour. Peu d'hommes avaient aimé l'humanité de cet immense amour. Aussi, Dieu avait choisi une femme, privée de l'amour d'un homme et des joies de l'enfantement, pour aimer comme elle a aimé. Elle donna d'elle-même en puisant dans la source asséchée du désert de son cœur, avant d'être à nouveau imprégnée du seul qui avait le droit de la remplir d'amour : le Saint-Esprit.

16

La trahison

Kathryn semblait avoir finalement atteint l'apogée du succès. Elle était enfin « arrivée ». Son bureau était envahi de lettres venant de célébrités médiatiques qui l'invitaient à participer à leur émission : Mike Douglas, Dinah Shore, Merv Griffin et bien d'autres. Au cours de ces émissions, certains animateurs comme Johnny Carson du « Tonight Show », lui posaient des questions pièges telles que : « La plupart des médecins disent que quatre-vingt-cinq pour cent des maladies sont d'origine psychosomatique. Comment pouvez-vous donc prétendre que ces personnes sont guéries alors qu'elle n'étaient pas réellement malades ? »

Kathryn n'était jamais à court de réponse. « Si les docteurs n'ont pas réussi à soulager les malades atteints de maladies psychosomatiques, et que ceux-ci, touchés par Dieu au cours d'une réunion de miracles, repartent sans leurs béquilles et complètement guéris, qu'est-ce que cela peut faire que l'origine de la maladie soit psychosomatique ou non ? »

Carson affecta de sourire et annonça rapidement une page publicitaire.

En revanche, la popularité ascendante de Kathryn était pleine de dangers. Le mythe que représentait Hollywood la fascinait. Aussi, lorsque Ralph Wilkerson lui présenta Dino Kartsonakis, le courant passa immédiatement. Le beau pianiste don le charme rappelait les « divinités grecques », avait rejoint le Melodyland en qualité de directeur musical. Ralph dut toutefois admettre qu'en dépit de son talent musical extraordinaire, ce jeune grecque n'avait pas l'étoffe d'un directeur de chorale. Mais en tant que pianiste hors pair, il correspondait exactement à ce que Kathryn recherchait.

Kathryn l'engagea sur le champ. En effet, si elle avait travaillé avec un bon nombre de pianistes pour ses programmes télévisés, elle n'aurait pas pu rêver mieux que d'unir son ministère au talent de ce Dino. Les doigts de ce jeune homme au teint mat et aux yeux noirs étincelants parcouraient le piano avec une telle dextérité que l'harmonie et la douceur de sa mélodie rappelait le son délicat de la harpe. Et bien qu'il n'eût qu'une vingtaine d'années lorsque Kathryn l'engagea, il était déjà acclamé comme l'un des meilleurs pianistes du pays. Aussi, le fit-elle rapidement monter sur la scène. « Et voici, Diii-nooo ». A ce moment-là, les projecteurs se dirigeaient sur Dino qui faisait une entrée remarquée, dans son costume de velours bleu-nuit et sa chemise soyeuse à fronces, retenue au poignet par des boutons à manchette qui brillaient du même éclat que ses bagues et attiraient le regard. A la fin de sa performance, Kathryn lui saisissait le bras et racontait la même histoire absurde d'une petite fille qui rêvait d'accrocher Dino sur son sapin de Noël, pendant que ce dernier attendait humblement à côté d'elle et buvait toutes les paroles de Kathryn. C'était elle qui lui achetait ses vêtements élégants, qu'il n'aurait d'ailleurs jamais pu se permettre, et qui lui avait appris à les assortir avec goût. Elle l'envoyait en Italie, où il faisait couper ses vêtements sur mesure, l'installait dans les meilleurs hôtels et finançait l'ensemble de ses enregistrements et de sa production musicale.

Kathryn, en retour, trouvait très agréable de se faire escorter par un beau jeune homme qui l'accompagnait dans les diverses réceptions ; il s'asseyait à ses côtés dans l'avion, il donnait les pourboires aux portiers et appelait les taxis. Ses employés de Pittsburgh l'avait surnommé « le Gigolo, le cavalier rémunéré de Kathryn »

Alors Steve Zelenko, le «lynx » de Pittsburg, vit le danger se profiler à l'horizon et il tenta de la mettre en garde. « Miss Kuhlman, cette situation ne présage rien de bon. Certes, ce jeune homme est très amusant, c'est un bout en train. Il est charmant et occupe agréablement votre temps. C'est le genre de personnes qu'il vous faudrait dans votre vieillesse. Mais pour le moment, je vous recommande la prudence ».

Cependant Kathryn était sûre d'elle. « Je sais ce que je fais. Je sais qu'il donne l'impression de profiter de moi et d'être « pendu à mes basques », mais ne vous en faites pas pour moi, je sais ce que je fais ».

Or, Steve s'inquiétait sérieusement, ainsi que la plupart des amis de l'évangéliste. La situation se dégrada lorsque Dino parvint à convaincre Kathryn d'engager son beau-frère, Paul Bartholomew, pour l'assister dans la gestion de ses programmes télévisés et dans l'administration de ses affaires personnelles. Celui-ci devint son collaborateur le mieux payé. A une époque, son salaire atteignit même 130 000 dollars par an, et à cela s'ajoutait 15 000 dollars pour ses services d'administrateur personnel, sans compter les frais de location de son bureau de Newport Beach.

« Faites attention à cet homme », répétait sans cesse Steve Zelenko. « Vous n'avez pas besoin de ses services. Vous êtes suffisamment sollicitée de toutes parts, et vous avez des relations avec des personnalités qu'il ne pourrait jamais atteindre par lui-même. Dégagez-vous de lui avant d'en être blessée ».

Venant après bien d'autres, cette remarque de Zalenko mit Kathryn en colère et, en sortant du studio d'enregistrement, elle déclara à Maryon Marsh : « Je ne sais pas pourquoi je continue à parler à cet homme. Il est complètement obsédé par ce sujet ».

Or, Steve avait raison. Si seulement Kathryn l'avait écouté, et si elle avait pris en considération les mises en garde de ses amis, elle aurait évité bien des déboires et des souffrances, qui lui coûtèrent peut-être la vie.

Elle apprit un jour que Dino courtisait Debby Keener, dont la rumeur affirmait qu'elle avait été danseuse de cabaret. Kathryn fut saisie de colère car, jusque-là, Dino et June Hunt, la fille d'un millionnaire texan, se fréquentaient et elle approuvait cette union. Par contre, courtiser une ancienne danseuse de spectacle était inadmissible à ses yeux. Aussi, elle s'expliqua avec Dino qui nia la rumeur concernant le passé de Debby mais avoua qu'il fréquentait la jolie jeune femme. Kathryn fut scandalisée par cette confession et leur relation se détériora à partir de ce jour-là.

En décembre 1973, Kathryn, Maggie et Dino s'envolèrent pour Los Angeles. Dans l'avion, alors que Maggie feuilletait les magazines mondains mis à la disposition des passagers, elle s'exclama :

« Regardez cela ! »

Elle tendit le magazine à Kathryn : un des articles parlait des mœurs légères de Debby Keener. Dino demeura étrangement silencieux pendant que Kathryn déchira la page, la plia et la glissa dans son portefeuille.

Une fois de plus, il y eut entre eux un affrontement au terme duquel Kathryn déclara :

« Vous voyez que j'avais raison. Il va falloir choisir : si vous voulez cette femme, vous êtes renvoyé. C'est aussi simple que cela ! ».

Dino tenta d'expliquer que la relation qu'ils entretenaient était amicale mais kathryn l'interrompit.

« Laissez-la tomber, Dino. Sinon, vous pouvez tirer un trait sur notre collaboration ».

Alors Dino accepta de ne plus voir Debby et, pendant quelques mois, il semblait que le duo Kathryn/Dino était reparti de plus belle. Lorsque Kathryn et Maggie prirent des vacances au Brésil en 1975, Dino fut invité à les accompagner. Au cours de ces vacances, Kathryn finança largement les dépenses du jeune pianiste qui prétendait vouloir acheter des objets de décoration pour sa maison. Mais lorsqu'elle apprit que ces achats étaient en fait destinés à Debby, elle en fut profondément blessée. Cependant, elle avait suffisamment de discernement pour réaliser que Dino était prêt pour le mariage. Maggie m'expliqua que Kathryn lui confiait sans cesse sa crainte de voir, un jour, Dino bafouer publiquement « le ministère ».

Le 22 Février 1974, elle conclut un accord avec la firme hollywoodienne Rullman&Munger qui lui accordait une marge de manœuvre financière très large en faveur de la Fondation Kuhlman. Paul Bartolomew insista pour qu'un contrat soit également établi entre lui et la firme en question. Il fit véritablement pression sur Kathryn, appuyant sa revendication sur le fait qu'il était l'unique agent de la Fondation Kuhlman à gérer l'ensemble des comptes de la Fondation dans le cadre de la télévision et des médias.

En outre, Dino avait demandé à son beau-frère de rédiger un contrat dans lequel il exigeait un salaire de 20 000 dollars et 500 dollars supplémentaires pour chaque représentation télévisée - sans compter les diverses dépenses -, et de le faire signer par Kathryn. Dino était désormais déterminé à épouser

Debby et il comptait bien protéger ses intérêts. Kathryn tenait alors ses réunions au Shrine de Los Angeles, et elle avait décidé de prolonger son séjour jusqu'au jeudi afin enregistrer huit émissions télévisées.

Le mardi soir, Bartolomew rendit visite à Kathryn au Century Plaza Hotel. Lorsqu'il lui demanda de monter dans sa chambre pour s'entretenir avec elle, Kathryn se tint sur ses gardes.

« Paul, vous savez que j'ai une émission demain et je dois me lever très tôt ».

« Je voudrais vous remettre une lettre et j'aimerais que vous la lisiez avant votre émission de demain ».

Kathryn pinça ses lèvres avant de répondre : « Remettez-la au garçon de course et je verrai ce qu'il y a lieu de faire ».

Après avoir lu la lettre, Kathryn téléphona immédiatement au domicile de Maggie à Pittsburgh.

« Maggie, nous allons au devant de sérieux problèmes ».

« Que se passe-t-il ? » répondit Maggie.

« Dino m'a soumis une liste d'exigences démesurées et il veut que je signe le contrat avant demain matin. J'ai besoin d'un pianiste de toute urgence pour le remplacer ».

« Et si on contactait Paul Ferrin ? » suggéra Maggie. Paul Ferrin avait épousé une des filles du trio Anderson de Denver. C'était un musicien accompli qui dirigeait l'activité musicale de l'église Béthel de San José, en Californie.

« Essaye de le contacter, Maggie » suggéra Kathryn lasse. « Rappelle moi si tu as du nouveau ».

Maggie expliqua la situation à Paul qui accepta de se rendre le lendemain au studio CBS pour parer à l'éventuelle absence de Dino.

La scène était prête pour un nouvel affrontement le lendemain matin.

A son arrivée, Dino fut contrarié de voir Paul Ferrin en train de discuter avec Dick Ross sur le plateau de CBS. Il se rendit immédiatement dans la loge de Kathryn et manifesta une certaine impatience.

« Eh bien ! » demanda-t-il en restant sur le pas de la porte.

« Eh bien quoi ? » répondit Kathryn sans quitter sa chaise.

« Avez-vous signé le contrat ? »

« Non, et je n'en ai aucune intention. Vous pouvez tenter de faire pression sur moi, mais je constate que je vous ai rendu la vie très facile jusqu'à présent, trop facile ».

« Que fait ce type ici, ce Ferrin ? »

Kathryn sourit et répondit : « Vous ne pensez tout de même pas que j'allais me laisser faire sans assurer mes arrières ? Je suis dans le métier depuis plus longtemps que vous. Aussi, je ne veux plus rien avoir à faire avec vous. C'est terminé, Dino. Sortez et ne revenez jamais ».

Elle s'était levée et son visage était rouge de colère. Dino claqua la porte. Kathryn enfouit son visage entre ses mains tremblantes et elle éclata en sanglots. Mais elle faisait partie de ses « têtes brûlées » comme l'avait un jour surnommée un journaliste. En outre, elle connaissait bien l'adage hollywoodien : « Que le spectacle continue ». Elle rassembla ses forces et se maquilla pour l'émission : le travail l'attendait !

La semaine avait été très chargée. Le dimanche 2 février, elle avait prêché au Shrine. Le lundi, elle s'était rendue à l'enregistrement de l'émission de Dinah Shore sur CBS. Le mardi, elle était revenue au studio pour une émission avec Larry Solway pour la télévision canadienne. Ce soir-là, elle avait pri connaissance du contrat apporté par Paul Bartolomew. Le lendemain matin, il y avait eu la confrontation avec Dino et l'enregistrement d'autres émissions. Et le jeudi, elle s'était à nouveau rendue à CBS pour d'autres enregistrements. Le samedi, elle s'envola pour Pittsburgh car elle était attendue à Youngstown, le dimanche matin. La semaine suivante, elle avait sa réunion de miracles à l'église presbytérienne de Pittsburgh, et le 16 février elle était de retour au Shrine de Los Angeles pour une nouvelle réunion. Le mardi elle prit l'avion pour Oakland où elle était attendue au Oakland Coliséum et elle anima, le même jour, une émission de télévision à San Francisco. Le jeudi, elle s'envola une nouvelle fois pour Pittsburgh où elle tint sa réunion de miracles à la Première Église Presbytérienne. L'après-midi de ce jour-là, elle enregistra l'émission de David Susskind avant de repartir à Youngstown le dimanche matin.

La situation n'aurait pas pu être plus difficile semblait-il. Et pourtant elle le fut. Depuis plusieurs mois, Arthur Metcalfe, le directeur de chorale de Kathryn ressentait une douleur à la poitrine. Les médecins de Pittsburgh lui avaient suggéré de vérifier, à son retour de Californie, s'il ne s'agissait pas d'ulcères. Il se trouvait alors avec Kathryn au Shrine et retourna chez lui le 19 février. Le matin du 20 février 1975, il se leva et se rendit en voiture de sa maison de campagne au bureau de Pittsburgh. En chemin, la douleur à la poitrine revint et il dut faire demi-tour pour rentrer. Au milieu de la matinée, Mme Metcalfe appela le bureau et cria, désespérée : « Art vient de mourir ».

Maryon resta sans voix. Non seulement, elle éprouvait une réelle peine d'avoir perdu un ami cher, mais elle savait que Kathryn, en route pour Pittsburgh, venait de passer une des périodes les plus pénibles de toute sa vie. Allait-elle pouvoir supporter ce nouveau choc ? Maryon s'arrangea pour que Loesch l'accueillît à l'aéroport et annoncât la triste nouvelle à Maggie, qui se chargerait à son tour de transmettre la nouvelle de la mort de Metcalfe.

Personne ne sut jamais quel impact néfaste ce conflit avec Dino avait eu sur le cœur d'Arthur, et encore moins combien ces deux événements détériorèrent la santé de Kathryn. Cependant, en apparence, elle surmonta très rapidement ces épreuves et elle se remit au travail.

L'affaire Dino était toutefois loin d'être réglée. Le 15 février, Kathryn licencia Paul Bartolomew de son poste d'administrateur financier, mais elle ne parvint malheureusement pas à rompre son contrat d'agent dans le cadre de la télévision. Elle avait stupidement signé un contrat dans lequel une clause stipulait qu'elle ne pouvait licencier Bartolomew sans un préavis de quatre-vingt dix jours, qu'elle n'était d'ailleurs autorisée à donner qu'à la fin de chaque année. Aussi ne pouvait-elle pas se séparer de l'escroc avant le 31 mars 1976, soit une année entière plus tard.

En 1972, lorsque Kathryn se rendit à Tulsa pour y tenir une réunion de miracles. « Tink » Wilkerson offrit de lui prêter gracieusement, des locaux que Maudie Philips transforma en bureau afin d'y organiser les préparatifs relatifs aux réunions.

« Je pense que je peux vous être utile » lui dit-il. « Vous avez un ministère fructueux et vous le gérez avec succès, mais il vous faut un directeur qui négocierait vos contrats ».

Tout le monde savait que Kathryn avait déjà été trompée à plusieurs reprises. Cependant, cette fois, elle déclina l'offre de Wilkerson et le remercia par une boutade.

Or, Tink et son épouse persistèrent dans leur démarche et se rendirent régulièrement à ses réunions de miracles. Peu à peu, Kathryn se prit d'affection pour Sue. Elle l'appelait tous les samedis matin, d'où qu'elle se trouve, tout simplement pour bavarder avec elle. Lorsque Sue réalisa que Kathryn était en réalité très seule, elle décida de l'écouter chaque fois qu'elle aurait besoin de parler. Une chaleureuse amitié se noua ainsi entre les deux femmes.

En avril 1975, Tink et Sue firent le voyage jusqu'à St. Louis pour assister à une réunion de miracles qui se tenait au Keil Auditorium. Tink se rendit à son hôtel après la réunion et ils s'entretinrent brièvement. Il savait que Dino était parti et que la relation de Kathryn avec Paul Bartholomew battait également de l'aile, et il s'inquiétait pour l'évangéliste.

Celle-ci lui confia qu'elle était liée par ce contrat et qu'elle craignait que Bartholomew ne tentât de profiter de cette situation.

Elle lui avoua finalement qu'elle désirait racheter son contrat et engager un nouvel administrateur. Le licenciement lui coûterait très cher mais elle pensait qu'il valait mieux se séparer de cet agent véreux.

« Kathryn, je pense que ce serait la dernière chose à faire » dit Tink. Bien qu'il n'en eût aucune preuve à l'époque, il craignait que Bartholomew ne prenne l'argent et ne tente encore de profiter d'elle par la suite.

Kathryn hocha la tête. « Je suis décidée, Tink. Je vais le faire. J'ai déjà formé une nouvelle société sous le nom de Kuhlman Media International (KMI), qui s'occupera de la gestion des programmes télévisés et des autres médias ».

Tink hocha la tête à son tour. « Vous faites une grande erreur. Je ne vais pas argumenter plus longtemps, mais permettez-moi de vous dire que vous avez tort. Sue et moi partons à Hawaii, mais à notre retour, nous nous arrêterons à Los Angeles et nous viendrons vous rendre visite ».

Ainsi, le samedi soir du 3 mai, Tink et Sue revinrent à Los Angeles et appelèrent Kathryn. Elle venait de partir pour Las Vegas.

« Je suis épuisée » leur dit-elle. « Mais j'aimerais vous rencontrer demain. Après tout, vous avez peut-être raison ».

Le lendemain, ils se rencontrèrent donc pour discuter du problème croissant que représentait Paul Bartholomew. Durant la conversation, Tink encouragea Kathryn à faire appel à un avocat. Elle hésitait à s'adresser à un avocat de Pittsburgh et à courir le risque de voir le monde s'en prendre à ses propres fidèles. L'ironie voulait que parmi le comité de direction de Fondation, se trouve un avocat, mais Kathryn refusait de l'engager dans une telle action. Tink Wilkerson lui recommanda l'avocat d'Oral Roberts à qui il expliqua toute la situation. Maître Yeager accepta de se charger en partie de l'affaire, mais il ne pouvait pas s'en occuper entièrement, étant en semi-retraite. Aussi Tink appela son avocat personnel, Irvine E. Ungerman, et lui demanda de prendre l'affaire en main. Ungerman étudia les termes du contrat et à l'issue de cet examen, il conseilla à Kathryn de licencier Bartholomew.

Lorsque ce dernier apprit la nouvelle, il téléphona d'urgence à Myra White, une des secrétaires de Kathryn, depuis son bureau de la Côte Ouest, et lui proposa une rencontre dans le hall du Century Plaza Hotel. A l'issue de cet entretien, Myra White transmit, par courrier, les informations suivantes à Kathryn :

> Au cours de notre entretien, M. Bartholomew m'a offert de travailler dans les nouveaux bureaux de Dino Kartsonakis, à Hollywood, et il m'a informée de son licenciement récent de la Kathryn Kuhlman Foundation. Il m'a ensuite fait part d'un livre qu'il avait rédigé sur Miss Kuhlman et qu'il emportait dans un attaché-case partout où il se rendait. J'exprimai ma stupéfaction, lui demandai quelles étaient ses motivations et s'il était conscient des conséquences qu'il faisait encourir à tout le personnel impliqué dans la Fondation... J'eus le sentiment qu'il désirait m'utiliser comme intermédiaire dans un éventuel « chantage financier » pour la non-publication du livre. Il insista sur le fait qu'il ne publierait pas cet ouvrage si Miss Kuhlman acceptait de « discuter » avec lui.

Miss White confia que cet entretien lui rappelait une conversation téléphonique de M. Bartholomew qu'elle avait surprise, dans les bureaux de Newport Beach, en septembre 1973. Voici ce qu'il disait à son interlocuteur : « Lorsque je ne travaillerai plus avec et pour Miss Kuhlman, je pourrai collaborer à la rédaction de cet article ».

Plusieurs points étaient à présent clairs. Dino et Paul élaboraient des projets pour augmenter leur part dans l'entreprise et ils recueillaient toutes les informations qui leur permettraient de diffamer publiquement Kathryn.

Il semblait tout aussi évident que Bartholomew avait l'intention de faire chanter Kathryn et d'obtenir de l'argent en échange de la non-publication de son livre. Une sale affaire !

Le premier juillet 1975, Paul Bartholomew déposa une plainte contre Kathryn à la Cour Suprême de Los Angeles, dans laquelle il l'accusait d'ingérence dans son bureau personnel de Newport Beach, pour avoir recueilli des informations qui le concernait et pour avoir rompu le contrat qui les liait. Dès lors, il réclamait la somme de 430.000 dollars de dommages et intérêts. Étant donné que le bureau de Newport Beach était loué par la Kathryn Kuhlman Foundation, Kathryn se sentait en droit d'en vérifier les dossiers et d'inspecter les locaux. Cependant, comme elle était devenue une célébrité, à l'échelle mondiale, le conflit défraya la chronique. Un journaliste du *People Magazine* vint interviewer Dino et Paul. Russell Chandler, rédacteur des articles religieux au *Los Angeles Times*, afficha les détails du conflit en première page.

Dino et Paul ne se limitèrent pas aux remarques relatives à la plainte qu'ils avaient déposée. Chandler rapporta que Dino avait déclaré avoir quitter son ministère de pianiste accompagnant les réunions, en raison des inconséquences qu'il avait pu remarquer entre l'image professionnelle que montrait Kathryn et sa vie privée. « Son niveau de vie plus qu'excessif me restait constamment sur la conscience ».

Si c'était le cas, pourquoi voulait-il signer un nouveau contrat dans les mêmes conditions ?

Kathryn tenta de répondre à ces attaques. Elle justifia le licenciement de Bartholomew du mieux qu'elle put, mais son cœur n'y était pas. Elle se répétait sans cesse qu'elle aurait mieux fait de suivre le premier mouvement de son cœur et de payer le licenciement de cet agent. Elle savait qu'elle aurait pu éviter l'impression du livre destructeur en payant ce qui lui serait demandé. Au lieu d'agir ainsi, elle faisait une fois de plus, la une des journaux.

Une des tragédies les plus tristes de la vie de Kathryn fut qu'elle se soit entourée de personnes qui ne comprirent jamais l'action du Saint-Esprit, ni le caractère de Jésus-Christ, ni la sainteté de Dieu, le créateur de l'univers. Cette puissance tangible qui entourait Kathryn semblait leur suffire à régler tous les problèmes. C'est pourquoi, beaucoup d'employés ne voyaient pas la nécessité d'être à leur tour spirituels. Il suffisait que Kathryn Kuhlman le soit !

A la fin du mois de septembre, l'affaire fut finalement classée. Mais jusqu'à cette date, beaucoup d'accusations et de contre-accusations avaient été portées. Kathryn accepta de payer 75 000 dollars et 16 000 dollars de commission à Paul Bartholomew. En outre, les plaignants s'engageaient à ne jamais faire de commentaires scandaleux ou diffamatoires relatifs à leurs précédentes relations avec Kathryn Kuhlman ou son association, pendant les dix années à venir, sous quelque forme que ce soit, orale ou écrite, ou encore par quelque manuscrit ou information contenant des détails biographiques que ce soit.

Cet accord fut signé par Paul et Christine Bartholomew et par Dino et Debby Kartsonakis.

La bataille était finie, mais comme à Franklin et à Akron, personne n'avait gagné et le Corps de Christ avait une fois de plus été exposé aux critiques du monde. La seule différence fut que cette fois-ci Kathryn en sortit avec des séquelles graves. Cet épreuve troublante eut raison de son corps fragile et déjà très affaibli. Au cœur du conflit, elle avait dû être transportée à l'hôpital de Tulsa pour une défaillance cardiaque. Les médecins l'avaient avertie que cette crise pouvait lui être fatale. Elle refusa de les écouter et s'envola pour la Californie. Elle devait continuer ses programmes de télévision : il y avait du courrier qui l'attendait et d'autres victoires à remporter. Par ailleurs, il fallait qu'elle se rende encore à un endroit précis. Comme Anna et son amie, dont ce livre à précédemment parlé, elle continuerait à vivre comme s'il ne s'était jamais rien passé.

Au cours de ce même mois de septembre, Kathryn retourna à Concordia, dans le Missouri. Elle voulait se rendre au cimetière. Sa mère était décédée au printemps de l'année 1958 à l'âge de quatre-vingt six ans. Kathryn s'était montrée bonne envers sa mère ; par exemple, elle avait fait venir un charpentier de Pittsburgh pour réparer le porche qui s'affaissait, ainsi que les châssis des fenêtres de la petite maison où sa mère avait déménagé.

Elle arriva en plein cœur de l'été indien. Les feuilles des ormes et des cornouillers étaient immobiles cet après-midi-là, tandis que Kathryn roulait vers la Rue St. Louis, en passant devant la spacieuse maison blanche qui lui rappelait son enfance. Au bout de la rue, se trouvait le cimetière, divisé en trois sections : une pour l'Église Unie du Christ, une autre pour l'église baptiste et une troisième pour les méthodistes. Le cimetière luthérien se trouvait à l'autre extrémité de la ville, aux abords de l'autoroute.

Kathryn demanda au chauffeur d'engager la voiture dans la troisième section et de l'attendre à cet endroit. Elle sortit et se dirigea lentement vers les pierres tombales. L'une d'elles indiquait *Emma* 1872-1958, sa mère qui l'avait souvent durement châtiée. Combien elle se languissait maintenant de sa présence !

La pierre suivante était celle de son père : *Joseph Adolph*, 1866-1934. Elle se souvint de la dernière fois qu'elle l'avait vu de son vivant. Il se tenait dans le jardin de leur grande maison, et réajustait la corde à linge.

« Kathryn, te souviens-tu lorsque tu étais enfant et que tu te tenais derrière moi pendant que je lisais le journal en me disant : Papa, t'aurais pas un franc pour moi ? Je prétendais alors ne pas avoir entendu ta requête. Tu continuais inlassablement à me poser la même question jusqu'à ce que je sorte une pièce de ma poche. T'en souviens-tu ? »

Kathryn, qui venait de commencer son ministère à Denver avait alors souri et hoché la tête. « Oui, papa, je m'en souviens ».

« Il y a une chose dont tu ne te rendais pas compte, ma chérie. Je t'aimais tant que tout ce que tu me demandais, je te le donnais. Je t'aurais donné davantage si tu ne t'étais pas limitée à cette requête, mais tout ce que tu voulais, c'était une pièce d'un franc ».

Kathryn regardait, pensive, la pierre tombale usée par le temps, et des larmes perlèrent sur son visage. « Papa, combien j'aimerais que tu sois près de moi en ces instants ! J'ai besoin de m'appuyer sur tes épaules. J'ai besoin que tu me réconfortes ! »

Elle tourna son regard vers le ciel. Les paroles du cardiologue résonnaient encore dans son cœur : « Une nouvelle attaque est à prévoir, soit dans un mois, soit dans trois mois. Dans tous les cas, je peux vous affirmer qu'il y en aura une autre car votre valve mitrale est en très mauvais état. »

« Cher Jésus » dit-elle entre deux sanglots. « Redonne-moi la santé, s'il Te plaît. Je ne veux pas mourir. Je ne veux pas mourir ! »

Le silence régnait dans le cimetière, à l'exception du chant de quelques moineaux. Elle se tourna à nouveau vers les tombes. Un vase, garni de fleurs en plastique délavées par le temps, décorait la tombe de sa mère. Comme il était renversé, Kathryn s'abaissa pour le redresser. Autour de la pierre, on pouvait remarquer des monceaux de terre laissés par le passage de taupes. A l'arrière de la colline que l'on apercevait du cimetière, un soleil radieux déployait ses rayons avec force. A gauche se trouvait une ferme et l'on entendait le beuglement des vaches se rendant à la traite. Un écureuil aux rayures marron et blanches se faufila à travers l'herbe et disparut sous une des pierres tombales. Les noms gravées sur celles-ci étaient toutes d'origine allemande : Heynebrock, Koch, Deterk, Lohœfener, Westerhouse, Heerwald, Bargfrede, Franke, Schrœder....

Au loin, au delà des ormes et des cornouillers, se dressait le clocher de l'église méthodiste. Au centre du cimetière, trônait un vieux pin déformé par le temps qui s'élevait à plus de dix mètres de hauteur. Une des branches, au pied de l'arbre, s'était brisée, laissant une ouverture semblable à ces grottes miniatures que l'on retrouve dans les églises catholiques et que l'on décore d'une statue et d'un cierge. La branche avait probablement été forcée par les intempéries de l'hiver précédent et elle avait cédé sous le poids de la glace et de la neige. Rien n'indiquait l'existence antérieure de cette branche, à part cette cavité visible sur le tronc, réelle blessure du temps.

Kathryn, séchant ses larmes, se dirigea lentement vers le pied de cet arbre immense, et scruta du regard la blessure de l'arbre. Les paroles de Jésus qu'elle avait si souvent prêchées lui revinrent alors à la mémoire :

Tout sarment qui ne porte pas de fruit sera retranché, et tout sarment qui porte du fruit, il l'émonde afin qu'il porte encore plus de fruit... (voir jean 15 :2,4).

Elle ferma les yeux et se tint un instant en silence. Seuls, la brise légère du vent qui bruissait dans le feuillage des arbres, le long de la route, et le chant des oiseaux montaient jusqu'à elle. Et comme il étai arrivé à la branche, elle, Kathryn était allée au-delà des limites de sa résistance et peut-être le temps était-il arrivé, où elle se casserait afin que d'autres branches puissent porter du fruit. Elle repoussait l'idée de laisser derrière elle, une vilaine blessure mais elle savait également qu'il n'y avait personne actuellement pour prendre la relève. Dieu n'avait peut-être aucune intention de perpétuer son ministère. Celui-ci allait-il être repris par l'un ou l'autre ? par une dizaine d'autres qui comme les branches supérieures de ce pin, supporteraient le poids de la glace et de la neige, l'hiver prochain ? Cette pensée lui était trop pénible et elle ne cherchait plus à comprendre. Kathryn rebroussa chemin et s'installa dans la voiture, trop lasse et trop faible pour même prier.

17

Le dernier effort

« Si je devais paraître sur la scène sans l'onction du Saint-Esprit, je quitterais la salle et je ne tiendrais plus jamais de réunion. Sans Lui, je ne suis rien ».

Cette phrase, Kathryn la répéta des centaines de fois pendant les dernières années de sa vie. Au début de son ministère, elle disait ces mots avec conviction, mais, au fil des années, je pense qu'elle se sentit plutôt obligée de continuer à les proclamer. Elle ne pouvait en aucun cas arrêter le ministère. En effet, celui qu'elle exerçait à la télévision, à lui seul, d'énormes dépenses chaque semaine. Son émission fut celle qui resta le plus longtemps présente à l'écran et ce temps de passage faisait partie de son image de marque. Tout arrêter serait avouer que l'impact de son ministère diminuait. Cette situation était aussi valable pour les réunions de miracles. Aussi, malgré la douleur qui s'intensifiait dans sa poitrine, elle augmenta le nombre de réunions, au lieu de ralentir son rythme de vie. Elle n'avait d'autre choix que de continuer.

En mai 1975, lors d'une réunion de miracles à Las Vegas, le Saint-Esprit se manifesta avec une puissance stupéfiante, à tel point que je pensai que le jour était proche où tous les malades repartiraient guéris. Cependant, la santé de Kathryn était dans un état critique. Après la réunion, nous la rejoignîmes à son hôtel où je la suppliai de réduire son emploi du temps.

« Je ne peux pas », dit-elle, longeant nerveusement le mur de sa chambre. « Je ne vois d'autre solution que de continuer « le ministère » .

Elle était de la trempe des têtes brûlées : il fallait poursuivre la bataille ! Les réunions devaient se poursuivre indépendamment de son état physique, car tirer le rideau à ce moment-là signifierait une mort plus rapide et plus douloureuse que celle de l'usure de ses dernières forces sur scène.

Et pourtant, au fond de son cœur, Kathryn savait qu'elle n'était pas infaillible et qu'elle ne détenait pas le « monopole » du service de Dieu. Elle montra pourtant quelques signes de jalousie à l'égard de Ralph Wilkerson, qui tenait des réunions durant lesquelles des miracles se produisaient presque aussi fréquemment que dans celles qu'elle-même animait. Or, Kathryn croyait de tout son cœur que Dieu désirait que chaque église expérimente les miracles et que chaque pasteur, chaque prêtre, chaque rabbin soient un canal par lequel le Saint-Esprit répande sa puissance en faveur de Son peuple.

Consciente qu'elle ne vivrait plus très longtemps, Kathryn sentait qu'elle menait ses dernières réunions. Dès lors, elle avait décidé de terminer sa course comme un flambeau puissant, et non comme « un lumignon qui fume encore ». A sa mort, « le ministère » s'éteindrait avec elle. Face à l'imminence de sa mort qui lui semblait de plus en plus certaine (bien que personne ne réalisât combien elle en était proche), il me semblait nécessaire que Kathryn s'organisât pour s'assurer que ses proches ne tentent pas de prolonger artificiellement sa vie, lorsque Dieu voudrait la reprendre.

Or, elle n'avait que très peu de temps pour réfléchir à son avenir. Elle était bien trop impliquée dans les événements du présent. Considérer une situation six mois avant qu'elle survienne était au delà de ses forces. Par ailleurs, elle était face à un dilemme terrible : soit elle croyait que le Saint-Esprit et les réunions de miracles fonctionnaient à tel point qu'aucune réunion ne pourrait avoir lieu sans Sa présence ; soit elle croyait réalisable son cauchemar, à savoir qu'elle pourrait déplaire au Saint-Esprit au point qu'Il s'éloignerait d'elle.

Elle priait sans cesse, dans le calme de sa chambre ou sur l'estrade d'un auditorium, comme si elle voulait prendre d'assaut les portes du ciel : « Ne me retire pas le Saint-Esprit ». Elle prêchait inlassablement les mêmes messages : « Dieu ne partage Sa gloire avec personne. Dieu est un Dieu jaloux qui veut que toute la gloire Lui revienne ». Par là, elle se prêchait à elle-même, car elle savait pertinemment combien elle était proche de céder à cette tentation, eu égard à sa position stratégique.

Des amis de Kathryn organisèrent un gala pour l'automne 1972 au Hilton de Pittsburgh, en vue de célébrer les vingt cinq années pendant lesquelles elle avait tenu de réunions de miracles dans cette ville. Un des moments les plus marquants de la soirée fut consacré au célèbre sculpteur Ev Angelico Frudakis, qui avait gravé une médaille en souvenir des festivités de cet anniversaire. Kathryn avait passé de longues heures à poser pour l'artiste et elle fut apparemment satisfaite de la gravure réalisée sur une médaille d'or.

Le lendemain matin, je m'arrêtai à son bureau à mon retour de Floride. Elle me remit gracieusement une des médailles, de la taille d'une pièce de dix francs, ainsi qu'un article du journal national relatant la célébration en question. Voici ce qu'il était écrit : «Côté face, la médaille représente l'image gravée de Kathryn, les mains élevées, ces mains si souvent utilisées pour la guérison, élevées, et de l'autre côté l'image de Jésus qui guérit les malades ».

Je lus l'article et le remis à Kathryn qui se tenait devant moi, figée, comme je l'avais si souvent vue, et scrutant la moindre réaction sur mon visage.

Je savais que cette fois, il fallait lui donner autre chose qu'une simple approbation. Je lui dis avec douceur : « Vous ne pensez pas qu'il aurait mieux valu dire que Jésus était gravé sur la face de la médaille ? »

Elle n'hésitait jamais dans ses réponses. « Vous avez raison ! Vous avez absolument raison ! », dit-elle avant de se précipiter vers le bureau de Maggie pour lui dire : « Maggie, il faut faire modifier l'article ».

Mais il était trop tard. Il avait déjà paru dans tout le pays. Et bien que Kathryn n'en dît plus mot, je remarquai que cela la perturbait, car l'article la présentait comme l'auteur des miracles ; elle n'aimait pas cette interprétation, mais ne savait pas comment combattre de telles méprises.

Deux ans après cet incident, Kathryn fut invitée à Montreat, en Caroline du Nord, à une convention de libraires chrétiens. Presque trois mille personnes s'étaient entassées dans le hall du grand pavillon du centre presbytérien, et la plupart espéraient voir des miracles. A son arrivée, je me glissai près d'elle et lui annonçai que nous étions tous prêts.

Elle me saisit le bras et s'écria : « Jamie, mais que fait-on ici ? »

Je fis mine de sourire et répondis : « Dans tous les cas, je suis là pour vous manifester mon soutien ».

Elle secoua la tête et son visage, tiré, laissait paraître une grande lassitude. « Nous n'aurons pas de réunion de miracles », dit-elle sérieusement. « Je me contenterai simplement de prêcher ».

Quelques instants plus tard, sur l'estrade, sa prédication porta sur la personne du Saint-Esprit. Le temps qui lui était imparti était d'une heure, alors que Kathryn avait l'habitude de tenir des réunions de quatre heures. Elle dépassa donc largement l'heure si bien que les auditeurs s'impatientèrent. Aussi, dans la dernière partie de sa prédication, elle tenta de sauver la réunion, mais il était trop tard.

Une ancienne chanteuse de night club qui s'était convertie et qui avait été guérie lors d'une réunion de miracles, se trouvait également sur l'estrade. Lorsque la réunion toucha à sa fin, elle se leva et se mit à chanter « Alléluia » au micro. Cette intervention déplut à Kathryn qui, pour mettre fin à cette démonstration, pria pour la chanteuse qui tomba dans le « repos de l'Esprit ». Ensuite, Kathryn m'agrippa le bras et me poussa devant le micro, car s'il fallait que quelqu'un chante, elle voulait que ce soit une personne de son entourage et non une inconnue.

Pour leur part, les auditeurs chantèrent sans aucune conviction et Kathryn s'agitait sur l'estrade en répétant ses phrases préférées qui semblaient d'ailleurs cette fois vides de sens. La chanteuse se releva et Kathryn pria une seconde fois pour elle. Il ne se passa rien ce jour-là. Aussi tenta-t-elle une dernière action et se tourna-t-elle vers moi, en tenant mes joues entre ses mains : « Jamie, le Saint-Esprit est sur toi ». Il m'était arrivé de tomber dans le « repos de l'Esprit » lorsque Kathryn passait devant moi sans même me toucher, mais cette fois-là, il s'agissait tout simplement de Kathryn et c'étaient tout simplement ses mains qui me touchaient. Comme je l'aimais trop pour l'attrister, je me résignai à tomber en arrière. Lorsque l'assistant m'aida à me relever, Kathryn revint vers moi et dit : « Seigneur, je Te donne toute la gloire et toute la louange ». Mais cette fois je ne pus jouer le jeu et je fis quelques pas en arrière. Elle s'élança rapidement vers l'autre bout de l'estrade et, quelques minutes plus tard, la prédicatrice disparut dans les coulisses. Sur le chemin qui la menait à l'aéroport, elle fit la déclaration suivante à Dan et Viola Malachuk qui la conduisaient à l'aéroport : « J'aurais aimé continuer la réunion, mais je ne pouvais pas rater l'avion pour Pittsburgh ».

L'onction se manifestait plus lentement que par le passé. Ruth Fisher me confia qu'elle s'était trouvée dans la même situation que moi à Tampa. Ce jour-là, Kathryn avait réuni en un seul message diverses prédications rassemblées au fil des années et cet amalgame rendait son discours confus et exempt de toute puissance. Le public qui attendait que les miracles commencent, se montrait impatient et agité. Cependant, Dieu honora Sa parole et des miracles eurent lieu, mais c'était presque en dépit de Kathryn elle-même.

Son ministère prit une tournure très étrange. Vue de l'extérieur, elle avait atteint l'apogée de sa notoriété et elle attirait une foule encore plus grande que dans le passé. La télévision avait fait d'elle une sommité médiatique. Ses livres étaient diffusés dans le monde entier. Mais à l'intérieur des murs, les fondations se fissuraient. Dino et Bartholomew étaient partis, laissant derrière eux une fumée de scandale. Plusieurs, parmi ses employés les plus anciens, étaient tombés dans l'immoralité, et tous ces événements plongeaient Kathryn dans le désarroi le plus total. Les relations entre Kathryn et Maggie étaient devenues très tendues, alors que Tink et Sue ne la quittaient plus. Et par-dessus tout, sa santé était gravement atteinte.

Vingt ans plus tôt, elle s'était éclipsée de Pittsburgh et s'était rendue à Washington pour y faire un check-up général de sa santé. Le médecin l'avait alors avertie qu'elle souffrait d'une dilatation cardiaque, et lui avait conseillé de ralentir son rythme de vie. Or, Kathryn adopta sa philosophie de toujours et continua à vivre en ignorant ce problème. Mais la défaillance cardiaque était bel et bien présente. Aussi, au fil des années, l'âge et la pression toujours croissante causèrent de sérieux préjudices à son cœur.

Steve Zelenko me confia qu'un jour, Kathryn, après s'être disputée avec une de ses secrétaires, retourna au studio de radio de la Carlton House, le visage blême :

« Pouvez-vous venir un instant, Steve ? », dit-elle.

Elle lui saisit la main et la plaça sur le côté gauche de sa cage thoracique.

« Je pouvais sentir son cœur battre à un tel rythme qu'il semblait vouloir forcer les côtes de la cage », me raconta Steve. « Et lorsque je retirai ma main, je vis, malgré sa robe, les pulsions de son cœur frapper ses côtes. On aurait dit qu'il allait exploser ».

Il lui arriva également de s'arrêter de dicter une lettre sans prévenir et d'aller s'allonger sur le sol.

« Un jour à la radio, elle me donna la peur de ma vie lorsque je la vis s'étendre par terre ». Nous allions commencer l'enregistrement d'une émission. Je me trouvais dans la salle de contrôle et lorsque je relevai la tête, elle avait disparu de son bureau. Je me précipitai dans le studio et la trouvai étendue sur le sol ».

« Vous pouvez commencer », me dit-elle, « Je me détends quelques instants ».

« Je retournai dans ma cabine de contrôle », poursuivit Steve, « mais je craignais qu'elle ne se meure. Aussi, je lui suggérai de se reposer quelques instants sur le canapé. Elle secoua la tête et me regarda étrangement. « Non, je préfère rester ici pendant quelques minutes. Tout ira bien ». Je réalisai à ce moment-là, qu'elle ne pouvait se relever et qu'il lui fallait attendre que son corps réponde à nouveau ».

« En effet, dix minutes plus tard, elle se releva et retourna à sa place, comme si rien ne s'était produit . Et pourtant, elle avait bel et bien eu ce grave malaise ».

Kathryn connut d'autres malaises cardiaques certains plus graves que d'autres. Au cours de l'été 1974, Maggie reçut un appel téléphonique de la Californie. « Miss Kuhlman est terriblement malade. Nous la rapatrions par avion. Elle a besoin de soins intensifs immédiats ».

Cette scène se passait un samedi après-midi. Maggie se rendit à l'aéroport de Pittsburgh. L'hôtesse de l'air en chef avait été touchée lors d'une réunion de miracles et la majeure partie du personnel de la TWA connaissait Kathryn. Malgré son extrême pâleur à la sortie de l'avion, elle se força à parler aux personnes qui l'entouraient. Maggie l'installa dans la voiture et plaça ses bagages dans le coffre. Aussitôt installée dans le véhicule, elle supplia : « Vite, appelle un docteur. Je vais mourir. »

« D'accord, je t'emmène à l'hôpital »

« Non, pas l'hôpital ! », murmura Kathryn en tenant fortement sa poitrine. Maggie la conduisit alors chez un médecin qui avait accepté de la recevoir chaque fois qu'elle refuserait de se faire hospitaliser. Après avoir fait une radio, il déclara que les poumons n'étaient pas atteints mais que le cœur était complètement dilaté. Il lui prescrivit des médicaments et du repos, mais au bout d'une journée, elle reprit son rythme habituel.

Et bien que sa santé se dégradât, elle continuait à intensifier son activité. En outre, elle avait planifié une série supplémentaire de réunions en octobre, dans le sud des États-Unis : Tampa, Mobile et West Palm Beach. Une réunion était prévue à Mélodyland, en Californie, et une autre en Israël à la Deuxième Conférence sur le Saint-Esprit, en novembre. Ce programme était pratiquement suicidaire.

C'est à cette époque que Kathryn décida, à la surprise de ses proches, de prendre part à la grande contestation qui secouait le mouvement charismatique depuis le début des années cinquante. Depuis plus d'un an, un grand débat était ouvert parmi les dirigeants chrétiens sur le sujet du mouvement de « discipolat », et chacun exprimait son approbation ou sa désapprobation par rapport à ce nouveau concept. Cette doctrine était défendue par les enseignants du Christian Growth Ministries de Ft. Lauderdale, en Floride, et l'accent était mis sur le principe que tous les chrétiens, et les dirigeants, eux-mêmes, devaient soumettre leur vie et leur ministère à d'autres dirigeants chrétiens. L'appel incitait tout chrétien à rejoindre un groupe de personnes « engagées » (églises de maison) et à se soumettre à un « berger » (pasteurs).

Kathryn faisait partie de ceux qui exigeaient une loyauté et une soumission totale de la part de ses fidèles.

Toutefois, l'enseignement de l'association Ft. Lauderdale allait bien plus loin. Il insistait sur le fait que les serviteurs de Dieu devaient eux aussi se soumettre les uns aux autres. Et Kathryn trouvait cette notion de soumission absolument inconcevable.

Le 5 septembre 1975, elle reçut un gros colis de littérature envoyé par l'association des Hommes d'affaire du Plein Évangile. Cette association semblait combattre cette soumission et ce « discipolat » pour les mêmes raisons que Kathryn. De nombreuses personnes, qui s'étaient montrées loyales au FGDMF, décidaient à présent de rejoindre les groupes de maisons et se plaçaient sous l'autorité de pasteurs (bergers). Et ces personnes, autrefois fidèles au FGBMFI, ne parvenaient pas à faire la part des choses et cessaient d'apporter leur soutien financier à l'association. La bataille était ouverte.

Ce paquet contenait toutes les informations dont Kathryn avait besoin, et comprenait un nombre de lettres confidentielles qui avaient transité entre les mains de serviteurs indépendants et de laïcs, et dans lesquelles les auteurs attaquaient l'enseignement de Ft. Lauderdale, et plus particulièrement Bob Mumford, un des dirigeants de la Christian Growth Ministries.

Bien que Kathryn fût un des précurseurs du mouvement qui insistait sur la présence du Saint-Esprit, elle ne sembla jamais réaliser qu'Il était à l'œuvre dans d'autres secteurs du monde chrétien. En fait, elle n'assista qu'à un très petit nombre de réunions menées par d'autres serviteurs de Dieu, au cours des quinze dernières années. Elle n'avait plus écouté aucun enseignement donné par autrui, trop affairée à gérer son propre ministère. A ce propos, elle me disait souvent : « Le Saint-Esprit est le seul enseignant dont j'ai besoin ». Cet aspect de sa personnalité fragilisait son armure et laissait une ouverture par laquelle l'ennemi parvint à la convaincre d'entrer en guerre.

Au milieu du mois de septembre, Kathryn, fortifiée par l'idée que d'autres partageaient son point de vue, elle partit en guerre contre ceux qui enseignaient la soumission des serviteurs de Dieu et le « discipolat ». Or, Mumford avait été invité à enseigner, lors de la Deuxième Conférence Mondiale sur le Saint-Esprit, qui devaitse tenir en Israël en octobre. Comme la conférence était sponsorisée par Logos, Kathryn exerça toute l'influence dont elle bénéficiait auprès de Dan Malachuck, son ami de longue date et président de Logos. « Si Bob Mumford va en Israël, je n'irai pas ».

Dan en resta abasourdi de surprise. « Cet homme est un hérétique », dit Kathryn. « Je ne veux pas apparaître dans le même programme que lui. Il faudra que tu choisisses entre Mumford et moi ».

Plus de cinq mille personnes du monde entier s'étaient déjà inscrites à la conférence de Tel Aviv, et parmi eux beaucoup venaient non seulement écouter les enseignements mais voir les miracles de Dieu s'opérer au travers du ministère de Kathryn. Ce dilemme mettait Malachuk dans une situation difficile. Et bien qu'il émît personnellement certaines réserves à l'égard des enseignements sur le « discipolat », il n'en pensait pas moins que Mumford était un homme de Dieu. Par ailleurs, Logos déployait d'énormes efforts pour promouvoir l'unité du Corps de Christ, et il pensait que la présence de Mumford permettrait la guérison des blessures engendrés par ces prises de position divergeantes.

Malachuk qui était un homme volontaire et entêté tenta tout d'abord de résister aux menaces et aux intimidations de Kathryn. Il entretenait une relation d'amitié avec elle depuis de nombreuses années, et jamais il ne l'avait vu réagir avec autant de violence.

« Il y a quelque choses d'étrange dans toute cette affaire », confia-t-il à son comité directeur de Logos. « Cette réaction ressemble si peu à Kathryn. Je sais qu'elle est très malade et je crains même pour sa vie ».

Le comité directeur dont faisait partie les plus grandes figures du mouvement de réveil charismatique, tels que David du Plessis, le Révérend Bennett, le Général Ralph Haines et d'autres, analysèrent la situation avec une grande circonspection. Dan avait déjà contacté Bob Mumford pour lui expliquer la situation et voir sa réaction. Ce dernier proposa immédiatement de se retirer si le comité le souhaitait. Le problème était insurmontable et poussa ces hommes à prier pour trouver la solution. Plusieurs arguments pour ou contre l'intervention de Bob furent avancées mais aucune ne se démarqua nettement. Aussi, le comité décida finalement d'accepter que Bob renonce à sa participation comme il l'avait offert et de se soumettre aux exigences de Kathryn.

Le dimanche suivant, Kathryn fit une apparition au Stambaugh Auditorium, où elle délivra un message qui, selon elle, annoncerait la fin du mouvement de « discipolat ».

Elle commença en ces termes : « Les âmes sensibles peuvent quitter la salle ». Ensuite, elle apporta un message virulent dans lequel elle défendit bec et ongles « le vrai ministère » contre les faux enseignants. Une nouvelle doctrine sévit actuellement et porte le nom de « mouvement pour le discipolat et la soumission ». Il se peut que vous n'en ayez jamais entendu parler, mais son impact est si subtil que si personne ne se lève pour arrêter l'œuvre de l'ennemi et l'avancement de ce mouvement, il détruira le grand mouvement charismatique actuel ».

La foule acclama et applaudit Kathryn à ce moment-là, ainsi que lorsqu'elle les informa qu'elle avait fait éjecter Mumford de la Conférence Mondiale sur le Saint-Esprit.

Ces agissements ne ressemblaient en rien au caractère habituel de Kathryn. Personne au cours de toute l'histoire chrétienne n'avait été utilisé avec autant de puissance qu'elle pour rassembler les dénominations divergentes dans l'unité du corps de Christ. Elle faisait généralement preuve d'une foi ferme et équilibrée, mais cette fois-ci, la volonté de préserver à tout prix de son « ministère » la poussait à agir délibérément avec démesure.

Lorsque Dino et Bartholomew avaient sorti au grand jour leurs griffes contre Kathryn, elle s'était contentée de déclarer que Dieu la protégerait et se chargerait d'eux. L'ordre divin « Tu ne toucheras pas à l'oint de l'Éternel » ne lui était pas inconnu. Et même lors du conflit qui l'opposa à Dallas Billington, à Akron, elle ne permit jamais que la situation dégénère en règlement de compte personnel, elle ne l'accusa jamais d'hérésie et finit même par tenter de réparer les dégâts. En revanche, cette fois-ci, frustrée par son propre sentiment d'insécurité et échaudée par des informations incomplètes, elle partit en guerre contre des serviteurs que beaucoup considéraient comme des oints de l'Éternel, au même titre qu'elle.

En octobre, Kathryn décida de se rendre dans le sud du pays, et Tink et Sue Wilkerson l'accompagnèrent. Tink qui se sentait honoré et flatté par l'attention constante que Kathryn lui portait, parvint à la convaincre d'acquérir un avion personnel pour ses déplacements. Après tout, Oral Roberts avait le sien. Kathryn finit par accepter cette proposition et Tink se lança dans l'acquisition d'un Lear Jet, sous la forme d'un leasing assuré par sa propre entreprise automobile. Kathryn paierait donc cet avion en douze versements. Et alors que Tink jugeait cette acquisition indispensable, les chiffres montrèrent que la Fondation Kathryn Kuhlman dépensait moins de la moitié de la somme globale, pour les déplacements commerciaux de tout son personnel ! Et, qui plus est, le Lear Jet ne pouvait transporter que six passagers parmi lesquels les Wilkerson. Walter Adamack s'opposa donc violemment à ce projet, mais Kathryn insista et déclara qu'elle-même et la fondation ne faisaient qu'un, et que si Tink pensait qu'elle avait besoin d'un avion privé, elle l'achèterait. Kathryn ne monta que deux fois dans cet avion, et elle fut tellement malade pendant un des vols qu'elle ne profita guère du voyage. Finalement, Wilkerson se trouva coincé avec l'avion et les deux pilotes qu'il avait engagés pour la circonstance.

Tink poussa également Kathryn à acheter une voiture qu'il fit acheminer de Tulsa vers Los Angeles. Il s'agissait d'une Mercedes-Benz coupé, à deux portes, acquise à un prix exorbitant. Ce style de voiture correspondait fort peu à la personnalité de Kathryn ; c'était un peu comme si elle avait échangé sa chaire contre un bikini. Elle ne monta que deux fois dans ce véhicule et en en ressentant beaucoup de gêne.

Bien que, manifestement, les Wilkerson se soient montrés incapables de comprendre le style de vie de Kathryn et sa communion avec le Saint-Esprit, elle continua à les fréquenter avec assiduité et se coupa par là peu à peu de toute relation avec son personnel de Pittsburgh. Et bien qu'il lui arrivât encore quelquefois de se rendre à son bureau, la situation avait changé. Maggie se rendait de moins en moins souvent à Fox Chapel, où, pendant de nombreuses années, Kathryn et elle avaient pris l'habitude de se détendre, de passer la soirée entière à échanger leur point de vue dans l'intimité de leur communion fraternelle. A présent, les Wilkerson étaient les seuls à bénéficier des conversations intimes de Kathryn.

Malheureusement, ils ne la connaissaient pas depuis suffisamment longtemps pour percevoir les changements subtils qui s'étaient opérés les derniers temps dans son comportement et dans sa personnalité. Ils se montraient réellement inquiets pour sa santé, et tentaient de la protéger de la presse agressive et de ceux qui profitaient d'elle. Entre le 6 mai 1975 et le 20 février 1976, Tink ne séjourna que trente et un jour dans sa résidence de Tulsa. Il passa le reste de son temps à voyager avec Kathryn. Personne ne connaissait ses motivations profondes : était-il séduit par cette dépendance qu'elle montrait à son égard, ou était-il mû par un véritable sentiment de service pour Dieu ? Seul Tink et Dieu connaissent la réponse. Ce qui est certain, c'est que Kathryn tenta de contrôler la situation, même dans les moments les plus pénibles de sa maladie, et ébaucha des projets jusqu'à sa mort. On aurait dit qu'elle essayait désespérément de garder tout ce qui les concernait, elle et son œuvre, en bonne marche, tout en étant déjà à mi-chemin vers les nuages ; mais pour une raison connue de Dieu seul, la nuée s'était levée, laissant Kathryn derrière elle.

Le premier novembre, elle était présente à Tel Aviv à la Conférence Mondiale sur le Saint-Esprit. La pression était insupportable.

Kathryn voulait prêcher sur la prophétie, mais les dirigeants chrétiens de Jérusalem et de Tel Aviv insistèrent auprès de Dan Malachuk et Ralph Wilkerson pour que ceux-ci persuadent Kathryn de changer le sujet de sa prédication. La situation politique du pays était suffisamment grave et ils ne voulaient pas qu'une célébrité chrétienne affiche publiquement son soutien à la cause juive. Kathryn finit, malgré elle, par suivre les conseils de son entourage.

La nuit qui précéda son intervention publique, Kathryn rencontra la nombreuse délégation finnoise dans un hôtel de Tel Aviv. Or, une des femmes qui en faisait partie, atteinte d'un cancer au stade terminal, décéda pendant la réunion du lendemain soir. Kathryn regagna son hôtel, le cœur serré d'angoisse. C'était la première fois au cours de sa carrière qu'un tel événement se produisait, et il fut lourd de conséquences.

Le lendemain, le complexe sportif de Tel Aviv se trouva plongé dans le chaos le plus total. Les techniciens s'affairaient à préparer l'installation qui servirait aux interprétations simultanées par écouteurs de la réunion, destinées aux milliers d'auditeurs non-anglophone qui assisteraient à la réunion. Il y avait suffisamment de matériel pour équiper huit groupes de langues étrangères, mais les deux mille Israéliens qui assisteraient ce soir-là à la conférence, parlaient uniquement l'hébreu et le nombre d'écouteurs mis à leur disposition était largement insuffisant. Ce nombre impressionnant d'auditeurs dépassait toute attente et était dû au travail exceptionnel réalisé par la presse hébraïque. Bien sûr, les organisateurs manifestaient leur joie de voir tant de gens, certainement incroyants pour la plupart, venir écouter l'évangile. Mais ce succès plaçait Dan Malachuk dans la position délicate d'avertir Kathryn, déjà si lasse, qu'elle devrait prêchait avec l'aide d'un interprète hébreu à ses côtés. Il savait qu'elle en serait perturbée et que, même dans les meilleures conditions, cette situation représentait pour elle un tour de force.

Or, les circonstances étaient loin d'être les plus favorables. Beaucoup ressentirent ce soir-là, une oppression étrange planant sur tout l'auditoire.

Dans les coulisses, pendant qu'une chorale composée de nombreux jeunes chantait sur la plate-forme, Kathryn longeait le mur du couloir obscur sous l'estrade, priant, pleurant et suppliant Dieu.

« Cher Seigneur, je t'en supplie, accorde-moi de vivre encore ! Laisse-moi vivre, je t'en supplie. Je veux vivre ». Cette prière, elle la répétait sans cesse depuis bientôt deux ans. Ses pleurs et ses supplications résonnaient dans ce long et lugubre tunnel.

Dan Malachuk s'excusa d'interrompre ces moments de communion avec Dieu et lui expliqua la situation : il faudrait qu'elle accepte les services d'un interprète si elle désirait que les juifs présents comprennent son message. Kathryn se rebiffa, mais Dan insista car, disait-il, ils étaient les hôtes d'Israël et après tout, la conférence avait lieu dans leur pays. Enfin, ils étaient venus tout spécialement écouter Kathryn.

« Avez-vous sélectionné un bon interprète ? », demanda Kathryn, résignée.

Dan acquiesça de la tête et fit approcher un homme qui se tenait à l'entrée de l'estrade. Il s'agissait du Dr. Robert Lindsey, un missionnaire rempli du Saint-Esprit qui appartenait aux églises baptistes et qui habitait depuis bientôt treize ans en Israël. Il avait gagné la confiance et le respect de toute la communauté juive.

Kathryn secoua la tête. Le Pr. Lindsey portait des bottines militaires et elle ne pouvait prêcher à côté de lui dans ces conditions, même si la moitié des Israéliens dans l'assistance en portaient également.

« Voilà ce qu'on va faire », dit-elle. « Vous ferez intervenir le Pr. Lindsey dix minutes avant moi. Il pourra accueillir les israéliens dans leur langue et leur dire que je ne prêcherai que dix minutes, et que j'exercerai immédiatement le ministère de puissance ».

Mais au lieu de prêcher dix minutes, Kathryn prêcha une heure et quinze minutes. Plus d'un millier de juifs quittèrent la salle en protestant avec véhémence contre les assistants et en claquant la porte derrière eux. Kathryn poursuivit, ignorant délibérément ce qu'il se passait dans la salle. Elle ne pouvait agir autrement, car elle ne pouvait commencer la réunion de miracles sans la présence du Saint-Esprit. Au bout d'une heure et quart, elle commença enfin. Elle nomma les guérisons qui s'opéraient dans la salle, les unes après les autres. De nombreux chrétiens furent encouragés à la vue de ces miracles. Toutefois, les choses n'étaient plus ce qu'elles avaient été. Cette nuit-là, en Israël, elle pleura toutes les larmes de son corps. Elle était trop lasse pour continuer à se battre, trop lasse pour vouloir encore vivre. Le lendemain, elle se rendit avec Dan dans un hôpital des environs pour prier pour une petite fille alitée, une mission de compassion qu'elle n'avait plus pris le temps d'accomplir depuis très longtemps. De cette douleur de l'enfantement vécue la nuit précédente, elle ressortit avec plus de sagesse et de douceur, enfin prête à transmettre la dernière onction.

18

La dernière onction

La fin de son histoire fut chaotique et déchirante, au lieu d'être douce et digne comme Kathryn l'aurait souhaité. Trois jours après son retour d'Israël, elle tint sa dernière réunion au Shrine Auditorium. Celle-ci fut égale aux merveilleuses réunions qui s'y étaient toujours déroulées. Kathryn était alors si faible qu'elle eut toutes les peines du monde à quitter sa loge et à se traîner jusqu'à la plate-forme. Toutefois, lorsque la chorale, sous la direction de Paul Ferrin, entonna le cantique pathétique « Alleluia ! », le visage de Kathryn retrouva tout à coup son rayonnement de toujours. Une force surnaturelle se répandit dans son corps et elle était à nouveau la jeune servante de Dieu. Elle se déplaça harmonieusement sur la scène, d'une extrémité à l'autre, élevant ses bras et agitant ses mains en direction de la chorale. A cet instant, elle devenait un vaisseau sans âge du Saint-Esprit. Un canal par lequel Dieu déversait Sa puissance.

Après la réunion, Kathryn demanda à Tink, qui était venu seul de Tulsa, d'appeler son épouse. « Elle pourrait peut-être venir nous rejoindre et m'aider à soulager mes douleurs d'estomac. Je souffre tellement ! »

Bien que seulement quelques heures se fussent écoulées depuis que Sue était revenue d'Israël, elle abandonna tout pour venir au secours de Kathryn, déjà alitée. Tôt, le lendemain, Tink s'envola pour Denver où il fit affréter le Lear Jet. Mais très vite, il reçut un appel de son épouse.

« Kathryn ne va pas bien du tout. Reviens le plus vite possible ! »

Tink arriva au milieu de l'après-midi. Kathryn avait demandé à Sue de renvoyer Maggie à Pittsburgh. Elle resta toute la journée au lit, gémissant sous l'effet de la douleur : elle avait terriblement mal à l'abdomen. Tink tenta de la persuader d'annuler son rendez-vous avec le producteur de télévision, Dick Ross, mais Kathryn refusa. Aussi, le mardi matin, elle se leva de bonne heure tout en confiant à Sue, qui dormait dans la chambre contiguë : « Je ne me sens pas du tout sûre de moi. Je vais le rencontrer, mais reste près de moi au cas où j'aurai besoin de toi ».

Sue et Tink la transportèrent au rez-de-chaussée et ils installèrent une table devant elle. Au cours de l'entretien, elle se leva plusieurs fois pour se rendre aux toilettes. Sue se précipita pour la soutenir pendant qu'elle vomissait. Puis ses deux amis la firent remonter dans sa chambre et pendant que Sue préparait son lit, Tink rejoignit Dick Ross.

« Dick, Kathryn n'est pas en état de poursuivre l'entretien. J'espère qu'elle ira mieux demain pour enregistrer l'émission ».

Il pensait encore que Kathryn avait la grippe et qu'elle serait bientôt sur pieds.

Ce soir-là, il appela le cardiologue qui avait soigné l'évangéliste à Tulsa, en juillet dernier, et il décrivit ses symptômes au téléphone.

« Peut-elle s'allonger sur le lit sans problème ? » demanda le docteur.

« Oui », répondit Tink « et elle ne semble présenter aucun problème respiratoire ».

« Elle doit avoir la grippe », dit le médecin qui prescrit quelques médicaments pour faire cesser l'état nauséeux.

Les époux s'étaient installés dans la chambre faisant face à celle de Kathryn et ils lui demandèrent de laisser la porte ouverte, au cas où ils auraient à intervenir durant la nuit. Le lendemain, son état ne s'était pas amélioré, mais comme huit personnes avaient pris l'avion pour venir enregistrer son émission, elle insista pour se rendre aux studios de la CBS.

Ce fut une rude matinée pour Kathryn. Dans le couloir qui menait au studio, elle dut s'arrêter à plusieurs reprises et s'appuyer de toutes ses forces sur Tink. Elle parvint à tenir durant toute l'émission, mais elle faillit s'évanouir plus d'une fois.

Au cours de l'enregistrement, Oral Robert appela Dick Ross depuis Tulsa. « Tink nous a téléphoné dans la matinée et il nous a demandé de prier. Je voudrais parler à Kathryn ».

Ainsi Tink l'appelat-il plus tard dans la journée, et il passa le combiné à Kathryn. « Kathryn, le Seigneur vient de me montrer au moment où je prenais le combiné, que tu es environnée de ténèbres » dit Oral Roberts.

« Oui », répondit Kathryn « Je le ressens aussi »

« Je vois une lumière chasser les ténèbres et t'envelopper de ses rayons ».

« Je sais », dit-elle, « Je sais, je sais, je sais ».

« Tu parviendras à terminer ton émission, n'est-ce pas ? »

Kathryn hocha la tête vigoureusement. Ses forces semblèrent revenir. Oral Roberts pria avec elle au téléphone, commanda aux puissances des ténèbres de laisser Kathryn tranquille, et demanda ensuite à Dieu de renouveler ses forces. Elle se sentit immédiatement fortifiée et reprit l'enregistrement de l'émission qu'elle termina sans incident.

Cependant, dès la fin de l'émission, la malade s'effondra sur la chaise du vestiaire.

« Je ne vais pas visionner le résultat, Dick », dit-elle. « Je suis bien trop faible pour retourner à la salle de tournage ».

C'était la première fois, en cinq cents émissions, qu'elle ne visionnait pas l'enregistrement avant qu'il soit envoyé aux différentes chaînes de télévision, à travers le pays.

Ce soir-là, Tink et Sue dînèrent avec Diane McGregor et Jim West au Century Plaza. Diane, une ancienne danseuse de Las Vegas, avait été guérie lors d'une réunion de miracles. Jim, quant à lui, était un millionnaire californien.

Au cours du dîner, ce dernier proposa son aide. « Tink, si Kathryn a besoin d'une aide médicale, n'hésitez pas à m'appeler. Je connais tout le personnel de l'hôpital St. John, ainsi que du centre médical, de l'UCLA ».

Tink le remercia et répondit qu'il espérait que l'état de santé de Kathryn s'améliorerait et ne nécessiterait pas l'intervention d'un médecin.

Le lendemain, Kathryn se débattit à nouveau avec ses enregistrements et revint à l'hôtel complètement épuisée. Le samedi matin, Sue vint dans sa chambre et la trouva gisant, la moitié du corps sur le lit et la tête pendante hors du lit. Son état de grande faiblesse l'empêchait même de redresser la tête.

Sue l'aida à se rasseoir sur le lit et lui dit : « Il va falloir faire quelque chose. Il faut appeler le médecin ».

Kathryn, incapable de parler, acquiesça de la tête. Son estomac était rempli d'un liquide qui accentuait visiblement la pression exercée sur le cœur, déjà très dilaté. Elle souffrait atrocement.

Tink téléphona à Jim West, mais comme ce dernier n'était pas chez lui, il appela chez Diane McGregor.

« Où est Jim ? »

« Il se trouve au ranch Elko, dans le Nevada ».

« Nous devons appeler un docteur d'urgence pour Kathryn. Comment puis-je le joindre ? ».

« Cela ne sera pas nécessaire », répondit Diane. « Je connais le cardiologue qui l'a soigné quand il a eu son infarctus. Il s'agit du Dr. Carl Zabia ». Et elle lui communiqua son numéro de téléphone.

Il était neuf heures lorsque Tink parvint finalement à joindre le Dr. Zabia.

« Je m'appelle Tink Wilkerson. Je suis un ami de Jim West. Je me trouve actuellement avec Kathryn Kuhlman au Century Plaza et elle se trouve dans un état de grande souffrance physique, compliqué d'un problème cardiaque grave ».

Le Dr. Zabia expliqua qu'il se rendait justement à l'hôpital et qu'il s'arrêterait à l'hôtel sur son chemin.

Curieusement, Tink avait en sa possession tout le dossier médical de Kathryn. Le Dr. Zabia ausculta la malade et prit ensuite Tink à part dans le couloir.

« Elle doit être hospitalisée immédiatement. J'appelle une ambulance. Donnez- moi son dossier et je l'examinerai dès mon arrivée à l'hôpital St. John.

Le médecin appela l'ambulance depuis la chambre de Tink avant de partir pour l'hôpital. Tink, quant à lui, retourna dans la chambre de Kathryn.

« Il faut se préparer. Une ambulance va arriver dans quelques minutes ».

« Une quoi ? ». C'était les premières paroles de Kathryn, hormis les réponses marmonnées au médecin. Elle se redressa d'un seul coup sur son lit et repoussa les couvertures. « Je ne monterai pas dans une ambulance et ne m'en parlez plus. Si l'hôtel est mis au courant, le monde entier le saura. Je marcherai plutôt que de prendre l'ambulance ».

Pendant que Kathryn s'habillait, Tink descendit à la rencontre des ambulanciers, leur demanda l'itinéraire jusqu'à l'hôpital et il leur donna 40 dollars pour leur déplacement. Il remonta dans la chambre de Kathryn et ils marchèrent ensemble jusqu'à la voiture de Tink.

Elle faillit mourir dans la voiture. En fait, Tink pensa même qu'elle était morte. Lorsqu'ils arrivèrent à l'hôpital, l'état de Kathryn alternait entre conscience et inconscience. La confusion s'accrut à l'hôpital, car le Dr. Zabia s'attendait à la voir arriver en ambulance et il fallut environ quinze minutes avant qu'on parvienne à la retrouver allongée sur une civière, dans le bloc des urgences. Dans l'intervalle, sa tension était descendue en dessous du seuil vital et il fallut la conduire d'urgence dans le service de cardiologie où les médecins travaillèrent sans relâche pendant cinq heures, jusqu'à ce qu'elle soit ramenée à la vie et que son état se soit stabilisé.

Les Wilkerson restèrent continuellement à son chevet et Tink appelait Maggie chaque jour pour l'informer de l'évolution de son état de santé.

« Elle veut rentrer chez elle pour Noël », dit Tink. « Elle voudrait que vous organisiez une grande veillée de Noël comme vous l'avez toujours fait ».

Le Dr. Richard Owellen de l'hôpital Johns Hopkins prit l'avion et vint passer une semaine au chevet de Kathryn, plus en qualité d'ami que de médecin. Maggie prit également l'avion, mais une mauvaise surprise l'attendait. Elles ne n'échangèrent que quelques mots. Maggie resta pendant un bon moment au pied du lit de Kathryn avant de se retirer, le cœur brisé, dans le petit salon, au fond du couloir. « Je vais m'asseoir ici », dit-elle. « Au moins mon pasteur saura que je suis là, auprès d'elle et je vais simplement manifester ainsi mon amour pour elle ». On aurait dit que des puissances tentaient de briser leur amitié, une amitié vielle de bientôt trente ans.

Maggie repartit pour Pittsburgh le jour de la fête de l'Action de grâces. Le Dr. Owellen retourna à Baltimore ce week-end là. L'état de santé de Kathryn semblait s'améliorer.

En janvier 1974, Kathryn avait modifié son testament qui comprenait à l'époque, le legs d'une peinture de grande valeur à Jérôme et Hélène Stern de Portland, dans l'Orégon, en remerciements pour la gentillesse qu'ils avaient manifestée envers sa sœur, Myrtle, à un moment où elle en avait eu besoin.

Maggie Hartner avait la responsabilité de distribuer différents biens aux destinataires qui lui semblaient appropriés, étant donné qu'elle connaissait, en général, la volonté de Kathryn à cet égard. (Kathryn avait transmis des informations précises à Maggie, sur les associations à qui elle réservait les objets de sa maison et sa collection de bijoux).

Et d'une manière bien en accord avec sa personnalité, elle avait ajouté ces lignes : « Tout au long de ma vie, j'ai pourvu amplement aux besoins de ma sœur Geneva Dickinson, tant matériellement que financièrement, et à ses enfants, Gary et Robert, ainsi qu'à ma nièce, Virginia Crane, et ses enfants, Paul, Collene et Theresa. C'est pourquoi, le présent testament ne prévoit aucun legs direct en leur faveur ».

Le reste de ses biens devait être divisé en cinq parties, en faveur de sa sœur Myrtle Parrott, de Marguerite Hartner, de Charles Loesch, de Maryohn Marsh et de Walter Adamack. Chacun devait recevoir annuellement cinq pour cent de la valeur des biens cotés en bourse. S'il restait une certaine somme après la mort de ces cinq personnes, celle-ci devait être remise à la Fondation Kathryn Kuhlman. William Houston et la Banque Nationale de Pittsburgh, nommés administrateurs des biens avaient la responsabilité de distribuer ces fonds aux personnes mentionnées ci-dessus.

Alors que les médecins californiens faisaient pression pour que Kathryn accepte de se laisser poser un cathéter, elle refusa à plusieurs reprises, prétextant qu'elle devait d'abord régler certaines « affaires personnelles », parmi lesquelles la rédaction d'un nouveau testament.

Une certaine confusion régna autour des circonstances dans lesquelles ce nouveau testament fut établi. Tink Wilkerson m'affirma que, bien que Kathryn ait fait venir son avocat à lui, Irvine Ungerman, de Tulsa à Los Angeles, il ne sut jamais la raison de leur entretien. « J'avais certes le sentiment qu'ils pouvaient s'entretenir d'un sujet de ce genre », dit-il. « Mais j'étais loin de m'imaginer la réalité. En fait, je découvris qu'un nouveau testament avait été rédigé, lors d'une discussion avec Maggie, le lendemain du décès de Kathryn ».

« Vous n'étiez pas au courant de ce nouveau testament avant ce jour ? » lui demandai-je.

« Non, je n'étais au courant de rien », me répondit-il.

(Maggie, effondrée en pleurs, m'expliqua qu'elle ne savait même pas que Kathryn avait songé à modifier son testament, jusqu'à son arrivée en Californie pour les funérailles. Cette découverte fut comme un coup de poignard porté à son cœur, déjà déchiré par les derniers événements précédant sa mort. Je la crus lorsqu'elle m'affirma n'avoir eu aucun entretien avec Tink ni ce dimanche-là, ni aucun autre jour au sujet du testament).

Ungerman prit l'avion pour Los Angeles et s'entretint avec Kathryn à l'hôpital. « Je me tins à l'extérieur de la chambre pendant leur entretien », déclara Tink.

Ungerman rédigea rapidement une ébauche de testament et repartit pour Tulsa. Il revint une seconde fois le mercredi 17 décembre. Kathryn avait pu sortir de l'hôpital et se trouvait alors dans sa chambre de l'hôtel Century Plaza, sous la constante surveillance d'une infirmière. Le testament fut signé par Kathryn et par les témoins oculaires suivants : Ungerman, le docteur Carl Zabia et Jim West. Selon les déclarations de Tink, Kathryn lui aurait demandé de faire venir Jim West à l'hôpital pour servir de témoin, mais il ne « savait pas » qu'elle avait rédigé un tout nouveau testament. « Je m'en doutais vaguement », admit-il, « Mais comme je vous l'ai déjà dit, je me faisais un point d'honneur de ne pas participer à ces tractations. Je pensais que cela ne me regardait pas...».

Le nouveau testament était complètement différent de celui qui avait été rédigé deux ans plus tôt. A présent, elle léguait un montant précis à quatorze personnes parmi lesquelles des membres de sa famille et de son personnel du bureau de Pittsburgh, dont Myrtle Parrott, Geneva Dickson, Agnes Kuhlman, Marguerite Hartner, Maryon Marsh et Steve Zelenko. De plus petites sommes furent léguées à dix autres employés.

Ensuite, le testament déclarait : «Tout le reste de mes biens, soit réels, soit investis, tout ce qui m'appartient sous quelque forme que ce soit, je le lègue dans son intégralité à Sue et D.B. Wilkerson, sans restriction aucune ».

Irvine E. Ungerman de Tulsa, Oklahoma, fut le seul exécuteur testamentaire autorisé dans le règlement de l'héritage.

Kathryn avait-elle prévu la continuation de son « ministère » après sa mort ? Il est vrai qu'elle avait enregistré des messages à diffuser quand elle aurait quitté la terre, mais Kathryn représentait de façon unique ce ministère. Tink a-t-il exercé une certaine pression sur elle ? Était-il un opportuniste ? Travaillait-il pour quelqu'un d'autre ? A-t-il réellement orchestré les conditions aboutissant à la rédaction du nouveau testament et profité de la faiblesse de Kathryn ? Tout cela est difficile à dire.

Enfin, était-ce la volonté de Kathryn de mettre fin brusquement à son « ministère » ?

Certains ont avancé l'idée que si elle avait eu les idées claires à ce moment-là, elle aurait certainement agi différemment. Qui le sait ?

Quatre jours après la rédaction du testament, Tink fit venir le Lear Jet à Los Angeles et fit rapatrier Kathryn à Pittsburgh. Maggie et Steve Zelenko aidèrent à transporter la mourante dans sa résidence, accompagnée de deux infirmières. Tink reprit l'avion à destination de Tulsa où il alla chercher Sue et le couple s'envola dans le Jet Lear vers Vail, dans le Colorado où ils passèrent les vacances de Noël dans leur chalet d'hiver.

Le jour de Noël, il appela Kathryn. Il pouvait entendre à sa voix qu'il ne lui restait plus longtemps à vivre. Les infirmières étaient présentes, ainsi que Maggie et quelques autres amis proches.

Le lendemain, Tink retourna à Tulsa en avion et emmena avec lui un cardiologue à Pittsburgh. Il était évident que Kathryn devait subir une intervention chirurgicale.

Tink appela Maggie à la résidence de Kathryn. « Maggie, vous feriez mieux de venir à la résidence. J'emmène Miss Kuhlman à Tulsa ».

Maggie fut choquée par cette nouvelle. Elle fonça aussi vite qu'elle le put à la résidence et arriva juste avant qu'ils n'emmènent Kathryn.

« Miss Kuhlman m'a dit qu'elle désirait rester ici et s'occuper du bureau », déclara Maggie.

« Sue et moi, nous nous occuperons de tout », fut la seule réponse qu'elle obtint.

Le chirurgien de Tulsa était présent lorsque les Wilkerson transportèrent Kathryn dans l'avion. Maggie quant à elle, pleurait toutes les larmes de son corps.

« Faites-moi confiance », dit Tink. « Ils vont l'opérer mercredi prochain. Je vous enverrai l'avion afin que vous puissiez être présente à l'opération ».

Mais le jour suivant, le 27 décembre, Maggie reçut un appel téléphonique de Tink. « Ils opèrent Kathryn aujourd'hui ».

« Vous plaisantez ! » répondit Maggie. « Vous m'aviez dit que vous me donneriez le temps de vous rejoindre pour assister à l'opération ».

« Les médecins disent qu'ils n'ont pas le choix. Il faut opérer immédiatement ou elle mourra ».

L'infirmière particulière de Kathryn avait appelé Tink à six heures du matin, ce samedi-là.

« Vous feriez mieux de venir. La respiration de Miss Kuhlman ralentit. Je m'inquiète à son sujet ».

Tink raccrocha le combiné. Il pensa tout d'abord appeler Oral Roberts mais il savait que ce dernier se couchait très tard et se levait plus tard le matin. Il hésita donc mais il finit par téléphoner à Oral Roberts. Son épouse, Evelyn répondit au téléphone.

« Je suis désolé de vous déranger », dit-il avant de lui expliquer la situation.

« Oral va se lever et il sera prêt dans quinze minutes. Venez le chercher ».

Les deux hommes pénétrèrent dans la chambre de Kathryn qui se mourait. Oral imposa les mains sur son front et éleva une courte prière. Ensuite, les deux hommes quittèrent la pièce.

« Seigneur, ce que tu veux faire pour Kathryn, fais-le vite. Je n'ai jamais senti la mort planer d'aussi près sur une personne ».

Evelyn Roberts et Sue Wilkerson rejoignirent leurs époux à l'hôpital pendant que les chirurgiens terminaient la préparation de l'intervention chirurgicale. L'équipe était composée de cinq médecins, dont un cardiologue canadien rempli de l'Esprit. A dix heures, les médecins se rendirent au bloc de cardiologie, où les Roberts et les Wilkerson les rejoignirent. Kathryn, prête pour l'opération, était allongée sur la table d'opération. Le chirurgien juif regarda Oral : « Si nous nous donnions tous la main pendant que vous priez pour nous ? ».

Quelques instants plus tard, les infirmières poussèrent le lit sur lequel se trouvait Kathryn dans la salle d'opération et les médecins l'opérèrent à cœur ouvert pendant cinq heures. A la fin de l'opération, l'équipe médicale au complet se rendit dans la salle d'attente.

« Ce n'est pas moi qui l'ai opéré », dit le chirurgien en chef. « Quelqu'un d'autre s'est chargé de guider mes mains ».

Le cardiologue canadien nous expliqua qu'il passa beaucoup de temps à imposer les mains sur le corps de Kathryn, priant dans l'Esprit, pendant que les médecins travaillaient. Ils furent tous satisfaits du résultat.

Cependant, le vendredi, la malade développa une obstruction abdominale qui nécessita une intervention chirurgicale immédiate. Au cours des deux semaines suivantes, elle eut trois bronchostomies car la taille de son cœur empêchait le drainage de ses poumons. A partir de ce moment-là, la suite des événements n'est pas très claire. Tink appela Pittsburgh chaque jour et donna à Maggie l'instruction d'organiser une réunion de miracles au Shrine et à Oakland pour le mois d'avril. Il affirma que l'état de santé de Kathryn était en net progrès et qu'elle pourrait bientôt sortir de l'hôpital. Or, le rapport des infirmières (avant qu'on leur interdise de parler) révélait le contraire. On avait appris de source sûre que Kathryn était déjà morte cliniquement deux fois et qu'elle avait été ramenée à la vie par les techniques médicales.

Oral vint prier pour elle à deux reprises.

Myrtle Parrott fit le voyage de la Californie et après sa première visite, elle prit Tink à part et lui dit : « Tink, Kathryn dit qu'elle veut rentrer chez elle ».

Elle avait abandonné tout désir de se battre pour vivre, et elle se soumettait à présent à l'appel du ciel. Dans les derniers instants, elle resta seule comme Moïse lorsque Dieu enveloppa ses épaules de Ses bras d'amour et le dirigea vers les hauteurs du Mont Nebo.

Kathryn, dont le rêve de voir toutes les églises expérimenter les miracles divins restait inachevé, disparaissait dans la brume, alors que le Royaume de Dieu lui tendait les bras. Sa mission était accomplie. Elle avait révélé le Saint-Esprit à Son peuple et Il avait montré aux membres de Son peuple que les miracles existaient. Et malgré ses failles et ses faiblesses, elle avait prouvé que Dieu était capable de tirer à Lui la plus vulnérable des créatures et de l'utiliser pour refléter Sa gloire. Jusqu'à la fin, elle Lui donna toute la gloire, soit dans la vie, soit dans la mort.

Le 20 février 1976, son visage resplendit une fois encore, illuminé par les rayons glorieux que le Saint-Esprit répandait sur elle, telle une dernière pluie d'onction. L'infirmière qui se trouvait dans sa chambre à ce moment-là, vit une éclatante lumière descendre et entourer son lit. Une paix qui surpasse toute intelligence, emplit la pièce et Kathryn s'en alla.

Heureuse j'ai vécu et heureuse je m'en vais.
Mon bien-aimé m'attend au terme du voyage.

19

Epilogue : Allons de l'avant

Au service funéraire qui se déroula à Wee Kirk o' the Heather, dans le parc de Forest Lawn, en Californie, Oral Roberts parla de ce qu'il avait éprouvé lorsqu'il apprit la mort de Kathryn et de la vison qui lui avait été donné.

« Mon seul souci concernait le ministère de guérison. Puis, je me souvins des paroles puissantes de l'évangéliste : « Ce n'est pas Kathryn Kuhlman qui agit. Elle ne peut guérir personne. C'est l'œuvre du Saint-Esprit ! »

« Ensuite, je vis sept lumières et douze personnes. Je demandai à Dieu la signification de ces lumières. Il me révéla qu'elles étaient destinées aux personnes choisies ; celles-ci ne choisissaient pas leur appel, mais elles étaient choisies. Ces lumières se poseront sur des personnes précises, appelées à cette mission toute spéciale. Ces lumières brilleront à travers le pays et après la mort de Kathryn, son ministère sera encore plus grand que de son vivant ».

Deux mois plus tard, je me rendis sur sa tombe et en traversant la ville, je fis un détour pour assister à la réunion habituelle du mardi matin, au Mélodyland d'Anaheim. Ralph Wilkerson présidait la réunion et celle-ci rassemblait près de 2 000 personnes, un mardi matin à dix heures !

Cette réunion ne ressemblait pas à celles du Shrine ou de Pittsburgh. Il n'y avait pas de chorale. Les assistants ne portaient pas d'uniforme. Ralph était habillé simplement et autour de lui, on ne voyait aucun faste. Il prêchait et priait pour les gens qui s'étaient avancés en leur imposant les mains. Certains tombaient dans « le repos de l'Esprit ». D'autres étaient guéris. D'autres encore ne l'étaient pas. L'ensemble de la réunion semblait être dirigée par Dieu et non Ralph.

Il entonna un chant, un ton trop haut : « La bonté et la miséricorde de Dieu m'accompagneront tous les jours de ma vie ». L'assistance fit un effort sur elle-même pour suivre le chant. Ralph sourit et poursuivit la réunion. Il ne voulait impressionner personne, mais il désirait plaire à Dieu.

Je regardai autour de moi. Il y avait plus d'une vingtaine de personnes, de l'homme d'affaire à la mère de famille, qui passaient dans les rangs et appelaient les auditeurs à venir témoigner de leur guérison. Kathryn n'aurait jamais agi de la sorte. Et pourtant, en fermant les yeux, je réalisai que c'était le même Saint-Esprit qui était présent ce matin-là, que lors des réunions de miracles de Kathryn. Il honorait « le ministère » accompagné des miracles.

Le même genre de réunions se déroulait également ailleurs : St. Louis, Tulsa, Detroit, St.Petersburg et Lauderdale, Denver... et des milliers d'églises et de groupes de prières dans le monde entier expérimentaient la même action du Saint-Esprit. Car le même Esprit qui ressuscita Christ d'entre les morts, vit en nous et régénère nos corps mortels.

Mes pensées se portèrent une nouvelle fois sur la vision d'Oral Roberts. Les dernières pages de la Bible mentionnent le chiffre sept, chiffre qui représente l'ensemble des églises auxquelles le Christ ressuscité parla. Le chiffre douze représente évidemment la perfection et l'infini. Cela ne signifie donc pas que seules douze personnes succéderont à Kathryn, mais que toutes les églises ouvertes à l'action du Saint-Esprit expérimenteront les miracles de Dieu. Ainsi, le rêve de Kathryn s'accomplira. La promesse de Jésus est donc vraie, et elle s'applique à la génération présente : Ils feront de plus grandes œuvres que moi.

Kathryn ne put entrer dans cette terre promise. Elle faisait partie d'une autre génération. Elle était ce précurseur qui montra le chemin et nous dirigea vers les rives du Jourdain. Elle était le Jean-Baptiste du Saint-Esprit. A présent, c'est à notre tour de voir ces miracles s'accomplir dans toutes les églises de notre pays et du monde entier.

Kathryn est partie, mais le Saint-Esprit est toujours présent parmi nous.

« Après cela, je répandrai mon Esprit sur toute chair... Même sur les serviteurs et les servantes, dans ces jours-là, je répandrai mon Esprit... Alors quiconque invoquera le nom de l'Éternel, sera sauvé ».

Joël 2 :28-30,31

TABLE DES MATIÈRES

AGMV Marquis
MEMBRE DE SCABRINI MEDIA
Québec, Canada
2002